U0687717

敕建

嘉应观

翟嵩峰　魏石当　主编

郑州大学出版社

图书在版编目（CIP）数据

敕建嘉应观／翟嵩峰，魏石当主编. — 郑州：郑州大学出版社，
2023.9（2024.6 重印）

ISBN 978-7-5645-9482-4

Ⅰ.①敕… Ⅱ.①翟…②魏… Ⅲ.①寺庙 – 古建筑 – 研究 –
武陟县 Ⅳ.①K928.75

中国国家版本馆 CIP 数据核字（2023）第 013084 号

敕建嘉应观

CHIJIAN JIAYINGGUAN

策划编辑	刘金兰	封面设计	王　微
责任编辑	秦熹微	版式设计	王　微
责任校对	胡倍阁	责任监制	李瑞卿

出版发行	郑州大学出版社	地　址	郑州市大学路 40 号（450052）
出 版 人	孙保营	网　址	http://www.zzup.cn
经　销	全国新华书店	发行电话	0371-66966070
印　刷	廊坊市印艺阁数字科技有限公司		
开　本	710 mm×1 010 mm　1／16	彩　页	4
印　张	19.5	字　数	240 千字
版　次	2023 年 9 月第 1 版	印　次	2024 年 6 月第 2 次印刷

书　号	ISBN 978-7-5645-9482-4	定　价	98.00 元

嘉应观牌坊

山门

御碑亭

东龙王殿

西龙王殿

中大殿

二月二庙会大圣鼓

龙凤图

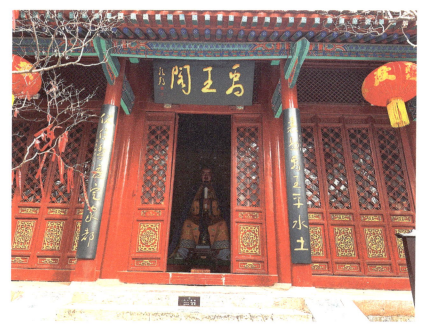

禹王阁

傅作义办公旧址

河道衙署

道台衙署

编委会

主　编

翟嵩峰　魏石当

副主编

朱伟利　马　芬

执行主编

相　茹

编　委

常松木　荆发育

杨华轲　胡培培

嘉应观何以彰显黄河文化的灵魂?

朱海风

目前,黄河文化的弘扬、研究、创造性转化和创新性发展已经进入一个崭新的阶段。黄河文化不仅被认同为中华文化的重要组成部分,而且已经被树立为中华民族的"根"和"魂",不仅被纳入而且已经成为黄河流域生态保护和高质量发展这一重大国家战略的重要内涵、重要支撑和重要动力;不仅其地位与作用日益彰显,而且其功能与价值不断拓新。

黄河之滨,集合着一群中华民族优秀的子孙。华北水利水电大学一代代学人初心不忘,使命永在,"情系水利,自强不息",深知黄河的河水、黄河的泥土永远都是黄河流域人民不可缺少的生产之基、生活之源、生命之本;深知黄河文化源远流长、博大精深;深知黄河文明发达于古今,从未间断,声播于遐迩,举世闻名。"华水人"由于天职所系,注定要与黄河广结善缘,而对黄河的力量、黄河的精神、黄河的气概以及黄河的一切则感受颇深,且从中获益匪浅。在习近平总书记

"大力保护传承弘扬黄河文化"的重要思想指引下,在习近平总书记视黄河为中华民族的母亲河的"黄河情结"的感召下,"华水人"在研究黄河文化、认识黄河文化、弘扬黄河文化方面更是情有独钟,奋勇争先!近年来,"华北水利水电大学水文化研究中心"(为河南省高校人文社科重点研究基地)不懈努力,组织开展了一系列专题及综合研究,并形成了一批可喜成果。

这本《敕建嘉应观》,就是水文化研究团队的四位老师与校外专家学者密切合作的一个新近成果。为了传承弘扬黄河文化,讲好黄河故事,本书对嘉应观的历史文化进行了全面挖掘梳理,从嘉应观历史沿革建制到治水国家形象建构,从嘉应观与黄河治理的关系到嘉应观与雍正皇帝的关系,从嘉应观功能实现到建筑文化及艺术创造,从治水文化到民众心理到河神祭祀,从历史文化到时代价值意蕴,等等,对嘉应观历史文化进行了概括和精辟的提炼。本书的成功之处,就在于对嘉应观予以重新审视和重新赋能,使之不愧为"中华民族治理黄河的博物馆"和"研究黄河水神的标本"的定位,不愧为"中国黄河文化之乡的主地标和红色教育基地"的称号,不愧为"万里黄河第一观"的美誉。

本书是首部关于嘉应观历史文化研究的综合性著作。编委会历时一年多的时间,无论是收集整理历史文献资料,还是到国家图书馆查询、到杭州中国水博馆和宿迁皂河敕建安澜龙王庙等实地考察,都付出了艰苦的劳动,花费了大量心血,成果来之不易。

黄河文化的底色是人与水的关系,是中华民族同黄河因缘际会的文化。嘉应观文化,说到底,是国家与官方同黄河结缘的文化,是流域地区和沿岸民众与黄河结缘的文化。所以我们不妨将嘉应观文化乃至整个黄河文化称为"河缘文化"。嘉应观的建立,是当朝政治行为,无疑也是国家文化形象工程,她向世人所昭示的是"黄河宁,天下平"的良好愿景,她所展现的与其说是水神崇拜,不如说是治水英雄崇拜和治水伟大精神崇拜,与其说是求助于黄河水神,不如说是寄托于治水英雄的大智大德和大慈大勇!

每每走进嘉应观,有两副对联特别引人注目。

一副是御碑亭东西两侧亭柱上的楹联:

河涨河落维系皇冠顶戴
民心泰否关乎大清江山

另一副是中大殿门前的廊柱上的对联:

奇人奇事奇碑奇亭奇殿奇树留胜迹万里黄河一奇观
治河治水治国治家治世治心为民生千古华夏众英雄

仔细浏览会发现,治水与治国的融合联动在这里是如此鲜明,疏导与堵塞的辩证实施在这里是如此生动,水利与利水的统筹兼顾在这里是如此受用……

人与水和谐共生,让黄河成为造福于中华民族的幸福河,是整个黄河文化的精髓、灵魂所在。正是系于此,中华民族与黄河的缘分才如此深厚宽广,"河缘文化"才光辉普照,生命力才无与伦比。读了这本《敕建嘉应观》,一个很深的感受就是,嘉应观在传承弘扬黄河文化精髓和灵魂上确有其独到之处,而这正是本书的突出价值与意义。

毫无疑问,我们对于黄河文化的研究包括嘉应观文化的研究还远远没有结束。就本书来看,其中还有一些需要深度挖掘、继续拓新的地方,比如可再做些文化比较研究、文旅融合研究、"两创"方式路径研究等。

黄河文化的理论研究和推介宣传,是我们共同的责任担当,也是我们相近的学术专攻。《敕建嘉应观》的出版,如同一个新演员登场、亮相,其表演即将面向广大观众。作为同道学人,我有幸先睹为快。放眼远眺,一座嘉应观,承载着几多历史的沧桑和文化的荣华,往事并不如烟;俯首阅读,一部《敕建嘉应观》,再现了几多人与水的周旋和心因情缘,诸多可圈可点。

作者嘱我写序,我恭敬从命,复读书稿,不禁感慨系之,如约写就。无奈水平所限,为序则愧之勉强,不妥之处,望批评指正。

2022 年 9 月

朱海风,男,河南省周口市西华县人,华北水利水电大学原党委书记,教授,博士生导师,现任黄河文化研究会会长。长期从事中国哲学、中国高等教育、中华水文化研究,现为《中国大百科全书(第三版)·黄河文化卷》学术顾问、"黄河水文化"等综合性条目撰稿人。

嘉应观赋并序

韩 达

嘉应者,云喻祥瑞美好、福报佳愿之寓意;观阙者,乃道家之庙宇、皇堂之衙署也。

斯观于公元 1723 年,由雍正皇帝敕诏始建。旨在钦差河道总督,率众庶治理水患、筑坝息洪,祭祀河神并封赏治河之功臣。自始,观含圣意,庙纳神灵,后人踵事增华,承典塑新……今值敕建嘉应观 300 周年之际,当颂"其继至今,风雨有节,涨潦不兴,贻中土之阜成,资兆民之利济"。遂作斯赋:

观因名盛,地以观彰;河朔名郡,涌翠流芳。左襟原武,遥瞻隔岸三皇;右携怀州,仰太行而浩倡。中控大河之咽喉,雄琚沃野之丰穰。上接万里波涛之潮涌,下抚千顷巨浪入海洋。御坝高筑,辟嘉园之乐境;金堤秀耸,畅银波而荡漾。铜碑载道,聚河阳之秀色;钟鼓声远,伴长河之浩荡。楹联波磔,牌匾染翰;楼阁殿宇,碧瓦红墙。回廊通幽,但见宫衙威仪;翅檐飞空,尽显皇家气象。远山苍苍,宫观煌煌;三位

1

一体,地阔天长。览古观之岸然,当知肇造之初衷;阅斯观之黄卷,始晓史上怎治黄。

大河泱泱,百川尊王;黎庶绵绵,万世滋养。沉潜昆仑,出积石而扬波;浚湍河套,凌高原而汹茫。破决三晋,携泥沙而脱缰;飞流中原,冲大野而瀚泱。似龙吟于乡原,如虎啸于高岗。田畴失业,淹芳芷于腐井;堤坝溃流,弃村舍于汇洋。

鼎司禹责,导碍崄以疏浚;束水攻沙,止骏步于沉溁。日淌碧流,夜栉风翔;洪水止昂,清旗习扬。既奏安澜治绩,旋呈清泚嘉祥。固安澜于永逸,敕斯观居乡壤。筑捍石成高台,蓄壅水为回塘;构秀木作亭榭,砌宫墙峻殿堂。塑像丰功,挥御笔题观名;立传榜志,阐天义颂圣章。

基乎石坚,阻激流于崖岸;起于堤固,流大河于川原。砖瓦彪彪,悬于屋梁之险;高台磊磊,铭述万代之骄。五轮甲子光璀璨,千万里浪颂鸿熙。巍巍乎硕硕,赫赫焉峨峨。遂见嘉应之观者,乃天下黄河第一庙也。

观古证乎兴替,揽涛晓以乐邦。河涨古今岁月,潮落前后阴阳。五风十雨,川读浩瀚而清晏;九春三秋,山岳磊落而敷畅。

水载舟主沉浮,天行道继替兴。柄权甚威,莫过于百姓福安;国祚至大,莫大于社稷昌恒。

贞观盛世,知舟水之因果;陟禹之迹,得盛世之殷康。两汉荣衰,祸起水灾旱荒;六朝兴废,供渔樵而喧让。请君试看治国史,其枢在水无它奇;自古水运系国运,安澜危患共沧桑。

嗟大河流日夜,叹人事之兴亡;怅星河之易翻,嘉来日之方长。襄阳堕泪,盖世功名当永记;安仁鬓秋,宏志未酬誓未央。华屋丘墟,荒原空有汉宫名,文章宿老,潜深伏隩万古扬。

幸逢承平之盛世,靓乎祯祥而胜书。爰摅诚而献赋,坦万思以垂成。道迹邈邈,古观泱泱;嘉应贶佑,市阜民康。延景福于万年,溥鸿禧于兆姓。福田筑梦,圣庙恒昌。

2022 年秋于焦作

韩达,男,河南省焦作市人,著名作家,中国作家协会会员,河南省作家协会原副主席。主要文学作品有长篇小说《传道红尘》《菩提树》,散文集《守望理想》《心上的风景》《焦作赋》《云台山赋》等,社科专著《人类的情绪》。

嘉应观建筑群复原透视图

第一章 嘉应观综述

　　嘉应观，俗名庙宫，又称淮黄诸河龙王庙，位于河南省焦作市武陟县嘉应观乡二铺营村东。嘉应观是雍正皇帝在雍正元年(1723年)为了纪念在武陟修坝堵口、祭祀河神、封赏治河功臣而建造的淮黄诸河龙王庙，有"万里黄河第一观"之称。

　　《武陟县志》载："嘉应观在二铺营村东。雍正初年，以黄河安澜，奉敕建，规模壮丽，有铜碑刻。"

　　嘉应观因雍正皇帝亲自敕建、亲自命名、亲自题额而闻名天下。作为中国封建王朝历史上反映治黄史的皇家庙观，嘉应观是黄河流域规格最高、保存最完好、规模最宏大、最具代表性的清代官式建筑群，建筑布局效仿北京故宫，集宫、庙、衙署于一体，被誉为"黄河故宫"。嘉应观西南是雍正皇帝颁旨修造的黄河大坝——"御坝"，正南是毛泽东同志视察过的引黄灌溉济卫渠——人民胜利渠渠首闸。

第一节　三位一体的皇家庙宫

嘉应观是河南省现存最早的清代官式建筑，与登封中岳庙、安阳袁林并称河南三大官式建筑群。1963 年 4 月，嘉应观被河南省人民委员会确定为首批省级文物保护单位。2001 年 6 月，嘉应观被中华人民共和国国务院批准列入第五批全国重点文物保护单位。

嘉应观坐北朝南，占地 140 余亩（1 亩 ≈ 666.67 平方米），现存殿、楼、亭、阁 249 间，雕梁画栋，挑角飞檐，布局严谨，规模宏大，装饰富丽，工艺精湛。主体建筑原来分为南院、北院。但南院的戏楼，南北两院之间的牌坊，观西侧的陈公祠、卢公祠，山门前的旗杆现已不存，铁狮已换为石狮，戏楼今又重修。北院分为三个院落，分别为中大院、东跨院、西跨院。中大院中轴线上的建筑依次为山门、御碑亭、严殿、中大殿、恭仪亭、禹王阁；中轴线两侧建筑为拴马亭、钟鼓楼、东西更衣殿、东西龙王殿、风神殿和雨神殿。

山门门首镶嵌着河道总督齐苏勒奉旨所书的"敕建嘉应观"青石匾额。御碑亭东西有钟鼓楼，严殿门首悬挂雍正御题"嘉应观"匾额，两侧为东西更衣殿。中大殿供奉淮黄诸河总龙王以及谢绪、黄守才、朱之锡、栗毓美等四大黄河河神，中大殿两侧为东西配殿，又称东西龙王殿。东龙王殿供奉贾让、王景、贾鲁、白英、潘季驯等五位治河功臣，西龙王殿供奉宋礼、刘天和、齐苏勒、嵇曾筠、林则徐等五位治河功臣。恭仪亭北是禹王阁，又名后大殿，东西两侧各有裙房九间，现东侧为风神殿,西侧为雨神殿。

嘉应观东跨院为河道衙署,系清代治理黄河的最高行政机构。河道衙署前院为议事厅,前有山门,东西各有一马厩房。后院为修防厅,东西两侧分别为东执事房、西执事房。后院西北角有一座三清殿。嘉应观西跨院为道台衙署,系清代治理黄河的地方行政机构河北道道台衙署。道台衙署前院为黄沁厅,前有山门,东西两侧为河兵房。后院东西两侧各有一厢房,是清代治河官员休息居住的地方,东西厢房北侧各有花厅一座,是清代官员喝茶乘凉之处。西跨院北有一座建于1950年的院落,院落内有南北相对的两排苏式建筑风格的房舍,是黄河水利委员会为筹建新中国第一个大型引黄灌溉济卫工程——人民胜利渠而建。中华人民共和国首任水利部长傅作义、首任黄委会主任王化云、苏联专家布可夫、清华大学教授张光斗、北京地质学院教授冯景兰等人曾在此办公。

康熙六十一年(1722年),黄河在武陟秦家厂、马家营、詹家店、魏家庄四处决口,洪水淹没卫辉府、彰德府,经卫河和海河,直逼京畿,康熙派四阿哥胤禛即后来的雍正皇帝亲临武陟指挥堵口。雍正元年(1723年),黄河又在马家营决口,洪水逼京畿、淹天津,成清王朝心腹之患。雍正许诺堵口告竣,即在武陟修建大清疆域(十八行省和盛京将军、吉林将军、黑龙江将军、伊犁将军、乌里雅苏台将军等五个将军辖区以及藏区等二十四个一级政区)大小河流的总龙王庙。

雍正元年,雍正命兵部侍郎、河道副总督嵇曾筠加固武陟黄河堤坝,并御笔书写"御坝",道台衙署黄河同知孔传焕刻碑立于堤坝之上。为纪念在武陟筑坝堵口成功,兑现承诺,雍正特下诏敕建嘉应观,以祭祀河神、封赏治河功臣。河道总督齐苏勒遂奉敕仿故宫模样,调河南、山东、山西、陕西、安徽等五省民工，耗费巨资，大兴土木，历时四载，建成了这座规模宏大的宫庙建筑群。雍正皇帝取嘉瑞长应之意将其命名为"嘉应观"。

雍正四年（1726年），嘉应观落成后，黄河水清2000里，历时26天，天降祥瑞，雍正喜撰《圣世河清普天同庆谕》，写下《祭告黄河神文》，并令河南巡抚田文镜于次年在嘉应观内刻立了黄河水清碑，显示其即位的人神共许。后又三次遣使前往嘉应观进行祭祀，一方面显示出雍正对黄河治理的重视，另一方面看出雍正对嘉应观神灵的敬虔。

自雍正元年（1723年）起，雍正帝在京师建时应宫，用于祀龙神，系宫廷道观之一。据记载：此宫极为壮丽，气势不凡，前殿祀四海、四渎诸龙神像，外悬雍正帝手书"瑞泽沾和"匾额。东西为钟鼓楼。正殿祀"顺天佑畿时应龙神"之像，后殿祀八方龙王神像。自雍正元年敕建后，虔祝龙神，有祈必应，其"福庇苍生"的实例，历有明验。在雍正执政的十三年中，所敕建的龙神祠庙有三十余座。与前代皇帝敕修的河海神祠、山岳神祠，共同组成更为庞大且系统的国家岳镇海渎祭祀系统。

除嘉应观外，雍正年间，还在黄河流域扩建了江苏宿迁皂河敕建安澜龙王庙，修建了河南兰阳惠安观、甘肃积石关河神庙、河南陈留溥仁观三座龙王庙，主要供奉金龙四大王和黄大王。通过嘉应观的建立，金龙四大王被官方默认为黄河河神。另外，取法嘉应观的还有浙江海宁海神庙。

武陟嘉应观、兰阳惠安观、陈留溥仁观等龙神庙均伴随着齐苏勒黄河治理工作的推进而被建造。黄河沿岸的诸龙神祠庙，是皇帝与河臣、督抚们共同建立起的系列圣迹，而这背后也是朝廷试点新政，全面接管黄河河务,组织修护堤防的历史进程。雍正帝在建造嘉应观伊始,并未设立定期的祭祀制度,仅是在汛期或有险情时,由河工厅员逢时致祭或由雍正帝派督抚大员"遣祭"。除嘉应观外,皂河敕建安澜龙王庙、兰阳惠安观等处,也由地方或河道官员逢时祭祀,直到乾隆五十三年(1788 年),才改为春秋致祭。

嘉应观是一座集宫、庙、衙署三位一体的皇家庙宫,具有极高的文化价值、历史价值和艺术价值。

第二节　嘉应观历史沿革

"一座嘉应观,半部治黄史。"嘉应观作为雍正朝开始的治黄指挥中心,起到了承前启后的重要作用,具有深远的历史意义。

雍正元年(1723 年),雍正帝为祭祀河神、封赏历代治河功臣,鼓励治河,命齐苏勒在武陟仿故宫修建淮黄诸河龙王庙。

雍正二年(1724 年),清政府在嘉应观增设副河道总督,首任副河道总督嵇曾筠即驻嘉应观,专管河南河务,次年并管山东河务。雍正五年(1727 年),复设彰卫怀三府分守参政兵备道一员,兼管河道,以副总河公馆为衙署,此为嘉应观驻道台及河道衙门之始,故嘉应观有"雍正王朝的黄河水利委员会"之称。

乾隆六年(1741 年),河北道仍驻武陟。光绪二十八年(1902年),东河总督裁撤,宣告自明朝成化七年(1471 年)开始的总理河道(河道总督)制度寿终正寝。但河北道一直驻跸武陟嘉应观,直到

1914 年移驻汲县。咸丰年间,太平军北伐时,沿黄河南岸西进,清政府即派河北道长臻领兵镇守于嘉应观到木栾店一线。这一时期的武陟,虽然不是府治所在,但河道总督、河北道等在此长期驻扎,让武陟的实际政治地位反而高于府治。

民国伊始,随着中央水利机构的设立以及逐步完善,加之黄河水利委员会的成立,嘉应观的黄河治理指挥中心功能消失殆尽,成为单纯的黄河龙王庙,供奉河神、为后人所拜祭。

1946 年秋,任河南省第四行政区专员的张敬忠在嘉应观成立沁声中学,设 4 个班,学生 183 人、教师 15 人。1948 年 10 月,武陟县解放,冀鲁豫黄河水利委员会成立"沁河大樊堵口工程处",后改名为黄委会第五修防处。不久,其所属武陟黄河段亦成立于嘉应观东跨院。

1949 年 11 月,第五修防处派杨文卿、王法星、张晋武三人去嘉应观接收庙产,沁声中学(为武陟县教师进修学校前身)迁至木栾店,武陟黄河段迁至观南小庄村。

1950 年 1 月,嘉应观内新建黄河水利委员会引黄灌溉济卫工程处,不久,嘉应观西跨院建立人民胜利渠建设指挥部。1952 年底引黄灌溉济卫工程结束后撤销。

1952 年 10 月 31 日,毛泽东同志在杨尚昆、罗瑞卿等陪同下,视察位于嘉应观正南的人民胜利渠渠首。

1979 年 4 月,新乡修防处由嘉应观迁往新乡市,所属电话队、苗圃工人与运输队留驻嘉应观。

1980 年 3 月,新乡修防处又成立铲运机队,在观东及观后庙产土地上修建营地。

1981 年 2 月,两队合并为新乡修防处施工大队。

1984年元月,嘉应观中轴线上的殿宇楼阁等建筑及文物移交河南省文化厅,经河南省政府批准建立"中原石刻艺术馆",并报请国家文物局拨款60万元,遵照古建筑专家祁英涛先生在现场提出的维修意见,先后翻修了蓝琉璃瓦的山门、前殿、金龙四大王殿(中大殿)、东西龙王殿和钟、鼓二楼。翻修了黄琉璃瓦的御碑亭、灰瓦的禹王阁、东西拴马亭等11座殿宇和山门两侧的外围墙(其中油漆、彩画殿宇10座),维修了东西更衣殿、过厅,重建了东西南北四道围墙和三段甬道,重修了西厢房7间。

1988年,中原石刻艺术馆在嘉应观举办"龙源展览",观众达75 000余人次。

1990年9月,中原石刻艺术馆将嘉应观移交给了武陟县,成立"武陟县嘉应观文物管理所"。

1992年12月1日,嘉应观复修重塑任务完成,更衣殿以旧复新不走样,十四尊治河功臣蜡像栩栩如生;万岁牌复制的威严肃穆,神龛工艺庄重雅致。其他诸如违章建筑物、旧水塔、乱建房舍等都被彻底拆除。观内的水清碑、庙产碑重新扶立,院内各景点都挂有标志牌,观前的坑坑洼洼变成了柏油硬化路面。

1992年12月2日,武陟县委、县政府在这里举行了隆重的剪彩仪式,迎接了首批参加武陟县怀药节盛会的中央、省、市领导和国内外的客商以及社会各界朋友。当地数以万计的群众也参观游览了嘉应观。

1999年6月20日,江泽民同志视察嘉应观和人民胜利渠渠首。

2001年5月,嘉应观文物管理所在原址上按照原貌重修了戏楼。

2001年6月,嘉应观被中华人民共和国国务院批准列入全国重点文物保护单位。

2007年10月,嘉应观被河南省委宣传部公布为全省爱国主义教育基地。

2010年1月,嘉应观被国家旅游局公布为国家 AAAA 级旅游景区。

2011年3月,嘉应观文物管理所更名为嘉应观文物管理局。

2011年5月,嘉应观治黄博物馆建成开放。

2012年5月,嘉应观文物管理局升格为嘉应观景区管理局。

2014年9月,嘉应观被水利部公布为国家级水利风景区。

2017年12月,嘉应观被河南省水利厅公布为河南省首批水情教育基地。

2022年3月,嘉应观入选第二批"河南省华侨国际文化交流基地"。

2023年3月,嘉应观景区管理局更名为嘉应观黄河文化博物馆。

第三节　万里黄河第一龙王庙

嘉应观是雍正皇帝在武陟修金堤、筑御坝、防水患、祭河神、固社稷、保江山,特下诏敕建的"淮黄诸河龙王庙",为规格极高的祭祀建筑,属于皇家道观。然而,嘉应观并不仅仅是祭祀黄河的道观,在其东西两侧还分别建有河道衙署和道台衙署,这种祭祀功能和行政职能融在一起的建筑群在全国是罕见的。另外,其中轴线建筑为纯官式手法,而东西跨院建筑却表现为明显的地方手法。这种官式手法和地方手法相结合的建筑群,在祭祀建筑里也是不多见的。

嘉应观建成之后,对黄河治理发挥了很大作用。黄河河臣屡上奏折报称黄河澄清、水势平稳的消息,并且声称这一切实乃皇上英明、河伯效灵的结果,这实际上是国家向民众所灌输的恩惠思想的一种强化。

雍正二年(1724 年)六月,河南境内黄河伏汛水势平稳,副总河嵇曾筠奏报曰:"窃查伏汛已来,沁水于五月二十七八日涨发,幸赖我皇上指示建筑格堤,加镶护埽,水势漫至堤根,得资堵御,仍由大河东注。六月初二三日,黄水盛涨,俱从南岸引河顺下,不致逼趋北岸,钉船帮、御坝、秦家厂一带,工程安稳,詹家店、马家营等村从前被水之处,今已遍种禾苗,人民乐业。感颂我皇上福德盛隆,至诚感召所致。"①雍正二年七月,黄河伏汛平稳,堤工稳固,雍正皇帝十分高兴,在嵇曾筠的奏折中,雍正批示道:"朕为豫省拳拳在念,无日不神驰于黄河两岸之南北者,今半月余矣。今蒙上苍神明垂佑伏汛,竟保无虞,朕之欢畅笔不能宣……今岁之安澜实出望外,可见诚之感格天神如立竿见影也,不敬不慎乎?"从这则材料可以看出,雍正皇帝要求官民敬神,实质上是要求官民要敬畏皇帝,是统治者借助神灵来强化皇权的具体表现。

雍正二年八月,黄河泛滥,由于堤工稳固,秋汛得以安然度过。副总河嵇曾筠奏报曰:"此秋汛异常泛涨,大堤以内毫无伤损,南北两岸胥庆安澜,皆赖我皇上福德盛隆,至诚感召,是以河伯效灵,堤工

---

① 中国第一历史档案馆编《雍正朝汉文朱批奏折汇编》第 3 册,第 121 折,江苏古籍出版社,1991,第 180 页。

保固。"①

从雍正四年（1726年）十二月初九到十七日期间，陕州到虞城段，黄河屡次出现河水澄清的情形，副总河嵇曾筠奏报曰："臣现驻河滨，腊底新年屡为查阅，果见河水湛然，并无沙滓，而且二旬之久，千里之远，澄明清澈，一气绵长，父老欢呼灵异，道途传颂嘉祥……伏念我皇上诚格灵祈，德怀河岳。源从天上，奇征孚洽苍穹，水由地中，异瑞弥昭，清晏敷声，教于四海同风之盛奠，清宁于晚年，有道之休所有征。"②

雍正五年（1727年）三月，黄河河水平稳，甘霖普降，麦苗青郁，居民欢庆，副总河嵇曾筠奏报曰："皆由我皇上道合清宁，功符位育，所以雨阳时若，普天同庆。"

雍正五年五月，河南省境内黄河水势平稳，伏汛得以安然度过，副总河嵇曾筠奏报曰："近来水势舒徐旋涨旋消，上流无暴涨之虞，下流无壅阻之患，一泓千里，循轨湍行。臣往来河堤，目睹情形，不禁踊跃欢忭，感颂我皇上睿虑周详，机先远见，所以怀柔河岳，胥庆安澜。"③

雍正五年，总督河道齐苏勒奏曰："谨查江南黄河一带，所建龙王庙宇甚多，或地处沮洳，或庙貌狭小，均不足以壮观瞻。惟宿迁县西皂河之庙地势高阜，四面宽敞，庙貌轩昂，且介於黄运两河之间，与朱家口相近。若将此庙大殿添新补旧……庙貌辉煌，堪垂永久。……以彰盛典。……"雍正皇帝批示道："此二处工程（一为皂河敕建安澜龙王

① 中国第一历史档案馆编《雍正朝汉文朱批奏折汇编》第3册，第383折，江苏古籍出版社，1991，第528页。

② 中国第一历史档案馆编《雍正朝汉文朱批奏折汇编》第8册，第585折，江苏古籍出版社，1991，第813页。

③ 中国第一历史档案馆编《雍正朝汉文朱批奏折汇编》第3册，第383折，江苏古籍出版社，1991，第829页。

庙,一为浙江钱塘孝女北管谢绪祖庙)仍照豫省新建庙例动用内帑修理,不拘何项钱粮暂时挪用,后咨明户部在京抵销可也。"

　　而在雍正四年(1726 年)嘉应观落成后,黄河度汛平稳,汛期过后堤防工程十分稳固,黄河由浊变清共 26 天,当时沿河两岸官民皆以为奇,在接到河臣的奏报后,雍正皇帝于雍正五年(1727 年)正月初八亲自颁文《圣世河清普天同庆谕》并对河神加以祭祀,后河南巡抚田文镜于雍正五年闰三月立下黄河水清碑。碑文记载:维雍正五年岁次丁未闰三月丁巳朔日。皇帝遗都察院左副都御史加一级觉罗常泰,致祭於显佑通济昭灵効顺黄河之神曰:"惟神源通星汉,派衍昆仑,四渎称宗……"

　　在《圣世河清普天同庆谕》中雍正皇帝这样写道:"朕尝言,天下至大,庶务至繁,断非人主一身所能经理,必赖内外臣工协力赞襄,然后可以成一道同风之盛……"这篇谕文立意高远,情理兼具,文质辞朴,行文之处满溢对文武百官的循循劝诱和开导教化之意。谕文概括起来意义如下:一是天下事务繁杂,朕日理万机,不能事必亲躬,需要百官精诚协助以治理天下。二是众位作为臣子应在各自的岗位上尽忠职守,勤政爱民。三是黄河变清乃是上天感应所致,是文武百官能体会到朕宵衣旰食的辛劳,一改阳奉阴违的官场陋习,各自尽忠职守,才使得上天和皇考降下祥瑞之兆。四是自此以往,众大臣应当益加勤勉,益竭忠诚,和衷共济,秉公去私,这样上天将会降下更大的福报。事实上,雍正以黄河水清的"祥瑞之兆",来表明"君权神授",以此加强其皇权的正统性和权威性。

　　从雍正四年开始,雍正对于治河和河神祭祀举措也不断加大,使得几千年黄河水患的治理成效显著。雍正在位 13 年,亲撰祭文,两次封黄河为"四渎称宗"，先后四次遣使前往嘉应观进行祭祀。这一方面可以看出雍正对黄河治理的重视，另一方面可以看出雍正对嘉应观神灵的虔敬。

雍正五年（1727 年），复设彰卫怀三府分守参政兵备道一员，兼管河道，移驻武陟，以副总河公馆为衙署，这是嘉应观驻道台及河道衙门之始。

乾隆十五年（1750 年），皇帝巡幸嵩洛，归途驻跸开封府行宫，遥祭河神，并御书"瑞应荣光"匾额，悬挂于嘉应观中大殿。

据《史记·封禅书》记载："四渎者，何谓也？江、淮、河、济也。"又据《雅尔·释水》载："江、淮、河、济为四渎。四渎者，发源注海者也。"江、淮、河、济均为独流入海的大河，故自古被称为"四渎"。清雍正皇帝两次在祭告黄河神的文中，都称黄河为"四渎称宗"，把黄河列为天下"四渎"的首位。武陟嘉应观作为皇家敕建的官式建筑，不论从历史意义、建筑规模、结构特点还是科学、艺术研究价值上，都是其他河神庙所不可企及的。同时就整个黄河流域来说，不论青海省境内的黄河河源庙还是山东济南的黄河河神庙，其建筑气势、规模及工艺水平都不能与之相比。所以，嘉应观不仅是黄河第一观，也是中国内河规模最大、规格最高的龙王庙，其修建在历史上具有重要的政治意义，其所产生的社会影响也是极其深远的。

1991 年 9 月 1 日，国家文物局副局长、中国文物保护基金会理事长马自树考察嘉应观时指出："嘉应观集古代官式建筑艺术之大成，规格之高，规模之大，保存之完整，实为罕见，是黄河流域第一龙王庙。观内供奉的河神均为彪炳史志的历代治河功臣，蕴涵了中华五千年治河经验，是全国唯一展示中华民族治理黄河的博物馆。"

今日之嘉应观南临举世闻名的黄河,与三皇山隔河相望,北依巍峨壮观的太行山,西含碧波荡漾的黄河支流沁河,东邻全国南北交通大动脉京广铁路。嘉应观楼阁凌空,殿宇栉比,环境清幽,景色如画,隔黄河与著名古战场虎牢关、汉霸二王城以及郑州的黄河文化公园遥相呼应,距省会郑州 25 公里,距焦作 25 公里,距新乡 35 公里,京广铁路、新太铁路、郑太高铁,京珠、郑焦、长济高速公路在景区周边纵横交汇,交通便利,区位优势十分优越,是黄河之滨的一大旅游胜地,吸引了无数游客前来凭吊参观。

为了推进黄河文化遗产的系统保护,深入挖掘黄河文化蕴含的时代价值,讲好“黄河故事”,延续历史文脉,坚定文化自信,河南省文化和旅游厅挖掘整理了黄河文化三条特色主题游,分别是中华文明溯源之旅、大河风光体验之旅和治黄水利水工研学之旅,而嘉应观是治黄水利水工研学之旅的重要节点。为庆祝中国共产党成立 100 周年,河南省文化和旅游厅特别推出“建党百年红色旅游十条精品线路”,其中“大河安澜——黄河治理成就游”线路:三门峡黄河生态廊道—三门峡黄河大坝—黄河小浪底风景区—嘉应观—郑州黄河文化公园—黄河博物馆—沿黄生态廊道—兰考东坝头黄河水利风景区,嘉应观又是其中重要一环。

同时,嘉应观是中国大黄河旅游十大精品线路之中的精品旅游景区。

2021 年,嘉应观进行了文化项目提升改造,面貌焕然一新。

黄河、沁河交汇处

第二章 嘉应观与黄河

　　九曲黄河横跨中华大地，像一条桀骜不驯的巨龙，奔流向前。她既是一条幸福河，也是一条灾难河。历史上的黄河水患层出不穷，而中华民族的发展史就是一部波澜壮阔的治河史。

　　"黄河宁，天下平。"历朝历代的统治者都对黄河治理极为重视，但由于河患特点不同，历代治河思想、治河方略各不相同。在黄河治理过程中涌现出的各时期的治水英雄和治水功臣，遂成为中华民族治河历史的见证。

　　武陟位于黄河"豆腐腰"起始处，历史悠久，文化厚重。武陟作为黄河流域最为险要的治河重地，历史上黄河下游众多泛滥从此决口，为雍正时期嘉应观的修建埋下伏笔。

第一节　黄河概况与特点

一、黄河概况

黄河是我国第二长河,是世界第五大河,发源于青海省巴颜喀拉山北麓,东流经四川、甘肃、宁夏、内蒙古、陕西、山西、河南等省区,在山东省北部注入渤海,干流全长约 5464 公里。从河源到内蒙古托克托为上游,其中兰州以上大部分地区植物被覆较好;玛多至青铜峡的干流多峡谷,水能资源丰富;青铜峡以下为河套平原,灌溉发达。托克托至河南郑州桃花峪为中游,也有丰富的水能资源;两岸为黄土高原,植被少,水土流失严重,是黄河洪水、泥沙的主要来源。桃花峪到河口为下游,两岸绝大部分修建了大堤,泥沙淤积使河床一般高出两岸地面 3～5 米,多的达 10 米,故称悬河,沿岸多灌区。河口附近,黄河入海水道不断淤积、延伸、改道,造陆作用强烈。各河段直接汇入干流的流域面积大于 1 万平方公里的支流有十条,以渭河的面积与水量最大。黄河两岸缺乏湖泊,下游流域面积很小,流入黄河的河流很少。黄河流域总面积 79.5 万平方公里(含内流区面积 4.2 万平方公里)。

黄河自大山峡谷中奔腾而出,来到一望无际的中原,就像一匹脱缰的野马,形成了"三年两决口,百年一改道"的状况。与黄河水患的搏斗,也就成了黄河下游人民生死存亡的大事。

历史上黄河水患的发生与黄河自身的特点密切相关,由于黄河流经黄土高原地带,所携带的泥沙大都淤积于中下游平原地带,一方面给中下游平原带来肥沃的滩地便于人们耕种,而另一方面也造成了中下游地区水患频繁。黄河上中下游地段分属不同地域,水患灾害各具特点,所以,历朝历代对黄河治理采取的是不断演变推进的方式策略。

二、黄河的特点

黄河是中华民族的母亲河,她孕育了中华五千年灿烂的文明。她流域跨度大,流经省份多,所流经区域地理地貌变化大,这也使得黄河形成"多沙、善淤、善徙"的特点。

(一)黄河"善淤、善决、善徙"

众所周知,黄河是一条水少沙多、水沙分布不匀的河流,这一特点是由黄河流域所处的气候带和地质、地理环境所决定的。黄河由西向东跨干寒和干旱、半干旱气候带,流经海拔4000多米以上的青藏高原,1000～2000米的黄土高原和0～200米的华北大平原入海。海拔落差较大,特别是进入下游地势平缓地带,河流泥沙含量加大。黄河的"黄"实际上是泥沙。我国劳动人民对黄河泥沙早就有认识,先秦时期就把黄河称之为浊河,西汉时有"石水六斗泥"之说。

黄河泥沙的集中产区——黄土丘陵沟壑区,由于长期强烈侵蚀,形成千沟万壑,坡陡流急,是黄河泥沙的集中来源区。黄土丘陵沟壑区,各级沟道和各级支流以及河口镇至龙门之间的黄河干流,在天然情况下,都是输送泥沙的"渠道"。

黄河从孟津出峡谷进入华北大平原,河道宽阔,比降平缓,水流散乱,泥沙大量淤积。由于河床多年淤积抬高,黄河下游已成为"地上悬河",防洪负担日益加重。

历史上黄河以水灾严重而著称。从历史上的洪水灾害发生来看，黄河下游洪水灾害较多，并且具有独特性：决口频次高，淹没面积广，水淹、沙压、灾情重，经济损失大，后果严重，影响深远。

据历史文献记载，自周定王五年（前602年）至1938年的2540年中，黄河在下游决口的年份达543年，平均约四年半一次。有的一年中决溢多次，总计决溢达1590次，并有多次大的改道和迁徙。改道最北的经海河至天津入海，最南的经淮河入长江。河道变迁的范围，西起郑州附近，北抵天津，南达江淮，纵横25万平方公里。黄河下游河道由于泥沙不断淤积，形成河床高出两岸地面的"地上悬河"，一旦洪水破堤决口后，往往不再回归原河道，而走新辟的河道入海，形成河流改道。所以决口改道是黄河水灾一大特征。总体来看，黄河下游河道迁徙变化的剧烈程度在世界上是独一无二的。有历史记载的2000多年中，黄河下游发生决口泛滥1500多次，重要改道有26次。

（二）黄河洪水灾害特点

由于黄河自西向东横跨中国高原、丘陵、平原等阶梯地域，上中下游地理自然条件各不相同，所以各河段的水患灾害各不相同。

1. 上游洪水特点

黄河上游兰州以上地区海拔高度较高（平均在2000米以上），空气中水汽含量少，不易形成暴雨，一般多以强连阴雨天气出现。降雨的特点是面积大、历时长、强度不大，主要发生在7、8月下旬至9月上旬。降雨特性决定了洪水的特性。因为降雨历时长，强度小，加之兰州以上植被较好，草地、沼泽等对降雨的滞蓄作用较强，所以黄河上游洪水涨落平缓，洪水历时较长，洪峰较低，洪水过程线呈矮胖型。

2. 黄河中游洪水特点

黄河中游地区多为黄土高原,面积达 61%,沟壑纵横,支流众多,河道比降陡,由暴雨形成的洪水特点是洪峰高、历时短、含沙量大。洪水发生时间基本上都集中于 7 月中旬至 8 月中旬,特别是 8 月上旬出现洪水的机会较多。

由于黄土高原地区土质疏松,植被覆盖率低,水土保持困难,在大强度暴雨的冲击下,土壤易侵蚀,致使中游地区的洪水,挟带大量泥沙。黄河多年平均输沙量 16 亿吨,其中 89% 来自中游地区,而其中 90% 又都来自汛期。

3. 黄河下游洪水特点

黄河下游洪水主要来自中游的三个地区,即河口镇至龙门区间(简称河龙间),龙门至三门峡区间(简称龙三间),三门峡至花园口区间(简称三花间)。花园口的大洪水和特大洪水以黄河中游来水为主所形成,来自上游的洪水,构成黄河下游洪水的"基流"。

黄河下游洪水特性,不仅与洪水的地区来源有关,而且与洪水发生的季节有关,伏汛(七、八月洪水)与秋汛(九、十月洪水)有所不同。伏汛洪水的洪峰形式为尖瘦型,洪峰高、历时短、含沙量大。秋汛洪水的洪峰形式较为低胖,多为强连阴雨的暴雨所形成,具有洪峰低、历时长、含沙量大的特点。"上大型"容易形成高含沙量洪水,使河床产生强烈冲淤,水位出现骤跌猛涨现象,这种带有突然袭击性质的水位涨落,对防洪工程威胁十分严重。

由于黄河河道较长,处于不同地势和气候特征多变,黄河上中下游河段不同时期的水患灾害也存在多样、复杂的变化特性。

第二节　历代黄河水患与治理

几千年来,在中华民族发展历程中,人们都在与黄河水沙灾害进行顽强的斗争,并取得了许多成就,保证了黄河流域经济、政治、文化的发展。整体来讲,黄河上游水灾较少,黄河中下游由于泥沙问题,淤积、决溢、改道频繁,灾害频发,所以,历朝历代重视对黄河下游水患灾害的治理。而黄河下游的水沙灾害,根源不在下游,而是在中上游,古人对这一问题缺乏认识,因而只知治表,不知治本。从黄河治理的发展历史来看,人们的治河思想和治河活动大都是关于在下游筑堤、浚河以送走洪水、泥沙的范畴,没有统一的规划和综合治理,未能从根本上解决黄河水患问题。

治理黄河,从远古神话传说中的大禹、西汉贾让、东汉王景、元代贾鲁、明末潘季驯到清代的靳辅、陈潢等,对防洪的理论和实践均有重要贡献。这些治水名家提出并实施了"分流、浚淤、堵塞""以堤束水、以水攻沙、水沙并治"等治河方略,在黄河水患治理方面取得了较大进展。

一、秦汉之前的黄河水患与治理

(一)远古时期的黄河

1. 大禹治水

世界各地都有洪水神话,这与世界各国的人类文明起源密切相关。黄河作为中华民族的母亲河,中华民族早期文明的发祥地,自然也有许多洪水神话遗存。洪水神话是原始初民对于自然灾难的共同记忆,其中治水英雄——大禹的故事可谓家喻户晓,流传广泛。

尧舜时代,迫于洪水给人们带来的沉重灾难,禹的父亲——鲧,就已尝试过治理洪水,他的治水经历为大禹治水的成功提供了极为宝贵的经验。鲧治理水患主要采取的是"壅防百川,堕高堙庳",也就是用土筑堤坝,以"堵"的方式来防治洪水。显然,这是他治水失败的关键所在。

鲧死后,洪水未退。舜继任部族联盟首领后,任命禹继续治理洪水。大禹作为上古治水英雄的代表,他的治水功绩在历史典籍中记述颇多。在典籍《尚书》《诗经》《左传》《国语》《论语》《庄子》等都有记载。大禹"导河积石,至于龙门,入于沧海……""导河积石"之地,即是今天的甘肃临夏县北,至今在临夏境内仍有大禹支锅石、背篓石等传说。黄河流经的地方,又名"积石峡"。甘肃、青海、宁夏、陕西、山西、河南、山东等地的众多禹王庙、禹都、禹城等遗迹,都彰显着大禹治水的伟大和人们对他的爱戴。

2. 大禹治水成就

大禹治水之初,吸取了父亲鲧治水失败的经验教训。他顺应自然规律,探索出了一套根治洪水的方法。他通过开、通、疏、凿、引一系列治黄策略,历时 13 年,披荆斩棘,三过家门而不入,终于解除了黄河水患和涝灾。

夏代时期的疏导黄河是一种不折不扣的积极治理措施,大禹是这一方法的首创和实践者。大禹治水功绩显著,其中"禹凿龙门"是大禹治水神话中的重要功绩。《吕氏春秋》说:"禹立,勤劳天下,日夜不懈,通大川,决壅塞,凿龙门。"《水经注》里记载:"昔大禹疏龙门以通水,两山相对,望之若阙,伊水历其间,故谓之伊阙。"大禹采取火烧水浇、人工凿挖的办法,日夜挖凿,终于将阻挡水流的泥石搬走,将龙门、伊(衣)阙拓宽,洪水得以滚滚而下。大禹通过疏浚黄河下游河道,使洪水得以分流,从而减轻黄河主河道的洪水压力,有效减轻了黄河决溢带来的灾害。大禹对黄河、淮河、伊洛河等水系进行疏导,同时也注重对阻挡河道的高山进行开掘,从而使治水取得成功。总体来讲,大禹是"清淤攻沙、宽浚河道"治水方略最早的实践者,为后世人们治理黄河提供了宝贵经验。

(二)春秋到秦汉的黄河

春秋战国到秦汉期间,前期由于堤坝的修筑,黄河河道平稳,水患灾害相对较少。后期,由于水道宽窄不一,河道淤积日益严重,黄河下游形成"地上悬河",决溢极为频繁,水灾严重。

1.水患概述

春秋战国时期,由于各国修筑堤坝,黄河洪水灾害相对减少,有关水患的记载较少。秦汉时期,由于西北边疆开始大规模开拓,原来黄河中上游的游牧区逐渐变成了农耕区,加剧了水土流失,使黄河下游泥沙淤积,河床逐渐抬高,一再发生决口。先秦有关黄河、渭河洪水,有"水赤三日"的记载,形容河水浑浊。

西汉时期,奔流四溢的河水被束缚在河堤之间,河水携带的泥沙迅速堆积下来,很快形成"河水高于平地"的地上河之势。这一时期黄河下游决口频繁。仅西汉时期就发生 11 次水灾,其中有 3 次是特大水灾。西汉最后 71 年竟达 7 次。西汉末期贾让治河和东汉时期王景治河取得较大成功,河道基本趋于平稳,形成新的河道。因此,东汉时期黄河泛滥较少。

2. 黄河治理

从春秋到秦汉间,面对黄河的水患灾害,统治者的治黄意识不断提高,治黄策略和方法主要为修建堤坝、修建水利设施、疏浚通漕等。

春秋战国时代,随着铁器的广泛应用,各国纷纷修筑大堤,黄河下游的堤防也由小到大,由局部到整体,逐步发展起来。战国时期,齐、魏、赵等国都筑起了大堤,形成了黄河下游的第一个堤防。这条大堤的修建,使黄河下游的河床稳定了几百年,对防止洪水泛滥起了重大作用。堤防的出现,成为治河史上的一大进步。

秦始皇三十二年(前215年),秦始皇统一六国后,"决通川防,夷去险阻",意为秦始皇下令统一管理黄河,拆掉阻水工事,以平险情。

两汉时期治河意识不断提高,治河思想和方法更加多样。汉哀帝时,贾让提出"治河三策"理论。西汉末年,大司马史张戎首次从水流、泥沙角度分析河患成因,提出了具有创新性的"以水刷沙"的治河主张。

两汉时期统治者在国家设有"河堤都尉""河堤谒者""河堤使者"等官职,在沿河各郡又设有专门的人员护理河堤,每年都投入大量的经费用于筑堤治河,"濒河十郡治堤岁费且万万"。① 国家投入大量的人力、物力和财力治理黄河,取得一定成效,为后代黄河治理积累了丰富经验。

---

① 班固:《汉书》卷二十九《沟洫志》第九,中华书局,1962,第1694页。

二、隋唐到北宋的黄河治理

自东汉王景治河后,黄河相比东汉前决溢较少,唐代黄河主流河段在相当一段时期处于"安流"状态。隋唐时,随着黄河下游人口急剧增加,土地开垦增加,水土流失严重,河堤不断加高,至唐中后期黄河已形成地上河,河决始多,唐末至五代河患严重,而且频繁出现了决堤攻城事件。

(一)水患概述

隋朝 37 年中,黄河有 4 年发生较大洪水,平均 9 年 1 次。隋至唐初有关济水、汴渠两岸的水灾记载较多,自 581—655 年间,水灾约千次,不亚于黄河流域。这一方面是因为水运区经济的发展,水灾记述详细;另一方面是因为黄河下游北高南低,河汴分流工程的不完善,洪涝灾害自然就多。

唐代后期(756—880 年)的 125 年,黄河平均约 7 年 1 次水灾,这一时期长安附近水灾多达 13 次,而洛阳一带较少。黄河下游水灾,集中在澶滑之间河道束窄处。唐末至五代(880—959 年)80 年间,黄河有 24 年决溢,有时一年数次,总计 47 次决溢,以年份计,即 3 年多 1 次。

两宋时期黄河决溢达数百次之多,在 300 多年的时间内黄河下游决口达 1500 多次,较大的改道有二三十次,其中有 6 次重大的改道。

宋代频繁的河患,不仅造成了河道的变迁,沿黄民众大量伤亡和流民的出现,农田和城镇遭到严重破坏,而且对下游湖泊河流的影响也较大,整个社会经济、文化发展遭到严重破坏,北方经济发展严重落后于南方。

（二）黄河治理

隋唐时期，人们利用黄河水系开凿运河，发展漕运。开皇元年（581年），隋文帝命郭衍主持开凿广通渠。郭衍"部率水工，凿渠引渭水，经大兴城北，东至潼关，漕运四百里。关内赖之，名之曰富民渠"。大业四年（608年），隋炀帝诏发河北诸郡男女百余万，开永济渠，引沁水南达于河，北通涿郡。永济渠总长850公里，是河北平原的主要河道，在沁水入河处建有可以启闭的闸门，使黄河和永济渠的往来船只自由出入，方便交通。

唐王朝在治水方面，注重水患预防工作，大力发展水利事业，水利建设非常兴盛。唐代修筑河防，整治河流等水利建设，皆由刺史或县令等地方官吏负责。同时唐王朝加强对堤防的维修，并明确沿河地方官对堤防修守和管理的职责。

宋王朝对治河非常重视，设置了权限较大的都水监，专管治河，并在各州设河堤判官专管河事。朝廷重臣，多参与治河方略的研讨，沿河地方官员也都重视河事。同时，北宋也很重视堤防的维修，制定了黄河堤防岁修的法规。北宋时期治河仍以筑堤、堵口和开引河、减河为主导思想，即修筑加固黄河下游段大堤，堵塞大堤决口，使河水沿主河道运行，开凿新河引出河水，以减弱黄河水势对大堤的威胁。但由于对黄河水沙规律认识不清，加以科学技术水平的限制，虽然兴工不断，但水患治理成效甚微。

三、金元的黄河治理

金元统治期间，由于受到政治、文化、社会、自然等多重因素影响，致使黄河下游水患频发，灾害连连。为了国计民生和社会稳定，金元政府加大黄河治理,收到一定成效。

（一）水患概述

金朝统治黄河流域的百余年间,黄河频发水患。一方面由于统治金朝的女真贵族,大量入住中原,定居于黄河下游灾害最为频发的区段,但女真贵族对黄河运行规律不熟悉,自身也没有治河的经验可供借鉴。另一方面,女真贵族入住中原,使得原居住中原的汉族人失去原有耕种土地,形成大量流民。金代失去土地的流民对黄河下游的河滩地、退滩地等肆意开发,导致下游行洪不畅,加剧了黄河水患。

元朝是中国历史上首次由少数民族建立的大一统王朝。从元朝建立一直到它灭亡的近百年时间里,黄河下游仍迁徙不定,决溢更加频繁,黄河决口有六七十次之多,平均一年多就泛滥一次。这样的水患,导致庄稼被淹没,百姓们流离失所,阶级矛盾激化。

金元统治期间,由于受到政治、文化、社会、自然等多重因素影响,致使黄河下游水患频发,灾害连连,百姓苦不堪言,国计民生和社会稳定受到很大影响,也极大动摇了王朝的政治根基。

（二）黄河治理

由于黄河水患给金朝的社会统治带来很大的影响,朝廷不得不对此加以重视,采取措施,尽量减少水灾带来的影响。

概括来讲,金代的治河思想主要体现为:第一,加固河堤。主要措施有治遥堤、设埽岸、植柳固堤。第二,分流泄洪。金承宋制,在黄河两岸设有分水势的排泄之处。第三,完备水利治理机构和职责。金人设都水监分管水利漕运之事。《金史》卷二十七《河渠志》:"金人设官置属,以主其事。沿河上下凡二十五埽,六在河南,十九在河北,埽设散巡河官一员。"沿河州县官员都有专人提举河防事,使人有其责,完善了治河的行政管理体系。

到元代时,由于水患频发,灾害严重,为了社会稳定,安抚民心,元统治者不得不进行黄河水患的治理。元朝前期和中期都进行了几次大规模的黄河治理。元世祖至元二十三年(1286年)十月,黄河下游15处决口,元朝调动20余万民众修筑堤防。泰定二年(1325年)成立都水监,都水监衙门设在开封,专管治河,同时规定沿河州县正官都要兼"知河防事,以便协调"。之后又在山东郓城设立都水监,任命贾鲁为都水监太监。贾鲁提出两种治河方案,一种是加固河堤,另一种是边加固河堤边疏浚河道。但由于贾鲁后调任他方,治河方案未能实施。至正九年(1349年)在丞相脱脱的举荐下,顺帝于至正十年(1350年)将贾鲁任命为治河防使,全力负责治河事务,督率13路民工15万人和庐州等处驻军2万人,开始工程浩大的黄河治理。整体来讲,元代黄河治理以堵决口、固河堤为主。在这次工程浩大的治理下,黄河又恢复了原本的河道,水患得以控制。

四、明代水患与治理

明代黄河河道变化较多,在治黄保漕治理理念下,人为改变黄河自然流向,造成黄河几乎无岁不灾,水灾记录较多,自1368—1643年的276年中,大水决溢的年份有124年,给黄河下游民众带来极大的灾害。明代前期黄河决口北流,以筑堤阻断其北流,但没有从根本上解决黄河水患的问题。明代后期黄河河道变换不定,严重影响漕运畅通,于是在河南、山东、南直隶境内的黄河两岸加固修筑大堤,使黄河行经在贾鲁河故道,加大水势。潘季驯采取"束水攻沙",加之开挖新运河以避黄河水患,漕运状况大为改善。然而,总体治河未能统筹规划,黄河水患并没有得到根本性解决。

(一)明代水患

由于明初黄河下游"地上河"已经形成,决口改道势在必然。加之明代纵贯南北的京杭大运河因要借助于黄河漕运,黄河下游的状况决定着运河是否畅通,漕粮能否运往京城,而黄河多泥沙的特性决定了黄河下游多水患发生。据著名水利学家郑肇经统计,明代黄河决口301次、漫溢138次、迁徙15次。[①]

明代有关的水灾记载较多。明代自1368—1643年的276年中,大水决溢的年份有124年,达45%。其中有9次较大。

(二)明代黄河治理

明代治理黄河的总原则是"治黄保漕"。当时,治水名家提出许多治水理论,比如分流论、北堤南分论、束水攻沙论、放淤固堤论、改道论、疏浚河口论、汰沙澄源论、沟恤治河论等,整体可分为前期和后期两个治理阶段。

1. 明代前期的治理对策

明前期黄河水患使张秋运河航运受阻,治黄保漕的重心是解除黄河水患对张秋运河乃至整个运河航运的威胁。为解除黄河北岸决溢冲向山东张秋运河,自永乐年间(1403—1424年)开始,从河南府黄河北岸的孟县(今孟州)沿黄河向东大修堤防,在黄河南岸疏浚颍河、贾鲁河等河道,分流黄河水势。明代人筑堤活动频繁。

---

① 郑肇经:《中国水利史》,上海书店,1984,第104页。

明永乐二年至永乐四年(1404—1406 年),分别修筑河南府孟津县河堤[①]、河南武陟县马由堤岸[②]、"河南温县水决驮坞村堤堰四十余丈……命修筑堤防"[③]、河南阳武县黄河堤岸及中牟县汴河北堤[④]。永乐十一年至十二年(1413—1414 年),又修河南荥泽县大宾河堤[⑤]、修河南开封府土城堤岸一百六十余丈[⑥]。明后期潘季驯强调修筑堤防对治河的重要性,并《河防一览·河南修守疏》中专门提出了修守堤护的方法。

2. 明代后期黄河治理

到了明后期,保障漕运与护陵必须避免黄河北决,也不能南决,故而将黄河河道维持在徐淮一线上(明清故道)。正德、嘉靖两朝年间(1506—1566 年),总理河道大臣换了三四十人,多数对河患束手无策。在此背景下,治黄史上第二位实践大师潘季驯脱颖而出。潘季驯提出著名的"以堤束水,以水攻沙"治水思想,从嘉靖四十四年(1565年)到万历二十年(1592 年),他四次主持治河工程,先后堵塞了许多决口,仅第三次治河就堵塞决口 130 处。"束水攻沙"是潘季驯治河的核心,潘季驯认识到水流挟沙与河床淤积的关系,摸索到了水沙运行的规律,提出"水合则势猛,势猛则沙刷,沙刷则河深"。同时,他也将排沙与筑堤相结合,分段筑堤,"以堤束水",再以水攻沙,两者相互作

---

① 《明太宗实录》卷三十二,中央研究院历史语言研究所,1962,影印本,第 566 页。
② 《明太宗实录》卷三十四,中央研究院历史语言研究所,1962,影印本,第 600 页。
③ 《明太宗实录》卷四十,中央研究院历史语言研究所,1962,影印本,第 667 页。
④ 《明太宗实录》卷五十八,中央研究院历史语言研究所,1962,影印本,第 847 页。
⑤ 《明太宗实录》卷一百四十五,中央研究院历史语言研究所,1962,影印本,第 566 页。
⑥ 《明太宗实录》卷一百五十六,中央研究院历史语言研究所,1962,影印本,第 1796 页。

用治理黄河。"束水攻沙"治河方略的提出和实践,不但在治河理论上是一个进步,并且在防洪方面也起了重要的作用,对后世影响很大。

明代在"保漕抑黄"的黄河治理原则下,为保证运河畅通,黄河治理实行黄河分流而治、堵筑河道和堤防修建,并未遵循黄河河水自身的规律,漕运和治黄不能统筹治理,所以黄河治理在某些方面虽取得成效,但根本问题仍未解决。

五、清初黄河水患及治理

清初,由于明代黄河水患没有得到根本性解决,加之黄河泥沙淤积,河床逐渐抬高,黄河河道在下游摇摆不定。清朝治黄采取的措施与明代相似,以"治黄保漕"为理念,加大修筑堤坝、堵塞决口、兴修水利等,黄河水患在一定时期内有所缓解。但是仍未考虑黄河泥沙特点和水土流失问题,治标不治本,也使得黄河水患贯穿始终。康熙帝时期,极为重视黄河治理,因此在这一时期涌现出如靳辅、陈潢、张鹏翮等治水名臣,为黄河水患治理作出了较大贡献。

(一)黄河河患

明末清初之际,由于社会动荡,前朝潘季驯修建的堤防工程年久失修,黄河下游又频繁泛滥,河患再度猖獗。到康熙前期,主要的河患都集中在黄河下游地区,上游和中游地区相对较少。

清世祖顺治元年(1644年)秋,河决温县。命内秘书院学士杨方兴总督河道,驻济宁。顺治二年(1645年)夏,顺治五年(1648年),顺治七年(1650年)八月,黄河下游均发生决溢。

康熙元年至十六年(1662—1677年),黄河下游几乎年年决溢,决口上起河南,下迄淮扬,黄河水患十分严重。

康熙五十七年（1718年），河溢武陟詹家店，又溢何家营。

康熙六十年（1721年）八月，河决武陟詹家店、马营口、魏家口，大溜北趋，注滑县、长垣、东明，夺运河，至张秋，由五空桥入盐河（即大清河）归海。九月，塞詹家店、魏家口。十月，塞马营口。

康熙六十一年（1722年）正月，马营口复决，灌张秋，水注大清河。六月，沁河水暴涨，冲塌秦家厂南北坝台及钉船帮大坝。九月，秦家厂南坝甫塞，北坝又决，马营口亦漫开。

黄河水患猖獗，已经到了危及大清江山安危的程度。

(二) 清初治河

到了清代，由于运河是当时清朝的生命线，而黄河中下游又经常泛滥，侵夺运道，所以当时治漕与治河就有着十分密切的关系。顺治朝首任河督杨方兴说："黄河古今同患，而治河古今异宜。宋以前治河，但令入海有路，可南亦可北。元明迄我朝，东南漕运，由清口至董口二百余里，必籍黄以转输，是治河即所以治漕，可以南而不可以北。"①清代对于黄河治理极为重视，康熙皇帝曾把治河与漕运和平定三藩作为国家的头等大事。

由于治河与漕运关系密切，所以清朝治河，以统筹兼顾"河务、漕运"为原则，主要采用"疏导与筑堤束水，以水攻沙结合"的方法。康熙前后任用了几任河臣，其中真正对黄河河患的治理起到决定性作用的，是康熙十六年（1677年）到二十六年（1687年）在任的著名河臣靳辅。他对黄河的治理主要集中在两个地方，第一是在黄河与运河交汇的江苏淮安清口地区，主要是解除黄河对运河的淤灌和干扰；第二就

---

① 《清史稿》卷一百二十六，中华书局，1976，第3716—3717页。

是黄河尾闾段,即高邮、宝应附近,这个区域被称作"里下河"。这里地势低洼,雨水比较丰沛,黄河、洪泽湖和运河排泄出来的水难以排泄,容易堰塞,是河患最为集中的区域,遂成为靳辅治理的重点。

康熙任命靳辅为治河都督,陈潢辅之,大规模治理河道。靳辅、陈潢主张堵塞决口以挽正河,修筑堤防以束水攻沙。他们把束水攻沙和人工疏浚结合起来,在浚挖黄河故道时,还总结出"川"字形凿河方法,并用挖出的泥土修河建堤,既挖深了河道,又巩固了堤岸。在疏浚河口时,他们还创造了带水作业的刷沙机械装置,在船尾系上铁扫帚,翻动水底泥沙,利用流水的冲力,把泥沙送到海中,这是我国利用机械治河的开端。经过十余年不懈的努力,堵决口,疏河道,筑堤防,其成就超过了前人。陈潢还总结了治河的实践经验,汇集成《陈潢河防述言》一书,反映了我国古代水利学的最高成就。靳辅和陈潢的黄河治理的成功实践,将"束水攻沙"的治河方略进一步发扬光大。靳辅、陈潢、张鹏翮等治水名臣为黄河水患治理作出了巨大贡献。在一定程度上,解除了当时黄河对国计民生的危害。

第三节　嘉应观与黄河

嘉应观的所在地武陟,位于黄河中下游交汇处,自西周武王得名,到雍正建造嘉应观,武陟的历史达数千年之久。居黄河"豆腐腰"起始处的独特地理位置,使得武陟与黄河下游的水患、黄河治理密切相关。武陟因黄河而兴、因黄河而名,在中华民族治黄历史上占据重要地位。

因此,有着深厚黄河文化底蕴的武陟,成为黄河文化重要的孕育地、传承地之一。

一、武陟历史与特殊的地理位置

(一)武陟历史

武陟县的"武",指的是周武王,"陟"的本义是登高。武陟意为"武王高升"之地。相传武王在此指挥军队渡过黄河,灭商而兴周。其附近的修武县相传为武王休整军队的地方,焦作待王镇,相传为当地百姓"箪食壶浆,以迎王师"之地。

武陟得名于隋朝,为何西周初年发生故事的地方,在隋朝初年才得名呢?这是因为隋文帝杨坚统一天下时,曾常年转战于沁水流域。隋朝建立后,大臣们为了讨好皇帝,将杨坚比作周武王,借古喻今,阿谀逢迎。武陟县设立于隋开皇十六年(596 年),此前境内还有两座更古老的县城。一座是怀县,位于沁河南岸妙乐寺塔附近。公元前221年,秦始皇统一六国后,在春秋晋国古怀城旧址上建立了怀县,汉高帝二年(前 205 年),怀县升级为河内郡治所。武陟县建立后,怀县撤销并入武陟县,旧城也废弃了。另一座是武德县,县址位于武陟大城村,建于公元前 219 年,西晋初年废县。

武陟县位于河南西北部,焦作市东南,地处太行山之阳,黄河之滨,地势平坦辽阔、物产富饶。黄河与沁河交汇处,在古代长期被视为黄河中下游的分界点。特殊的地理位置,奠定了武陟在黄河文化中的独特地位。自中华民族治黄史拉开序幕,武陟就一直是黄河流域重要地理位置的节点。从已经发现的东石寺、赵庄和商村古文化遗址来看,最迟在距今六七千年以前的新石器时代,就有人类在这里聚居和从事生产活动。上古时期,伏羲时代著名的无怀氏部落便在西陶镇古城村一带聚居,数千年来,武陟一直处于黄河文明的核心地带。从大禹治水到祖乙迁邢,从邢(gěng)人作丘到雍正堵口,从嘉应观修建到新中国修建人民胜利渠引黄植稻……自黄河流域有人类聚居以来,武陟都是人们治理黄河、利用黄河的主战场。一部武陟发展史,就是半部黄河变迁图。在武陟,有许多与治水有关的古迹遗存。

邢人作丘在武陟。《竹书纪年》《韩诗外传》说武王伐纣,"改邢丘为怀,改宁为修武",怀就是武陟。在姓氏起源上,邢、耿同源,邢字古音读"耿",后人分成两支。武陟有邢庄、耿村。古文明时期的邢人,用堆起土丘的方法来抵御洪水。这种用土筑丘的方法开创了人类主动抗击水患的先河,这个从被动到主动的转变在中华文明史、中国河防史上意义非凡。它映射出了我们祖先不屈的抗争精神,开启了武陟人抗争不止、壮阔独特的治黄文化。

大禹治水,是国人耳熟能详的故事。大禹跟武陟的渊源非常深厚,据最早的地理著作《禹贡》记载,"覃怀厎绩,至于衡漳"。《史记》载,"覃怀致功"。可见,覃怀不仅是大禹治水的重要场所,更是大禹治水取得决定性胜利并奠定丰功伟绩的地方,而覃怀正是夏朝时期的武陟。

商王治水留名武陟。商汤王在武陟筑堵黄河决口的河堤目前仍然有遗迹,堤边的村子,叫"汤王堤村"。另有尧堤、秦堤、郭堤、古阳堤、金堤、石堤、御坝、御堤等,这些历代劳动人民修筑的黄河大堤,就是一个个不同时代的水利工程,也是武陟悠久历史的有力证明。

隋唐大运河永济渠始于武陟。考古发现,永济渠自现在的武陟县小岩村沁河入黄口引水,至获嘉县的红荆口入卫河。明代《水部备考》

一书对永济渠走向有准确、详细的描述,武陟、获嘉县志都有记载。

嘉应观建在武陟。康熙六十年(1721年)到雍正元年(1723年),黄河5次在武陟决口,雍正皇帝筑"御坝"治河安民,并"敕建了仿照北京故宫式样集宫、庙、衙署三体合一的嘉应观",表彰祭拜治河功臣,成为清朝治黄的指挥中心,是国家祭祀黄河、拜祭河神的重要场所,同时也是一座中华民族治理黄河的博物馆。

人民胜利渠渠首在武陟。新中国成立后,西方国家某些水利专家断言,中国黄河由于泥沙的特殊性将难以治理。中国人民不信邪,坚定信念,开始人民治黄的一系列措施。引黄灌溉济卫工程(后改名人民胜利渠)正是在此背景下诞生。1950年3月开工,1952年第一期工程竣工,并开始受益。以后又经续建、扩建,1987年总灌溉面积达88.5万亩。受益范围涉及武陟、获嘉、新乡、原阳、延津、卫辉和新乡市郊区。人民胜利渠为解放后黄河下游兴建的第一个大型引黄自流灌溉工程,渠首位于武陟县秦厂村。

(二)武陟特殊的地理位置

武陟南有黄河,北有沁河,两水交汇,因其独特的地理位置,使这个县域兴衰与水密切相连。隋朝大运河贯通后,武陟位于永济渠起点,城北临沁水,南依黄河,交通便利,成为重要的货运码头。隋唐以来,武陟地面繁荣富庶,是漕运物资的中转站,除沁河南岸的老县城外,沁河北岸也形成了码头市镇,这就是木栾店镇。

武陟老县城位于沁河南岸,始建于唐武德四年(621年),最初是土城,明末扩为砖城,新中国成立后废弃。城为圆形,周长四里77步,开东、西、南三座城门。东为临沁门,西为望行门,南为永赖门。各门外都筑有瓮城,北墙紧靠沁河大堤,为防水患未设城门。城池最初高两丈五尺，明清以后逐步加高，并在正北、东北、西北、西南、东南五面筑了角楼，城内有东、西、南、北多条大街，县衙位于东北，文庙位于东南。

明河道总督潘季驯下决心根除武陟沁河水患，在县城东面修筑了一道金堤，阻断了河道东北的流向，沁河水在老城与木栾店中间穿过后直接改道向南，从方陵村入黄河，避免了平行河道相互影响。沁河改道以后，木栾店获得了广阔的发展空间，迅速兴旺起来，形成了一城一镇的二元格局。

县城北面的沁河发源于山西平遥，蜿蜒流经黄土高原，泥沙含量多，下游泛滥频繁。元代以后，永济渠河道逐渐淤塞，失去了通航能力。加之南面的黄河也是一条地上悬河，两下夹攻下使得位于两河中间的地面逐年增高，县城多次被水围困。到了明万历年间，沁河决口冲毁了黄河大堤，黄河水倒灌，沿东北方向直抵华北平原。

清代中叶以后，黄河大堤已经高过了武陟县城楼，地方官员有了搬迁县治的计划，木栾店此时也筑起了城墙，城周围九里十三步，开六座城门。直到民国年间，当地政府将县公署正式搬迁到木栾店，从此老县城逐年荒废。1954年，木栾店改名木城镇，成为新县城所在地。

由于地处黄沁交汇处，武陟这座古老的县城因水而起，因水而兴，因水而名，这也注定了它与黄河、沁河不可分割的历史联系。

二、武陟与黄河水患

众所周知，黄河在世界各大河流中的独特性体现在它的泥沙含量巨大，导致其中下游河床不断抬高，悬于地上，成为"害河"，武陟正是黄河"为害"的转折点。

武陟是黄河治理的险要之处。武陟县处于黄河中下游分界，素称"悬河头，百川口"。自武陟而下，地势平旷，河道滚动无常。隋大业四年（608 年），隋炀帝开始修建大运河，作为沟通南北的渠道。隋朝大运河以洛阳和长安为中心，线路呈一个躺着的"人"字形，北方的一撇是永济渠，南边的一捺是通济渠，撇捺的开口处即是武陟县。之所以这样设计是因为武陟地处黄土高原与华北平原的交界，地势最高，便于开渠引水。黄河上游两岸有峡谷束缚，河道较为稳定，然自武陟县以下，黄河进入了华北平原，成为地上悬河，在相当长的历史时期内，人们都将这里作为黄河中下游分界点。

"铜头、铁尾、豆腐腰"是对黄河上、中、下游河防险要性的一个形象比喻。武陟县坐落在"豆腐腰"的位置，历来被认为是黄河流域最险要的一个地段。

武陟如同一个喇叭口，以它为圆心，北至北京、南至江苏的扇形区域内，都是黄河故道。自公元前 602 年到 1938 年，黄河有记载的决口就有 1590 次，其中武陟境内决口 115 次。可以说，武陟是扼守黄河河道的关隘。在华北平原南北长宽 500～600 公里的巨大的扇形区域里，武陟既是扇轴的根部，也是整个平原的制高点。自武陟起，黄河由高原入平原，由漕河变悬河。

禹河故道起点在武陟。《山海经》《禹贡》等典籍，对黄河河道在武陟的流变都有明确记载。中国科学院研究员周昆叔在《黄水黄河之辩》中指出："武陟县城南至黄河之间，先秦时期为山谷地带，武陟谷地西侧有孟州、温县台地，东侧有原阳台地，武陟谷地为古河水东流折向东北流的地点。"

黄河改道始于武陟。历史上，黄河下游河道变迁，次数频繁。但无论历经多少次改道,总以武陟为基点、为起点。千里长堤,起点武陟;千里悬河,起于武陟;千多支流,结于武陟。黄河奔腾数千里,在千余条支流中,最后一条大支流——沁河,在武陟"钉船帮"入黄河。

在武陟,有御坝村、汤王堤村、黄水村、中水寨村、梁官滩村等,有20%以上的村名、地名与黄河直接相关,它们见证了当年劳动人民和黄河水患的伟大斗争,留下了治河的永久记忆。

自黄河流域有人类聚居以来,治理黄河、利用黄河的重大战役,都未离开过武陟。从黄帝、颛顼、帝喾、唐尧、虞舜时代起,到夏、商、周时期,以至于唐宋元明清,一直到新中国成立,人类在与大自然的争斗中,都在敬畏黄河,崇拜黄河,祈福黄河。武陟独特的地理位置,使得它在黄河文明长河中独树一帜。在这里孕育产生了以治理黄河和祭祀黄河为主要内容的黄河文化,成为黄河文化产生发展的重要地区之一。

三、黄河与嘉应观的关系

康熙末年,由于黄河河患猖獗,河南巡抚、河道总督以及怀庆、卫辉、彰德等府、道官员们云集武陟,堵口复堤,而身为河道总督的赵世显消极怠工,侵贪白银高达40多万两,却仍然在拖延工期,等待朝廷拨款,造成严重后果。于是,康熙派皇四子雍亲王前往武陟督办河工,以钦察大臣牛钮为首的十名中央大员和众多地方官员云集武陟,在雍亲王调度指挥下,使得黄河水患得到了有效的控制和缓解。

由于雍正在即位前曾多次陪同康熙查看河防,深入了解黄河水患,在河患治理上积累了一定经验。雍正皇帝即位后,黄河灾患依然存在,他意识到黄河南段治理对于江山社稷和社会民生的重大意义,下定决心治理河南段黄河水患。嘉应观就是黄河水患发展演化过程中，当朝皇帝重视河患治理、关注关心国计民生，以利安邦治国平天下的历史产物。

雍正凭借自己多年的治河经验，意识到黄河治理的关键，认识到河南地区在黄河治理体系中重要性。这一黄河治理形势的变化对清代中后期的治河事业有着极其深远影响，也成为两河分治的重要原因。嘉应观河道总署的设立，标志着清朝两河分治的开始。嘉应观能够成为黄河下游治理的中心与其特殊的地理位置及政治因素等密切相关。

因为黄河，孕育了武陟这片热土，它的兴衰沉浮与黄河紧密相连。它地处黄河的"豆腐腰"，有着"悬河头，百川口"的独特地位，是黄河下游水患治理的关键所在。正因为此，康熙皇帝派雍亲王亲赴一线督促黄河治理。雍正皇帝在此建造嘉应观，也是其对河南黄河治理的独特认识，而嘉应观也成为清朝黄河治理的见证。武陟黄河水涨水落，关系国计民生，关系国家命脉，修建嘉应观，保了黄河安澜，稳固了大清江山社稷，实现了康熙、雍正两位皇帝治黄的夙愿！

雍正御题"嘉应观"匾额

第三章 雍正与嘉应观

　　清朝建立后，由于沿袭宋明以来的黄河治理方法，造成黄河水患根本问题没有得到解决，而黄河下游河床不断抬升，黄河水患在下游地区越发严重。清初黄河水患频发，黄河治理刻不容缓，康熙对黄河治理极为重视，选拔多名治黄能臣亲赴黄河下游地区治理黄河水患。

　　雍正在康熙朝后期多次参与黄河治理，对河南地区黄河水患和治理有清晰的认识，并在治黄实践中积累了一定的经验。在其即位后，通过思想教化、健全治河制度、加固堤防建设等方式，以及对黄河治理的改革，使得这一时期的黄河治理成效显著。在黄河治理取得相应成效后，雍正命人在武陟嘉应观敕建淮黄诸河龙王庙，是清王朝在治理河患方面彪炳史册的唯一皇帝。

第一节　雍亲王与黄河治理

康熙末年,黄河水患频繁,四皇子雍亲王胤禛曾多次陪同康熙亲赴治河一线,深谙治河对国家江山社稷之重要,因此,雍正在即位后大力治河,并推行多项举措,在取得成效后敕建嘉应观,都是其治河功绩的体现。

康熙皇帝极为重视黄河水患的治理,并且对黄河治理也有自己独到的见解,在其执政期间,亲自督促治黄事务,并多次南下检查治黄情况。作为皇子的雍正也曾多次陪伴康熙亲临治理各地,查看河务,由此对治河有更为深刻的认识。

由于雍亲王在武陟治黄过程中,起到了决策正确、成效卓著的作用,所以在武陟当地,至今还流传着关于他的很多美好的传说。雍正与武陟油茶,雍正与黄河泥坝,雍正与拍马溜须等传说,都十分吸引人。尤其是雍正与嘉应观的传说,更是非常有意义。

话说当年黄河决堤于何家营、詹家店、马家营等处,康熙帝先后派巡抚杨宗义、都御史牛钮、翰林院侍讲学士齐苏勒、陈鹏年等大臣率领数万名民工堵堤四年都没有将溃堤堵上。无奈之下,康熙派四皇子雍亲王赴武陟亲自督战。

雍亲王到达武陟后,一刻也没歇息,率领大学士张鹏翮、侍郎嵇曾筠会同河南巡抚石文焯、总河齐苏勒等治河能臣和有关大员,聚集于黄河决口处视察水情,研究对策。

雍亲王看着汹涌奔腾的黄河对大家说:黄河南岸是邙山,地势高拔;黄河北岸是平原,地势低洼。黄河、沁河在这一带交汇,两水相迭并涨。决口又在黄河水顶冲之处。由于南高北低,水势必然凶险异常,大坝容易冲垮。所以,不能光加固月堤,必须在决口上面从姚旗营到秦家厂之间筑一座挑水坝,将黄河水挑向东南流。这样水势减缓,堵口就容易了。

众大臣齐说:王爷明察,理应如此!

于是,总河齐苏勒把民工全部调来筑坝,一队从西头姚旗营筑起,一队从东秦家厂开始。民工看到皇子亲临现场指挥,干劲冲天,不到一个月功夫,十数里的大堤差不多筑成了。

可是大堤怎么也无法合龙。一切方法都用了,均无济于事,湍急的河水扫荡一切。

雍亲王看在眼里,急在心头,心一横,夺过民工手里的铁锨,挖了一锨土说:"河神在上,你们若能助我一臂之力,使我这一锨土下去把水堵挡住,我将亲自奏明圣上,颁旨为你们塑像修庙!"说罢,将土填入水中。

大臣和民工见王爷亲自挖土堵口,也都争先恐后往河里填土。

河神被感动了,丢进水中的土被固定下来,土越来越多,超过了水面,挡住了水流。

挑水坝筑成,迎头水挑向东南方向流去,詹家店、何家营、马家营等处的决口水势大大减弱,民工随即堵住了决口。

为了纪念这一治水壮举,即位后的雍正皇帝赐名挑水大坝为御坝,并刻石立碑纪念。后来在御坝碑附近,一些退伍的老兵在此开垦荒地,又有南来北往的一些灾民在此定居下来,人口越来越多,形成了村落,即现在嘉应观乡御坝村。

雍正皇帝遵守诺言,为祭祀河神、封赏历代治河功臣,于雍正元年(1723 年)特下诏书开始建造淮黄诸河龙王庙——嘉应观。

第二节　雍正治理黄河

深知黄河下游治理重要性和意义的雍正皇帝即位后,承袭康熙帝治河凤愿,开展大规模的治河活动。在其执政期间,根据治河形势发生的变化,他果断任用齐苏勒、嵇曾筠等水利专家筑堤修坝,重构治河制度,得以使黄河治理形成新的局面,成效显著。

一、雍正时期黄河下游水患

根据有关统计,雍正朝黄河在河南决口共有以下 8 次:

雍正元年(1723 年)六月,决中牟十里店、娄家庄,由刘家寨南入贾鲁河。

雍正元年七月,决梁家营、詹家店……是月塞。雷电交加,大雨倾盆,河水暴涨,淹没了彰德(今安阳)、卫辉,经卫河进入到海河,洪水直逼京畿。

雍正元年九月,郑州来童寨的民堤被冲决。

雍正二年(1724 年)六月,决仪封大寨、兰阳板桥,逾月塞之。

雍正三年(1725 年)六月,商丘睢宁地区朱家海被冲决。

雍正四年(1726 年)四月,商丘睢宁地区再次被冲决,桃源、宿迁等地被冲决,十二月堵塞。

雍正八年(1730 年),是岁决宿迁及桃源、沈家庄,旋塞。

雍正十年(1732 年),河水漫决陈留七堡、九堡。[①]

由此可见,雍正朝黄河水患大多在河南段,且大部分黄河决口都发生在黄河和沁河交汇的地方(今武陟附近)。

二、雍正治理黄河

康熙在位时期,虽然任用靳辅治理黄河,一度成功使黄河数十年保持安澜局面,但是到其晚年时期仍然水患频发。特别是康熙末年,黄河马家营决口,河南巡抚、河道总督以及怀庆、彰德、卫辉等府、道官员们云集武陟,堵口复堤,而身为河道总督的赵世显消极怠工,侵贪白银 40 多万两,却仍然在拖延工期,等待朝廷拨款,造成严重后果。

雍正在即位前曾多次陪同康熙查看河防,在河患治理上积累了一定经验。雍正即位后将河患治理作为树立自己威信的关键。他大力整治河务,广纳群臣建议,亲自参与治河研究,注重治河制度建设,抓住治黄要害之处,总结出加固堤防、截弯取直、束水攻沙、开挖河渠等有效的治河策略,最终取得很好效果。雍正朝后期黄河基本没有再决口成灾,即使有也能够很快堵复。

雍正治黄成功后在武陟敕建嘉应观,立蛟龙碑,通过思想教化、健全治河制度、加固堤防建设等措施,来进一步巩固自己的统治。

(一)治河形势变化

雍正时期,与此之前的治河相比,治河形势发生较大变化。清朝

---

①　黎世序:《续行水金鉴》卷四,文海出版社,1987,第 387 页。

初期,经过康熙朝的苦心经营,黄河在江苏、安徽段治理形势得到扭转,但是河南段黄河决口频发。雍正凭借多年的治河经验,意识到黄河治理的关键,认识到河南地区在黄河治理体系中的地位极为重要。这一黄河治理形势的变化对清代中后期的治河事业造成了深远的影响,也是后来形成两河分治的重要原因。正是治黄形势的转变,使得雍正找准治黄关键,并提出切实可行的治黄策略和措施,使得黄河水患在雍正朝初期得以缓解,并保证其后期黄河的相对安澜,使得清朝国运得以稳固。

康熙末年,河道总督陈鹏年常年奔赴治河一线,日夜驻守工地,辛苦奔波。雍正元年(1723年),第五次堵口疏流终于成功,陈鹏年却积劳成疾,吐血而亡,死于任上。雍正皇帝十分感动,赐予他谥号"恪勤",称"此真鞠躬尽瘁,死而后已之臣"。

继任河道总督齐苏勒早在康熙年间,就参与过河工。雍正元年,齐苏勒任河道总督后,对黄河、运河进行实地考察和测量,发现河工的弊病所在,上书奏章。在其任职的七年中,他大力整顿河务,修建堤防,"疏浚修筑"并举,整修了河南黄河两岸堤防,也在江南修了许多水利工程。雍正七年(1729年)春,齐苏勒于任上去世。雍正帝感念他的治水功德,"令有司春秋致祭"。《清史稿》评价他:论治河功绩,"世宗朝,齐苏勒最著"。

齐苏勒逝世后,开始实行双河督制,雍正任命孔继珣为江南河道总督(又称南河总督)、嵇曾筠为河南山东河道总督(又称东河总督)。在此之前,孔继珣为南河副总河、嵇曾筠为东河副总河,均已协助齐苏勒治河多年,具有丰富的实践经验。遗憾的是孔继珣到任不足一年便去世。孔去世后嵇曾筠改任南河总督,在任4年,后因母亲去世守孝

（丁忧）而辞任。

嵇曾筠是雍正治河的又一得力干将。嵇曾筠曾于雍正元年（1723年）参与了中牟刘家庄、十里店的堵口工程。次年，因武陟、中牟、郑州连续决口，河患严重，雍正帝在河道总督齐苏勒以外，又任命嵇曾筠为副总河，常住武陟，专门负责河南防务。雍正七年（1729年），雍正升嵇曾筠为河南山东河道总督，主管河南、山东黄河修防。他修筑顺水坝和挑水坝都是根据河势缓急、河道深浅，以定坝基之长宽尺度，因势利导。《清史稿》称赞他："曾筠在官，视国事为家事。知人善任，恭慎廉明，治河尤著绩。用引河杀险法，前后省库帑甚钜。"

雍正时期，黄河治理整体形势较前朝发生较大变化。雍正勤政爱民，对治黄，特别是河南治黄给予高度重视，先后启用多名治水能臣在黄河武陟段治理水患，也为其江山社稷的稳固奠定了基础。

（二）筑坝治河

筑坝治水一直以来是治理黄河的一项重要措施，也是抵御洪水的有力保障，所以历代黄河的治理都特别重视堤、坝等防洪工程的建设。康熙末年对黄河的治理重点在于建闸分水，修筑堤坝。雍正皇帝即位后，沿着前代治黄思路进一步整治河务，加固堤防。在雍正皇帝的重视下，河南黄河段加固了武陟地区的钉船帮大坝、秦家厂大坝，新增遥堤、月堤、格堤等多处堤防工程，增建大坝、雁翅坝、挑水坝等河道工程。

堤防工程建设成就卓著，雍正时期到底修建了多少堤防工程，具体数字难以考证，但从相关文献记述中仍可见一斑。河道总督齐苏勒曾经于雍正六年（1728年）七月上奏称：黄运两河大工告成，现今黄河自安徽砀山县以下至海口，运河自江苏邳州以下至江口的两岸堤防，纵横绵亘三千余里,一律保持了高宽平整,自今以后全河可永庆安澜矣。① 齐苏勒所奏报的工程,并没有计算砀山以上河南、山东境内的堤防长度。河南段黄河堤防建设在嵇曾筠的治理下也取得很大的成就。嵇曾筠在担任副总河期间,也在河南等地连年大修黄河两岸堤防,使"豫省大堤长虹绵亘,屹若金汤"②。现今,雍正时期修建的很多河道工程仍然有留存,比如嘉应观附近的御坝、郑州地区的马渡控导工程等。

雍正时期,随着治河工程的不断开展,堤坝建设取得长足发展。经过多次的修缮整顿和建设,截至雍正六年(1728 年)七月,累计翻修土堤 117 000 余丈,修筑铺砌砖石长堤 1300 余丈,修筑埽坝防风排桩等 14 100 余丈,修筑月堤、格堤等 20 800 余丈,疏浚河道 5400 余丈。由此可见,雍正时期,黄河治理在修堤筑坝等河防建设方面以及工程量上取得较大突破,这也是雍正治黄的功绩所在。这与雍正对黄河河务治理的重视密不可分。

(三)重构治河制度

清代承袭明代的河务制度。清代工部掌河渠之政,下属有都水清吏司郎中、员外郎和主事,但清代总河一职为定职。顺治元年(1644 年),清廷设河道总督一员,总理黄、运两河事务,驻山东济宁。在河南、山东二省分别设河南管河道和济宁管河道各一员,管理黄河事务。事实上,顺治朝至康熙朝初,总河虽总管两河,但黄河与运河的具体管

---

① 《世宗宪皇帝朱批谕旨》卷二上,收入《钦定四库全书·史部》,影印本,第 83 页 a。

② 《黄河水利史述要》编写组:《黄河水利史述要》,黄河水利出版社,2003,第 332 页。

理工作则是相对独立的。一般来说,运河沿线由工部管河分司专管,相关道员只有兼管之责;而黄河为患区则基本由管河道员单独管理(山东单县至江南安东县段黄河由于与中河段运河关系密切,故由中河分司管辖)。

在管河分司与管河道之下,则是河务厅、汛官员。河南省因为只有黄河事务,故厅员只归道员管理;直隶、山东与江南的河务厅员大多需要接受管河道与管河分司的双重领导。这一时期,河工体系比较混乱。清初工部管河分司与地方管河道并存的体制,弊病较多,加之分司与道的不同性质,致使两者在执行河务中问题较多。后经过多年的实践,康熙采纳多位河务官的建言之后,清廷逐渐将有关黄、运两河的分司撤回,地方河务交由道员管理。清初所设黄、运两河的管河分司全部裁并,河道总督衙门成为唯一的专管河工修防的机构,成为独立的衙门机构。同时,河道总督由于长期在治河的第一线,逐步成为专业的河务技术官僚,从而得到帝王的信赖,其政治地位有所提升。之后清代三河划区分管,河工范围不断扩大。

雍正时期,极为重视河南黄河的治理。雍正元年(1723年),正月,齐苏勒出任河道总督。六月,河决中牟十里店、娄家庄,由刘家寨南入贾鲁河。祥符尉氏、扶沟、通许等县村庄田禾淹没甚多。同月,黄河北岸又决武陟梁家营、二铺营堤及詹家店、马营口月堤。九月,决郑州来童寨民堤,郑州百姓挖阳武故堤泄水,并冲决中牟杨桥官堤,旋塞。

雍正二年(1724年),由于河南省武陟县、中牟县等堤工告急,雍正特增设副总河一人,驻扎武陟,专管河南河务,专门负责河南地区水患事务的处理。雍正四年(1726年),黄河决口范围由河南地区逐步下移至山东地区,副总河所管辖的区域因此进一步扩大,接管了山东与河南交界地带的曹县、定陶、单县等地的河防事务。雍正七年(1729年),河道总督齐苏勒因病去世,因担心新上任的河道总督无法胜任副总河一职,雍正皇帝又将黄河河务的治理一分为二,改河道总督为江南河道总督,接管青江浦一带的河务,副总督为河东河道总督,接管济宁一带的河务。

雍正五年(1727年),应河南巡抚田文镜之请,复设河南省河北道,驻武陟,统辖彰德、卫辉、怀庆三府,督理河南黄河北岸河工事宜,厅、汛河员归其管辖。至此河南黄河管理体制规模基本确立。

雍正七年,规定总河专理江南河道事务,驻扎江苏清口;副总河专理河南、山东两省河道事务,驻扎山东济宁。另外规定直隶河道总督驻扎天津,专理永定河等河道事务。

在治河制度的改革上,雍正使得河工体制更加规范、细化,一定程度上革除了明代河工管理的弊病,使得清代河工体制得到良性发展,这也在相当一段时间保证了河工治河的稳定。

由于雍正与黄河的紧密联系,他在治黄思路和策略、治河制度等方面都进行了较大改革,河南黄河治理加强,河防建设不断改进,黄河堤防体系得到提升,取得了黄河治理的显著成效。

第三节　雍正与嘉应观

黄河上中游途径高山、峡谷到河南段,自武陟而下地势平旷,河道滚动无常,极易泛滥成灾。雍正朝之前,沁河入黄河河口,在钉船帮(现武陟县白马泉附近)到原武之间迁徙不定,18 里没有修筑黄河大堤,成为最易决口的地段。这也是清初黄河在河南段决口频繁的原因。雍正皇帝意识到黄河南段治理对于江山社稷和社会民生的重大意义,下定决心治理河南段黄河水患。

嘉应观的建造和雍正时期黄河治理形势的变化、嘉应观特殊的地理位置及政治因素等密切相关。

一、嘉应观的修建

嘉应观是由雍正皇帝下诏敕建的淮黄诸河龙王庙,属清代官式建筑群,有着鲜明的官式建筑特点。

(一)建造背景

1. 清初黄河在武陟决溢频繁

根据相关史料统计,从公元前207 年至1948 年的2155 年间,在武陟地区有史可考的黄河决溢达52 次,沁河决溢为105 次。[①] 尤其在清朝康雍时期,黄河武陟段决口十分频繁。

雍正即位后,极其重视黄河河南段的治理,并采取较为正确的治理措施,黄河在这一时期的防汛形势稍趋缓和,并无大的决溢和泛滥。而修建嘉应观的念头则萌发于雍正对河南黄河水患的认识和对黄河治理的坚定决心。

早在康熙末年,还是雍亲王的雍正奉命督办黄河治理,将贪官赵世显送到刑部,任命陈鹏年为河道总督,协助大臣牛钮、齐苏勒堵口。

---

① 杨保红:《华北轴—黄河历史与文化》,长江出版社,2012,第136 页。

在此,他下决心要根治沁河口这一段黄河"豆腐腰",以解除黄河水患对北方,特别是对京畿的威胁。雍正登基前曾许诺堵口告竣,即在武陟修建大清疆域内大小河流的总龙王庙。康熙末年,雍正直接指挥了黄河堵口、筑坝等河务,并同时命当时的河道总督齐苏勒开始在武陟选址修建嘉应观。雍正元年(1723年),即位后的雍正下旨在河南武陟县修建淮黄诸河龙王庙。他在国库严重亏损的情况下,从内务府调拨资金,派御匠,调山东、河南、山西、陕西、安徽五省民工,命齐苏勒在武陟仿故宫修建淮黄诸河龙王庙。关于兴修龙王庙的所需费用,雍正批示道:"修建此工不必动用正项钱粮,候朕颁发内帑前来。"①

有了皇帝的旨意和授权,以及相应的经济和各方支持,嘉应观的建造得以顺利开展。雍正元年开始施工建造,雍正三年(1725年)二月竣工。一座耗时三年,极具皇家风范,集宫、庙、衙署为一体的淮黄诸河龙王庙落成。

2. 由"御坝"到嘉应观

嘉应观位于武陟县东十三公里的大刘庄和杨庄之间,西南二公里是当年雍正皇帝亲自督导治理黄河时修筑并赐名的"御坝"。

康熙六十年(1721年)八月,黄河在武陟詹家店、马营口等处决口,为堵决口河工在当年筑起钉船帮大坝。雍正元年六月二十二日,黄河又在武陟发生11处漫溢。河道副总督嵇曾筠将险情上报了朝廷。七月,大学士张鹏翮奉旨来到武陟,会同齐苏勒、嵇曾筠和河南巡抚石文焯,当月就排除了武陟堤防险情,然后全面筹划了武陟堤防体系。整个堤防体系建设内容由嵇曾筠上报,而奏报中未提及钉船帮大

---

① 《世宗宪皇帝朱批谕旨》卷二上,收入《钦定四库全书·史部》,影印本,第2页a。

坝,只提议将秦家厂大坝北尾堤接至遥堤。雍正帝及时指出了这个失误:"钉船帮挑水坝既应保固,即当从此坝尾接至遥堤,若从秦家厂北坝尾接至遥堤,恐其兜水……"①

《豫河志》中记录有嵇曾筠在雍正元年(1723 年)八月针对钉船帮水坝呈雍正帝的奏章:"……查钉船帮挑水坝既应固保,但建筑格堤从秦家厂北坝尾起,诚如圣谕,必有兜水之虞。应从钉船帮坝尾接至遥堤,庶河水有所捍御,姚其营村庄可赖保全。再查秦家厂月堤在外帮筑工价似属稍减,但每年修理为费亦多,况两面皆水,龙口门埽工几及百丈,沁黄交涨时不无意外之虑,若从中填实,工大有依靠,人力容易施展,洵为一劳永逸之功……"②嵇曾筠在雍正提出钉船帮大坝之后及时修改堤防建设计划,突出了对钉船帮大坝的保护和建设,并在当年秋汛后掀起了筑堤高潮,十多项堤防工程全部于雍正二年(1724 年)汛前完工。

完工后,嵇曾筠在奏折中开始称"钉船帮大坝"为"钉船帮御坝",他在三月初十日奏折中曾这样上奏:"钉船帮御坝是遵照谕旨加以镶建,臣竭力督催,对镶建工程加紧修筑,如今已获竣工。并且又在上流处添建两座挑水坝,严饬下属不分昼夜,协力趱工,现在都次第告竣。"由此可见御坝之所以称为御坝,是因为雍正皇帝亲命,又加以镶筑雁翅和两座挑水坝而得以保留。所以,御坝与雍正有着密不可分的直接联系。

雍正二年(1724 年)四月,雍正亲书"御坝"二字,由新增黄河同知

---

① 武陟县地方志编纂委员会:《武陟县志》卷十四《河防志》,道光九年点校本,第269 页。

② 吴孙:《思考志》卷五,铅印本,民国十九年,第10 页。

孔传焕勒石立碑。此后黄河再没从此处决口。近300年来,由于河床不断增高,大坝随之加高加厚,已经成为可靠的屏障。如今,立在御坝村南的这通碑,远望气势宏伟,近看书法雄浑刚劲,盘龙的碑头昭示着它的与众不同。百年来,大坝因为河床的逐年增高,不断加厚加高,使它成为黄河治理的坐标性建筑。

嘉应观和御坝的关系十分密切。在武陟黄河治理过程中,先有雍正帝亲自关注的御坝修建,后有堵口筑坝过程中的雍正承诺,最后才有嘉应观的修建。御坝与嘉应观修建后,黄河武陟段堤防坚固,鲜有决溢发生,两者具有鲜明的因果关系。

3. 河神崇拜的盛行

清初朝廷重视黄河和漕运,"治黄保漕"水利工程建设不断开展,人们的河神崇拜信仰活动也更加普遍。清代在运河沿岸修建有众多的河神庙。上至中央,下至民间,河神信仰体系极为庞大,河神庙的修建活动较为普遍。早在康熙帝时期,在江苏宿迁就建造有安澜龙王庙,规模宏大,建筑宏伟瑰丽,十分壮观。到雍正帝时期,以京师时应宫为中心,向全国各地辐射,构建起一个庞大的全国性龙神祠庙系统。在雍正执政的13年中,由他所敕建的龙神祠庙多达三十余座。他不但自己在时应宫中为受雨旱灾害的地方祈福,还要求各地督抚将各省龙神神像从京师迎请回属地,建祠祈祷,一如时应宫之分支。

雍正即位之初,其政治地位仍未稳固,汉族人对于满族人统治中原的合法性仍存疑虑。面对艰难境地,雍正不仅需要通过政绩来征服,也需要借助于汉文化中"天人感应、君权神授"来证明其皇位和统治的合法性。而水运关乎国运,黄河、漕运的治理可以为其政绩加分,精神层面则需要借助于宗教的力量,对民众加以教化,以维护社会秩序稳定,使其继承大统得以合法化。于是,自雍正元年(1723 年)开始,雍正帝便着手在京城与地方营造一系列的龙神祠庙。这些祠庙与前代皇帝敕修的河海神祠、山岳神祠相联系,共同组成更为庞大且系统的国家岳镇海渎祭祀系统。雍正亲自创建的龙神祠庙系统,包括中央、各省、黄河、江海等四个层面,在这些祠庙中,并非全部都为"龙神"之名,但因为雍正在京师时应宫中,以龙神之名来供奉四海、四渎诸神,也意味着将传统意义上的"水神"均纳入了龙神的系统之中。

雍正二年(1724 年),敕加四渎封号,江渎曰涵和、河渎曰润毓、淮渎曰通佑、济渎曰永惠,均遣官赍送祭文香帛,交各该处督抚布政使就近致祭一次,仍以时春秋展祀。齐苏勒曾言:"我皇上为民敬神,特命于河南武陟地方建造龙王庙。"①由此可见,雍正皇帝是想借助河神崇拜,一方面引导百姓的信仰取向,统一人们思想;另一方面也是借助河神庙的修筑让人们感恩国家,增强民心,使民众对国家这种"为民敬神"之举深表感激,从而使社会被严密地整合在国家控制之下。

雍正皇帝登基后,将圆明园的寝宫命名为"九州清晏"。九州是自古以来中国的代称,而清晏指的是河清、海晏两种瑞像,寓意着太平盛世,表达了雍正希望在他的治理下,中国能够风调雨顺、安定和谐,进入一个太平盛世。雍正皇帝想要通过自己"朝乾夕惕"的努力和对"天人感应"的不懈追求,实现其政治地位的合法性,同时实现自己远大的政治理想。而嘉应观的建造也正是在这种龙神信仰影响下,得以实现的。

---

① 中国第一历史档案馆编《雍正朝汉文朱批奏折汇编》第 4 册,第 273 折,江苏古籍出版社,1991,第 346 页。

（二）嘉应观的选址

嘉应观作为清代官式建筑，为何在武陟建造，其主要影响因素有皇权意志、政治因素、道教思想和独特地理位置四个方面。

1. 皇权意志

嘉应观的修建，无论从选址还是建造形制等，皇权意志的影响较为突显。雍正下旨修建的一个重要原因是"以黄河安澜"，因此建于黄河北部平原之上，这也可以说是体现在皇权意志下的建筑功能。这在嘉应观御碑亭中雍正亲撰碑文中可见（全文见第七章）。

黄河是中国古代四渎之一，《释名》中解释："天下大水四，谓之四渎，江、淮、河、济也。渎也，独也，各独出其所而入海也。"雍正撰文并书丹一篇祭文，以此祭告黄河河神，字字句句都是心里话，他推崇黄河为"四渎称宗"，意在祭龙王、防水患、保社稷、固江山。在此修建嘉应观的目的是"黄沁安澜"，在功能和意义上给予了明确的表述。

"国之大事，唯祀与戎。"祭祀与军事实力，自古以来就是关系国家命运的大事。雍正即位后"特命河臣于武陟建造淮黄诸河龙王庙"，对嘉应观建造御定规格。嘉应观兼有祭祀河神、河工的职能，雍正借助于建造嘉应观，寄托对黄河安澜的美好祈愿。

此外，在嘉应观的山门上面还镶嵌着一块巨大的匾额，匾上镌刻着"敕建嘉应观"，匾上的文字是河道总督齐苏勒按照雍正皇帝圣旨所书。"敕"指皇帝的圣旨、诏书，我国由皇帝"敕封"的道观很多，但是"敕建"的却很少。嘉应观是我国为数不多由皇帝敕建的道观，充分体现了皇权意志，足见其政治地位之高。

2. 政治因素

政治因素也是决定雍正皇帝在武陟修建淮黄诸河龙王庙的最直

接原因。康熙晚年,"九王夺嫡",雍正并不占太大的优势,他是在怀疑和谣言中登上皇位的。在国库空虚的情况下,拨巨资,把造庙封神当成压倒一切的要务,其政治原因十分明显。第一,向八王爷、十四王爷等人昭示,他在武陟治河,于朝廷有功,于人民有利,得民心者得天下,这皇位得之有理。第二,向汉人推行"满汉一家"。大禹因治水有功,被汉人尊为"三代圣君",成为华夏先王。满人合力治河,为什么不能成为华夏正统?雍正二十五岁那年,以皇子的身份,陪同康熙视察黄河,到过武陟沁河口,深为那里河道迁徙无常、易决难堵担心。康熙六十年(1721年)八月,(黄河)决武陟詹家店、马营口、魏家口,大溜北越,注滑县、长垣、东明,夺运河,至张秋,由五空桥入监河归海……六十一年(1722年)正月,马营口复决,灌张秋,奔注大清河。六月,沁水暴溢……九月,秦家厂南坝甫塞,北坝又决,马营口亦漫开。① 地方快马报到京城,康熙皇帝卧病在床,感叹:"河涨河落维系皇冠顶带,民心泰否关乎大清江山!"遂命牛钮、齐苏勒、马泰为治河钦差,并命张鹏翮、陈鹏年、嵇曾筠及地方大员到武陟会商。

在康熙病体日重,兄弟都想争夺皇位的关键时刻,雍亲王特别想建功立业,彰显自己。国内最大的要务就是武陟河工,关系着亿万生灵,他毅然决然地支持牛钮,利用掌管河务的方便,从山西、山东、安徽、湖北征调物料钱粮,支援武陟河工。他在武陟河工上表现出来的对国家、对百姓负责的态度,和刚毅果断的作风,深得康熙的赏识。雍正最后登上皇帝宝座,和他在武陟治河中的表现应该说是有一定关系的。

---

① 《清史稿》卷一百二十六,中华书局,1976,第3724页。

3.道教思想

皇家出资修建的道观,中国建筑史上将其称为"宫"。嘉应观在当地俗称"庙宫",有着浓厚的道家思想色彩。"宫观"名称多见于唐代,后用来描述规模较大的道教建筑。唐代由于皇室的倡导,尊老子为宗祖后,道教建筑被尊称为"宫观"。"庙"则多用来称呼民间道教建筑。嘉应观虽是官式建筑,但在具体建造上也与地方民间建筑相融合,有着地方性色彩。

道家思想认为,"有人,天也;有天,亦天也",天和人本为合一。在中国传统文化观念中,人和自然是相通的,为此人事应顺应自然,做到与自然和谐统一。

受此影响,中国古建筑也被打上了"天人合一"的思想烙印。道家追求"物我齐一、清静无为",注重对人内在心性的修炼。而最终"得道成仙"也需要借助于良好的环境。清净之地最宜清修,所以对于"仙境"的选择多倾向各名山大川。因此,道教建筑也常隐于环境优美的名山大川之中。

"宫观"在建筑布局上也受宫殿建筑的影响,注重塑造纵向的中轴线,并多沿山坡向上,通常在山顶达到序列末端(在平原地区常以高台象征高山)。这种布局形式与道家"天人合一"的思想以及空间的序列功能密不可分。

对嘉应观来说,其所处位置环境虽非绝佳之处,但也有其独特之处。武陟地势平坦,处于黄、沁河冲积扇的左翼,地势由西南向东北缓倾,最高海拔 106 米,平均海拔 96 米。河流属黄河、海河两大水系。北部依附太行山脉,南望邙山,有山有水,可谓山川河流俱全。所以,作为道家清修之地,非常适宜。

在明清文化融合的大背景下,嘉应观也融入了道教文化,兼具道观功能。建观初期,有道士主持香火。新中国成立初期观内还有道士修行。观内的三清殿、钟楼上的乾坤八卦八音钟都是与道教有关的遗迹留存。

另外,下旨敕建嘉应观的雍正皇帝信奉道教,且是清朝诸帝中崇奉道教最为突出的一个。雍正即位后表现出对汉文化极大的兴趣,是清朝唯一信仰道教,支持道教的皇帝。雍正做皇子时就对道教产生了浓厚兴趣,在《悦心集》卷二罗大经之《山居述事》有题"雪满中庭,月满中庭,一炉松火暖腾腾,看罢医书,又看丹经"。这些影响了雍正皇帝的审美,道教的审美一直是以道家先贤庄子所言的:"朴素而天下莫能与之争美。"所以雍正朝的瓷器都很清秀。

雍正信仰道教也喜欢道家思想,道家思想崇尚真挚,雍正比他父亲更节俭朴素。他曾说:"朕生平爱惜米谷,每食之时虽颗粒不肯抛弃,以朕玉食万方,岂虑天庾之不给,而所以如此撙节爱惜者,实出于天性自然之敬慎。"

深谙雍正心思的齐苏勒,在嘉应观的选址和修建过程中,完美地将道家元素融进了这座皇家宫庙建筑群之中。

4. 独特地理位置

雍正皇帝即位后,河道衙署设在河南省武陟县嘉应观。

在中国古代,地处中原的河南省地位十分重要,到了清代尤其如此。"豫为天下之枢,地接畿南,遵循尤迩。"①武陟自上古就是黄河险工段,也是黄河治理的关键所在。

---

① 《河南通志》卷十,收入《钦定四库全书·史部》,影印本,第1页b。

嘉应观所在地理位置十分特殊且险要,作为黄河中下游的分界点,洪水治理的关键要害之处,清政府对其选址极为重视。康熙末期黄河沁河在此地区交相为祸,一度数次决口,洪水不仅淹没怀庆、卫辉、彰德等地,而且经卫河流入海河,直逼京畿、津门,一度震惊朝野,防汛形势十分严峻。康熙末年,黄河四次在武陟境内决口。雍正元年(1723年),黄河再次决口,洪水逼京,淹天津,成为清王朝的心腹之患。雍正皇帝曾经在给嵇曾筠的奏折中批示到:"朕为豫省拳拳在念,无日不神驰于黄河两岸之南北者,今半月余矣。"武陟段黄河治理成为雍正的心头大患。

据史料记载:雍正元年二月初六日,河道总督齐苏勒向雍正帝上奏写道"奴才会同护抚臣牟钦元,详加踏看于秦家厂之东马营口之西,得地一区高阜平敞、土脉坚实堪以建庙。现遴委印河官员估料、木石、砖瓦、匠役、工料价值造册,到日奴才等核实奏明择吉兴工,外所遵旨相度建庙地址,万民忻感,情形合先具折奏明谨奏"。① 奏折大意为:我和牟钦元一起,十分细致地去武陟黄沁交汇之处进行了实地考察,在秦家厂东边、马营口西边观察到一个合适的地方,此地地势高敞,视野开阔,十分适合建造庙宇。这一奏折反映了当时兴建嘉应观的基本情况,选址处地形地势高平、土实,在此处修建嘉应观最为合适。

而在康雍之际,秦家厂、马营口黄河水多次决溢,加之武陟二铺营等,大多治黄工程都在这一区域,因此,武陟在治黄工程中具有特殊性。康熙末年,由于疏于管理,吏治腐败,河务治理存在弊病,治河官员贪污腐败,工程懈怠。雍正即位后,大力整治吏治,惩办贪官污吏,

---

① 《世宗宪皇帝朱批谕旨》卷二上,收入《钦定四库全书·史部》,影印本,第1页b。

对于河工治理也极为重视。在武陟这一河患猖獗之地，修建嘉应观，有警示官员之意，尽职尽责，治理河患，以保黄沁安澜，百姓免于水患之苦，大清江山社稷永固。

再者，在中国建筑历史中，中国传统的风水学说对嘉应观的建造也有一定影响。作为皇权意志体现的嘉应观，它的选址建造自然也要选择风水宝地，遵循依山傍水和"左青龙右白虎"的定位原则。嘉应观的建筑就是背山面水，北有太行山，南有黄河水，可谓是"前有照后有靠"，前有水流经过，后有大山为靠，左右有"青龙""白虎"环抱（低岭岗阜）。这样的风水宝地自然符合皇家对于江山永固、国运亨通的美好期望。

嘉应观北依太行，南望黄河，作为清代皇帝表彰封赏治河功臣的集宫、庙、衙署为一的皇家故宫式建筑，是我国历史上记述治黄历史的庙观，有着独特的文化意蕴。它的建造显现着雍正皇帝对黄河治理的重视和极高的政治理想，作为治黄历史博物馆，它也有着极大的文化价值。

总体来讲，武陟在中华民族治理黄河的历史上所起的关键作用，再加上雍正巩固皇权的政治需要，决定了"淮黄诸河龙王庙"必然建在武陟。嘉应观的建成，是康熙六十年（1721 年）至雍正元年（1723 年）黄河在武陟 5 次决口，千军万马前赴后继筑坝堵口，经过艰苦卓绝的斗争，取得稳定沁河口，一劳永逸地根除武陟黄河水患的总结。

嘉应观也是雍正王朝的"黄委会"，是清代治黄的指挥中心。嘉应观供奉治河功臣，是对几千年治黄经验和教训的总结，展示着中华民族艰苦卓绝、波澜壮阔的治黄历史。

二、治河能臣崇拜始于嘉应观

治河能臣崇拜始于嘉应观。嘉应观供奉的河神龙王，除大禹、谢绪外，其他河神并不是建观之初就供奉在嘉应观，而是在后期皇室敕封河神不断增加而逐渐出现于此的。

嘉应观建成初期，观中祭祀的神应该等同于建于康熙年间、扩建于雍正年间的江苏宿迁皂河敕建安澜龙王庙里的神，有治水圣人禹王，精神河神金龙四大王谢绪，还有五湖四海一井神。得出这样的结论，是从雍正朝在敕建嘉应观同时期敕建的两座祀庙而得出的推论。这两座敕建庙宇，一是皂河敕建安澜龙王庙，一是浙江孝女北管谢绪祖祠。

只是发展至今，皂河敕建安澜龙王庙中供奉的神祇没有了金龙四大王，仅有禹王和五湖四海一井神了。而黄河故宫嘉应观则反其道而行之，请出了五湖四海一井神，供奉了历史上诸多的治河功臣，成为亲民爱民、为民谋福利的真人河神供奉聚居地。

（一）陈公祠的修建

以身殉职的河道总督陈鹏年是嘉应观祭祀真人河神第一人。

雍正年间，黄河决口，雍正任用陈鹏年在邙山下开挖引河，"使水东南行，入荥泽正河"。他日夜驻守工地，辛苦奔波。雍正元年（1723年），第五次堵口疏流终于成功，陈鹏年却积劳成疾，吐血而亡，死于任上。雍正皇帝十分感动，赐予他谥号"恪勤"，称"此真鞠躬尽瘁，死而后已之臣"，并颁旨在嘉应观西，为其修建陈公祠，以利后人缅怀与祭奠。尽管陈鹏年没有能入祀嘉应观中，但已经是皇恩浩荡，殊荣加身，换言之，开嘉应观祭祀治河能臣的先河，具有十分重要的社会意义。

（二）清代河道总督地位的提升

清代河道总督专官自顺治元年（1644 年）始设，至东河河道总督在光绪二十八年（1902 年）被正式裁撤，共走过了 258 年的历史进程，历经了 132 位河道总督。在这一漫长的历史发展过程中，清代统治者为了达到济运保漕的根本目的，维护封建统治，在中央和地方都大力提倡的背景下，对河道总督进行了全社会性的祠祭。这一措施的施行，大大调动了河道总督为国建功立德的积极性，保障了运河的畅通。换言之，河政是清朝稳定与繁荣的最重要基石之一，而祠祭河道总督则是河政得以有序推行的重要保障。

河神，是对中国古代影响最大的河流神。人死后被封为河神，是对其生前治河功绩的最高褒奖。在清代河道总督中，死后被封为河神的有两人，即朱之锡和栗毓美。

贤良祠主要是指祭祀有功于国家的王公大臣的祠庙。京师贤良祠始建于雍正八年（1730 年），诏曰："京师宜择地建祠，命曰'贤良'，春、秋展祀，永光盛典。"祠成于雍正九年（1731 年），内立雍正帝御制贤良祠碑，雍正帝御书额曰"崇忠念旧"等。此后，各省也纷纷建贤良祠。在清代的河道总督当中，死后入祀京师贤良祠的共 13 人，分别是靳辅、张鹏翮、齐苏勒、尹继善、嵇曾筠、田文镜、高斌、那苏图、高晋、萨载、袁守侗、黎世序、张之万。入地方贤良祠的河道总督更多。

被封为河神的朱之锡、栗毓美先后进入嘉应观是顺理成章的事情。入祀京师贤良祠的齐苏勒、嵇曾筠，由于在治理黄河中的杰出表现，加之一个是修建嘉应观功臣，一个是在嘉应观河道衙署办公的副总河，特殊的身份决定了他们得以入祀嘉应观。

嘉应观中陆续供奉的前朝治水功臣，个个身怀绝技，功勋卓著，进入嘉应观接受后世拜祭也是水到渠成的事情。

至于最后一位进入嘉应观的河神林则徐，由于政治原因没能进入京师贤良祠，但他在治理黄河运河和兴修地方水利工程的成就，加上他抗击外来入侵的民族英雄称号，使得他顺利入祀嘉应观，成为一代河神龙王。

在光绪七年（1881年）成书的《敕封大王将军纪略》中，封为大王的共有六位：显佑通济昭灵效顺广利安民惠孚普运护国孚泽绥疆敷仁保康赞诩宣诚灵感辅化襄酞博靖德庇傅佑金龙四大王；灵佑襄济显惠赞顺护国普利昭应孚泽绥靖博化保民诚感黄大王；信安广济显应绥靖昭感护国孚正是惠灵庇助顺永宁侯朱大王；诚孚显佑威显栗大王；显应宋大王；永济灵感显应昭罕昭宣白大王。

（三）四次御祭

雍正五年（1727年）三月，黄河水清两千里，持续26天，雍正皇帝为此写下了数千言的《圣世河清普天同庆谕》，并亲自撰写《祭告黄河神文》，命钦差大臣赴嘉应观祭祀河神，祭文内称黄河之神为"四渎称宗"，使淮黄诸河龙王庙嘉应观在江渎庙、淮渎庙、济渎庙之上，成为全国江河神之首。这是雍正第一次御祭河神。

雍正在位十三年，亲撰祭文，两次封黄河为"四渎称宗"，先后四次遣使前往嘉应观进行祭祀，一方面可以看出雍正对黄河治理的重视，另一方面看出雍正对嘉应观神灵的虔敬。嘉应观成为雍正王朝专门祭祀黄河之神的庙宇。

（四）卢公祠的修建

嘉庆二十四年（1819年），武陟马家营黄河决口，时任河兵参将的卢顺,率领军队堵口。次年的三月十五日,在合龙处的西侧,又冒出一个大缝隙。卢顺见状,立即上前指挥抢修。突然,缝隙迅速扩大,堤坝大面积坍塌,卢顺当场落水,被激流卷走,殉命黄河。

卢顺以身殉职的英雄行为上下传颂,有口皆碑。嘉庆皇帝追封以身殉河的卢顺为"武功将军副将衔",并建祠庙于嘉应观西侧,与陈公祠并列,供后人缅怀纪念。

卢顺成为未能进入嘉应观中,但得到殊荣的河神将军。在《敕封大王将军纪略》中,他被封为"管理河道截水漫沙卢将军"。

黄河泥埙表演

第四章 嘉应观的功能

嘉应观始建于雍正元年(1723年)，占地 140 亩，俗称庙宫，是雍正皇帝为祭祀河神、封赏历代治河功臣而修建的一座集宫、庙、衙三位一体的淮黄诸河龙王庙，素有"黄河故宫"之美誉。

雍正三年(1725年)二月，淮黄诸河龙王庙在武陟建成，雍正皇帝钦赐御制匾额，定名为"嘉应观"，取嘉瑞长应之意，并封黄河为"四渎称宗"。

作为皇家敕建的三位一体的龙王庙，嘉应观具有多重功能。它在政治上充分体现着皇权意志，作为皇帝的行宫在建筑形制上有着鲜明特色。同时，它承担着皇家道观祭祀和东河河道衙署的功能，在治河实践中成效显著。

第一节　皇家宫殿雍正行宫

康熙六十年(1721年)八月起,黄河先后多次在武陟决口,滔滔洪水淹没了新乡、彰德(今安阳)、卫辉,经卫河入海河,直逼京津,危害华北。洪水挟带的大量泥沙淤塞了大运河,造成运粮困难,一时震动朝野。危急之中,曾随康熙巡河的雍亲王胤禛被委以重任,负责指挥武陟决堤堵口。他许诺,若堵口成功,就在武陟修建大清疆域内大小河流的总龙王庙。经过艰苦卓绝的努力,决口终于堵上了。雍正即位后,立即履行诺言,从京城派御匠严格按照清代官式建筑工程做法,在武陟仿故宫修建淮黄诸河龙王庙,这也是嘉应观现在被称为"黄河故宫"的原因。

据说,当时大清国库仅存白银800万两,却拨巨资派御匠来建庙,并为此调集了河南、山东、山西、陕西、安徽五省民工参与修建,足见雍正对嘉应观的重视。

雍正元年(1723年)六月二十二日,黄河又在武陟发生11处漫溢。险情排除后,朝廷全面规划武陟堤防体系,制订堤防建设计划,经雍正批准后,在当年秋汛后开始施工,全部堤防工程于雍正二年(1724年)汛前完工。雍正亲书"御坝"二字,命人立碑勒石于大堤上。

雍正三年(1725年)二月,一座集宫、庙、衙署三体合一的淮黄诸河龙王庙在武陟建成,雍正皇帝钦点御制匾额,定名为"嘉应观",取嘉瑞长应之意,并封黄河为"四渎称宗"。为保黄河下游安澜,雍正批准在嘉应观修建了一座形似自己皇冠顶戴的碑亭,相当于把自己"帽子"放在了这里,以示治河的决心。

鉴于同时期的其他敕建庙宇的皇帝行宫功能,嘉应观也不例外。对武陟有着特殊感情的雍正,修建嘉应观初衷,当为自己修建黄河行宫,以便再来武陟治理水患驻跸。所以,嘉应观具有皇帝行宫的功能。

在武陟地区,嘉应观被建成皇宫的样子,和一个广泛流传的民间传说有关。

嘉应观的第一位道长牛钮,既是当时治理黄河的主要参与人,同时也是皇亲国戚。相传,顺治帝与宫女巴氏相爱,生下牛钮,想立他为太子。可孝庄太后以"子以母贵"为由,让三阿哥玄烨做了太子。顺治帝出家后,8 岁的玄烨做了皇帝,牛钮母子从此浪迹天涯。牛钮与母亲流落到黄河沿岸地区,受尽洪水之害。在得知自己的身世后,六十出头的牛钮便冒死进京与康熙相认,并献出治河良策。当时,康熙帝年老多病,众皇子争夺皇位,闹得不可开交。康熙帝经过深思熟虑后,将治黄、选人两件大事托付给牛钮。于是,在康熙六十年(1721 年),突然冒出个左都御史牛钮来武陟治河。牛钮带着四阿哥和十四阿哥风尘仆仆地赶到黄河岸边,全心投入工作。他一边监督治河工程,一边观察两位阿哥的表现。他发现四阿哥认真踏实,十四阿哥心浮气躁。回到北京后,牛钮在康熙帝面前大加赞赏四阿哥胤禛。四阿哥胤禛不负众望,积极参与武陟黄河堵口,不仅罢免了治河不力的河南巡抚杨宗仪,还诛杀了贪污腐败的河道总督赵世显,完成了武陟黄河堵口修坝的艰巨任务。

武陟的黄河决口堵住后,立下大功的牛钮从官场消失了。

雍正即位后,皇叔牛钮已无法恢复身份,更无法在朝廷安置,为了感谢皇叔,遂为他修建了嘉应观。牛钮这位有着皇室血统的人,当之无愧地成为嘉应观的首任道长。

这就是嘉应观为何按照皇家规格建成故宫模样的一个原因。

但是传说毕竟是传说,300年前的历史真相已无从寻觅,鉴于同时代有三个牛钮的缘故,供奉于中大殿穿龙袍的帝王塑像已在2021年的文化项目提升中,被幻化为帝王形象的淮黄诸河龙王爷,与并立两侧的四大王(金龙四大王谢绪,黄大王黄守才,朱大王朱之锡,栗大王栗毓美)一起接受后人的敬仰,保佑世间风调雨顺、五谷丰登、吉祥如意!

尽管雍正皇帝登基后再未来过武陟,但嘉应观的官式建筑体现了皇家的威严礼仪,提高了道观的价值和地位。

第二节　皇家道观国家祭祀

自古以来,皇家出资修建的道观,中国建筑史上将其称为"宫"。在明清文化融合的大背景下,作为雍正皇帝敕建的淮黄诸河龙王庙,嘉应观也融入了道教文化,兼具道观功能。嘉应观在当地俗称"庙宫",有着浓厚的道家思想色彩。建观初期,有道士主持香火。观内的三清殿、钟楼上的乾坤八卦八音钟都是与道教有关的标识。因为雍正皇帝信奉道教,且是清朝诸帝中崇奉道教最为突出的一个。深谙雍正心思的齐苏勒,在嘉应观的选址和修建过程中,完美地将道家元素融进了这座皇家宫庙建筑群之中,使之成为一座名副其实的皇家道观,承担起了清朝皇家祭祀河神的重任。

嘉应观自建成后，河清海晏，雍正大喜。从此以后，嘉应观遂作为清代皇家祭祀河神之地，享受中祀之礼（中祀是中国古代帝王举行的中等规模的祭祀活动，仅次于最高等级的大祀），一年一祭。事实上，雍正皇帝即位后，未曾出过京城，但对河神的祭祀非常重视，在位13年中共4次亲撰祭文，委派钦差大臣去嘉应观祭祀河神。

"国之大事，在祀与戎。"祭祀是封建统治者彰显国家统一和皇权至上的重要仪式。古代将长江、黄河、淮河、济水四条河流合称"四渎"，《汉书》说："中国川原以百数，莫著于四渎，而河为宗。"可见黄河地位举足轻重，祭祀河神成为国家礼制中不可或缺的一环，备受统治者重视。乾隆皇帝也曾在巡查河南嵩洛时，在开封遥祭黄河河神，并题写"嘉瑞荣光"匾额，现悬挂于嘉应观中大殿上。

嘉应观是中国最大的河神庙，享受国家层面的祭祀。黄河流域各州府、县城多建有祭祀河神的庙宇。黄河沿岸几乎村村有庙，家家烧香供奉。武陟县20%的村名、地名都与黄河相关，河神信仰根深蒂固，在某种程度上影响着人们的生活习惯和思维方式。

河南民间，今天仍存留多座河神庙，名字五花八门，龙王庙、大王庙、金龙大王庙等不一而足。

荥阳口子村留存着清代大王庙建筑，它离黄河重要古渡口玉门古渡直线距离数十米。这座大王庙红砖灰瓦，面阔三间，里面供奉着谢、黄、朱、栗四位河神。每年正月初一到十五，前来供奉的百姓络绎不绝。农历二月初二，传说是河神生辰，大家会集体到庙里祭拜。

博爱县清化镇大王庙，明清规模很大，现仅存正殿一座及明清碑刻十余通，从现存正殿前后檐五彩斗拱中，不难推测这座庙宇当日之华丽。

据清化镇大王庙保存的明朝隆庆五年（1571年）《创建金龙四大王神祠记》记载："大王（名谢绪，南宋末年人）为黄河福主，而沿河一带皆有神祠焉。我朝粮运自淮而上，设管河管洪衙门，亦以其运之艰也。于神设有时祀……波涛起伏之虞泊者，忧其堤岸冲击之患，无不求其神之庇护者。"清化镇是古代南粮北运必经之地，河运艰险，商贾和船民建造大王庙，岁时祭祀，诚请大王保佑商民"离风涛而就平陆，人与货俱保安而归"。

作为中国最大的龙王庙、河神庙，嘉应观一直秉承着追寻怀念的祭祀标准，并延续至今，使得嘉应观中接受祭祀的河工能臣，得到后世民众永远的祀祭和敬仰。

第三节　河道衙署

淮黄诸河龙王庙建成之后，雍正在此设置了河道、道台衙署，也就是治河官员办公的地方，可以说是清朝设立的"黄委会"。

雍正在此设立治黄机构可谓是用心良苦。河道和道台，中央和地方共同治河，并建造这一独特的治黄管理机构，与雍正时期的两河分治的治河制度改革有着极为密切的关系。嘉应观衙署作为雍正时期的治黄中心，与治河制度改革密切，在总河下增设副总河，是雍正的创新。中国历代治河水官都有不同的机构和官职名称，有久远的历史演变。

一、中国历代水官沿革

黄河自古以来水患频发,自大禹治水开始,中华民族与黄河水患的抗争拉开序幕。在治黄伊始,便有水利治理的部门机构,历朝历代都设立有专门的水利管理机构,并颁布了有关河渠、灌溉的法律法规,兴建了大量的渠、塘、陂、堰、运河等水利工程。这些水利机构的设置和职官体系,随着社会发展和治河实践的不断丰富而演变。

(一)清代以前的水官设置

1. 尧舜至周朝

我国水利职官的设立,可追溯至远古时期。相传上古时期,中原地区洪水滔天,共工被颛顼任命为水官,采用"壅防百川,堕高堙庳"[①]的方法治水,并为后世效法。后来,舜任命鲧为水官,鲧采用壅堵法而治水失败。鲧的儿子禹又被舜任命为司空,总领百官。[②] 这时的司空,官职权限较大,专司百工,而水利管理只是其职责中的一部分,职责范围主要在黄河流域。

《尚书·尧典》记"禹作司空""平水土"。"司空"一职,被认为是水利设专司的开始。此后,相传夏朝的冥任水官以身殉职,后受商人郊祭,事见《国语·鲁语》:"冥勤其官而水死……商人……郊冥。"

西周时,司空位次三公,与六卿相当,与司马、司寇、司土、司徒并称五官,掌水利、营建之事,是掌管代表当时最先进水利科学技术的手工业制造的官员。《考工记》和《荀子·王制》都指出"司空"的职责是

---

① 邬国义、胡果文、李晓路:《国语译注》,上海古籍出版社,1994,第79页。
② 阮元:《十三经注疏》,中华书局,1980,第130页。

"修堤梁,通沟浍,行水潦,安水藏,以时决塞"。而周代的司空除掌管水利事务,并设置虞衡、川衡以保护自然界的山林川泽:"虞衡,作山泽之材";"川衡掌巡川泽之禁令,而平其守,以时舍其守,犯禁者执而诛罚之"。① 至此,说明周代也已经建立了专门的水利管理机构。

2.春秋战国时期

春秋战国时期,各诸侯国雄霸一方,分而治之,因此各诸侯国各自负责所辖地区的水利建设和水治理活动。在这一时期,诸侯国都设有司空或其他水官,而官员主要让司空负责修筑堤防,但由于各诸侯国互争水利、互避水害,水事纠纷发生频繁,治河机构不断扩大,因此各诸侯国都增设水官、都匠水工等负责治河、开渠等事务。如《管子·度地》记载:"置水官,令习水者为吏。大夫、大夫佐各一人,率部校长、官佐各财足。乃取水(官)左右各一人,使为都匠水工。令之行水道、城郭、堤川、沟池、官府、寺舍及州中,当缮治者,给卒财足。"②

这一时期涌现出的水官有著名的治水专家孙叔敖。孙叔敖(约前630—前593年),姓芈,名敖,字孙叔,春秋时楚国期思(今河南淮滨东南)人。官至楚国令尹,春秋时期著名的政治家、军事家和水利家,也是中国历史上第一位水利专家。

楚庄王九年(前605年),孙叔敖主持修建了我国最早的大型引水灌溉工程——期思雩娄灌区。

3.秦汉时期

先秦时期设有"水官"一职,主要负责河道堤防的巡视、检查和维

---

① 杨天宇:《周礼译注》,上海古籍出版社,2004,第22页。
② 黎翔凤:《管子校注》,中华书局,2004,第1059页。

修等工作。秦始皇三十二年（前215年），秦统一六国后，中央和地方均设置有专门的水利机构，水官体系进一步发展。秦朝设都水长、丞，掌管国家水政，并制定出一系列法规、条款，其中《田律》可以说是中国最早制定的农田水利法规。《田律》中有与黄河直接相关的"决通川防，夷去险阻"的条文，即拆除战国以来修筑的影响行洪和水上交通的阻碍物，以利修守。故秦之统一，也促使黄河河政趋向统一。

汉承秦制，西汉时中央由御史大夫总揽全国水利，并辅之以治粟内史（武帝改名"大司农"）、奉常（景帝改名"太常"）、少府、水衡都尉、内史、主爵中尉等机构；地方都水官由中央各水利机构派出。

西汉时期，由于国家统一，黄河属于整个国家统一管理，所以，西汉时期的防治制度与之前不同，黄河治理大都由国家政府组织实施。而这一时期水利官署一直处于演变状态，主要设有太常、大司农、少府、内史、主爵中尉等，都设有主管"陂池灌溉，保守河渠"的都水长丞。他们主要负责管理水泉、河流、湖泊等水体。因都水官数量众多，汉武帝时期特设左、右都水使者管理都水官，但也还没有专管黄河水利的衙署。汉武帝（前140—前87年）以前，"都水使者居京师以领之，有河防重事则出而治之"，他们相当于钦差大臣的身份，并无固定职位，多属于临时任职。到汉宣帝年间（前74—前49年），以王延世为河堤使者，"河堤使者"成为黄河治理的专官，开始在历史中出现。

汉成帝时设置都水使者，统一领导和管理这些都水官员。同时还出现了"河堤都尉"的官名，说明当时已经建立了一套防治黄河水患的人事制度。到汉哀帝又罢除都水官员和使者，新设河堤谒者，并规定沿河地方郡县官员负有修守河堤的职责，修守河堤的人数有时多达万人以上。

在西汉时涌现出中国历史上有名的治水理论家贾让。贾让为汉哀帝时待诏，当时汉哀帝下诏"博求能浚川疏河者"，贾让应诏上书，自此提出治河史上著名的"治河三策"，后班固将其收入《汉书·沟洫志》，使之得以保存流传。贾让的"治河三策"成为我国历史上最早最全面的治河文献。

到东汉明帝时期，他汲取了西汉派精通理论者治河失败的教训，在派遣治河官员时选择了实干家王景。王景是东汉时期著名的水利工程专家。

王景治河成功后，明帝"诏滨河郡国置河堤员吏，如西京旧制"。此时，汉明帝认识到制度的益处，重新恢复西汉时的黄河水利衙门，并设河堤谒者。河堤谒者在东汉时是常设水利官员。《唐六典》卷二十三《都水监》条言，东汉置河堤谒者五人。河堤使者、河堤都尉是早在西汉时就已参与河堤治理的政府官员，河堤谒者也曾参与河堤修筑。《水经注》卷八《济水》引《汉官仪》云，酸枣县有"旧河堤谒者居之"。

由西汉到东汉，由于治黄思想不同，所设官职不同，也造成治理黄河的官职名称众多，水利官署是一个动态的演变过程。西汉时期临时派出的官吏叫河堤谒者或河堤使者，多是以钦差大臣身份主持大规模水利工程。有些还以原官兼任河堤都尉，或"领河堤""护河堤""行河堤"等。东汉时期河堤谒者成为中央主持水利行政的长官。在这一时期，黄河仍没有常设的治黄机构。

4. 三国魏晋时期

三国魏晋以来，中原战乱频发，政局不稳，社会动荡不安。但是水利治理总体还是向前发展。治河机构仍承汉制，除设都水使者、河堤使者、河堤谒者、水衡都尉外，水部下又有都水郎、都水从事等，但是这些官员的职位都不高,后来逐渐减少,甚至有时只剩一人,治河机构大规模缩减。

在曹魏、晋时,初步设置了中央水利机构——水曹、都水台。曹魏在中央行政机构的尚书台下设职能部门二十三曹,其一为水曹,置水部郎,自此我国历代中央始有专门水利机构的设置。都水台始于西晋,初置都水台有使者、主簿、令史等职,另外还有河堤谒者,主要负责治河。晋人傅玄曾说:"河堤谒者,一人之力,性天下诸水无时得遍。"南北朝也置有都水台,并设使者、参军、河堤谒者等职。这一时期由于战事影响,各统治者都忙于战事,对于黄河的治理也无暇顾及。

5. 隋唐五代时期

隋初有水部侍郎,隶属工部,下设都水台,后改台为监,又改监为令,并设统舟楫、河渠两署令,水利机构已为常设。隋朝虽在开凿运河、修建宫殿等大规模工程上下了大力气,但在黄河下游河事方面不够重视,河防机构也较为薄弱。唐代承隋制,除在尚书省工部之下专设水部郎中、员外郎以外,又置都水监。唐代地方官员皆可兼领河事,治河主要依靠地方政府。据《水部式》记载,为加强郑白渠的管理,在灌区设泾堰监专门管理机构,接受京兆少尹垂直统辖,并详细编制用水准则,对渠道维修、报批和监督都有详细要求。

《唐六典》卷七《尚书工部》有载:"水部郎中、员外郎之职,掌天下川渎陂池之政令,以导达沟洫,堰决河渠,凡舟楫溉灌之利,咸总而举之。"《旧唐书》卷四十三《职官二》同此。水部司主要是掌川渎陂池的政令,而具体的水利灌溉事务,则由都水监掌之。《唐六典》卷二十三《将作都水监》载明:"都水使者掌川泽津梁之政令,总舟楫、河渠二署之官属。……凡京畿之内,渠堰陂池之坏决,则下于所由,而后修之。

每渠及斗门,置长各一人,至溉田时,乃令节其水之多少,均其灌溉焉。每岁府县差官一人,以督察之。岁终,录其功以为考课。"

唐朝作为中国古代历史上一个强盛的封建王朝,国力强盛,国家大力治河并发展水利。由此,唐朝中央设立管理水利灌溉的政府机构和官员,形成整套的水利灌溉管理体制。

唐后期因战乱频发,黄河时常决溢成灾,治河机构略有加强。后周显德时设有水部员外郎。后唐时除设河堤使者之外,又设水部郎中、河堤牙官、堤长、主簿等。后晋时设防御使、刺史等,并兼河堤使。《旧五代史》卷八十《晋高祖纪六》说:"天福七年(942年)……四月……诏沿河藩郡节度使、刺史,并兼管内河堤使。"这一时期治河机构的人员和职权范围较之前有所扩大。

6. 宋元时期

北宋治河,规模庞大,历任皇帝对治河极为重视。宋太祖时,遣使巡视,在沿河府州置河堤判官17人,专门管理治河事务,对玩忽职守的官吏一律严惩。《宋会要》曰:"乾德五年(967年)正月,诏开封、大名、郓、澶等十七州长吏,并兼河堤使。"此时所置河堤使,是继承五代后晋而来。宋太宗以后,调集军队治河已成为惯例。宋神宗设立"疏浚黄河司",配备几百只船,清理河床淤泥,由宰相王安石主管治河事务。宋哲宗时置"治河司",为专门治理黄河的机构。

金灭北宋,其治河机构仍然承袭宋制,在尚书省下设工部,置侍郎一员、郎中一员。金熙宗皇统三年(1143年),"于怀州置黄沁河堤大管勾司"。大定二十七年(1187年),金世宗命沿河"四府十六州之长贰皆提举河防事,四十四县之令佐皆管勾河防事"。世宗完颜雍对于宋朝"河防一步置一人"的经验颇为赞扬,下令"添设河防军数"。金代还在下游沿河置二十五埽(六埽在河南,十九埽在河北),每埽设散巡河官一员,每四埽或五埽设都巡河官一员,分管沿河所属各埽,全河共配备埽兵一万二千人,金比宋时的治河机构又加强了许多。

元朝工部设尚书、侍郎、员外,仍如旧制,但无一定员额,同时可以任三至五人。都水监也如旧制,但品制有所提高(向来都在四五品间,元特升为三品)。员额也有增加,即以都水监二员为长官,又设少监三员、监丞三员,以下判官、经历、知事、笔帖式、通事、掌印各一员。都水监掌治河渠并堤防水利桥梁版堰事,另设河道提举司,专管治河。

元朝最为著名的水官为贾鲁,他是元末官吏、水利家,河东高平(今山西高平)人,精通水利,顺帝时参修《宋史》,后任工部郎中,后又任总治河防使,类似汉代的河堤谒者。

7. 明朝时期

明代治河兼治运,由漕运都督兼理河道。这一时期废除都水监,仍在工部下设水清吏司,简称都水司。主管官员为郎中,助手为员外郎及主事。这一时期管理黄河和运河的郎中、主事等,都类似于晋以后的河堤谒者。但中央派往黄河、运河等大流域负责河工和漕运的官员是一个单独的系统,用专官治河。由此可见,明朝对黄河治理非常重视。明初曾设漕运使,永乐年间设漕运总兵官。此后侍郎、都御史、少府等许多官事都负责过漕运事务。永乐年间,派工部尚书宋礼治河,此后又遣侍郎或都御史治河。成化年间,以王恕为总理河道,为黄河上设总理河道之始,隆庆年间总理河道又加提督军务职衔。万历六年(1578 年),以工部尚书兼总理河漕提督军务。十六年(1588 年)又复设总理河道。二十六年(1598 年)又改为总理河漕。三十二年(1604 年)又复设总理河道。总体来看,明代治河机构仍以工部为主管,总理和道台直接负责,山东、河南两省巡抚兼理河务,各州府县地方长官共同负责河防。明朝河防组织机构愈见统一,职权愈见集中。

（二）清朝水官设置

清朝黄河泛滥较多,清朝治黄机制沿袭前代旧例在中央设立工部掌天下百工政令,设尚书满汉各一人,侍郎满汉各一人。河工虽隶属于工部,但河道总督直接受命于朝廷,工部不能干涉。顺治元年（1644年）设河道总督,驻山东济宁管理黄、运两河。康熙十六年（1677年）移驻清江浦（今江苏淮阴）。康熙二十七年（1688年）又移回济宁,侍郎开布音和徐廷玺留驻清江浦。康熙四十四年（1705年）因山东河道与干河相距甚远,遂将之交由山东巡抚就近管理。雍正时治河体制有新变化。雍正二年（1724年）设副河道总督驻河南武陟,分管山东、河南河务。雍正五年（1727年）,副河道总督分管山东、河南河务。雍正七年（1729年）,以徐州为界分设河南山东河道总督（又称河东河道总督驻济宁）和江南河道总督（仍驻清江浦）。两河道总督兼兵部尚书右都御史衔。乾隆四十八年（1783年）,改兼兵部侍郎右副都御史衔。

河道总督以下设文武两套机构:文职机构设管河道、厅、汛,武职机构设河标、河营。文职司核算钱粮、购备河工料物,武职负责河防修守。两者职责也互有连带,旨在互相牵制。文职管河道设道员以下为河厅,以同知、通判充任。再下汛、堡,有州同、州判、县丞、主簿、巡检各官充任。武职统领河管者,设参将一员,下设游击二员,每营设守备一员统领。再下有千总、把总、外委各武官。①

河东河道总督所辖武职人员较少,清初豫、怀河两营仅有河兵

---

① 黄河水利委员会黄河志总编辑室:《河南黄河志》,1986,第366页。

1700名,与徐州以下相比人数悬殊,所以河南河工修守主要依靠堡夫。嘉庆、道光年间,河兵名额逐渐增加,但是增速缓慢。道光四年(1824年),河东河道总督所辖的豫河、怀河两河营的河兵连同其他武官人员编制总数只有2145人。

咸丰五年(1855年),黄河从河南兰阳(今兰考县)铜瓦厢决口改道,兰阳以下故道断流。咸丰十年(1860年),第二次鸦片战争结束,清政府再次败于英法,除战争耗费外还要支付巨额的战争赔款。这时的清政府根本没有余力堵塞铜瓦厢决口。故在第二次鸦片战争结束的当年清政府索性下令将江南河道总督一职裁撤,沿河各道、厅、营、汛亦同时裁撤。次年,清政府将河东河道总督移驻开封负责黄河事务。

光绪五年(1879年),清政府又裁撤河东河道总督将河务交豫鲁两省巡抚兼理之议。经过多年争论,至光绪二十四年(1898年)七月,清政府曾一度将河东河道总督裁撤。除减少河道总督一人外,其他人员并未减少,当年九月遂又恢复。此后争议仍未停止。至光绪二十八年(1902年),清政府又将河东河道总督裁撤,将其应办事宜交由河南省巡抚兼办。

光绪末年,河南改设兰封、荥泽、孟县三个黄河官工局和河内、武陟两个沁河民工局。宣统二年(1910年),改设河防公所,以开归道和彰卫怀道为总会办,主管河南黄沁两河河务。

黄河在铜瓦厢改道后,流经直隶省三县(今河南长垣、濮阳和山东东明)。南岸河堤始建于光绪元年(1875年),直隶巡抚调大名漳河同知为东明河防同知。汛期调练军上堤防守。光绪六年(1880年),大名府管河同知移驻东明高村,次年招募河兵成立河防营,并以大顺广兵备道兼管河道水利事宜,后又调保定练军前营管理黄河。而北岸河堤均为民埝性质,由当地群众自行修守,漫溢之患不断发生,幸有北金堤赖以屏障。北岸民埝经逐年加修,直到民国七年(1918年)才改为官兵修守。

清朝黄河治理从雍正皇帝开始,治水机构有所变化,并且开始两河分治,但是在这一时期嘉应观的河道衙署具有黄河下游治黄的专门机构的职能,使黄河治理得以统一协调规划。清中后期,随着清朝政局逐渐衰败,黄河下游基本处于分治状态,没有统一的治河管理机构。

(三)民国时期黄委会的成立

民国初期直至黄委会建立前,中国并没有一个统一的治黄机构。黄河下游的治理仍然延续清末由下游三省各自监管。1933年9月,黄河水利委员会成立,黄河分治状态得以终结。

1.中央水利机构

民国初期,管理全国水利的为内务部的土木司和农商部的农林司。民国三年(1914年),增设了全国水利局,局设总裁,与内务、农商两部共同协商办理全国的水利事务。民国十六年(1927年),国民政府成立后,水灾、防御归内政部,水利建设归全国建设委员会,农田水利归实业部,河道疏浚归交通部。由此可见,水利农田建设都分属不同机构,中央机构设置更加细化。到民国二十二年(1933年),水利建设又改归内政部。民国二十三年(1934年),统一全国水利行政,全国经济委员会下设水利委员会为全国水利总机关,水利行政由此统一。民国三十年(1941年),水利委员会改归行政院管辖。民国三十六年(1947年)五月一日,水利委员会改为水利部。由此可见,民国时期的水利管辖经历的多次变化,与这一时期政权频繁更迭关系密切。

　　2.黄河水利委员会

　　黄河水利委员会的成立从筹备到多次会议论证,最终到1933年9月1日正式成立,过程极为曲折。

　　民国十八年(1929年)一月十六日,国民政府公布"民国政府黄河水利委员会组织条例",特任冯玉祥为国民政府黄河水利委员会委员长,马福祥、王瑚为副委员长,特派冯玉祥、马福祥、吴敬恒、李仪祉等17人为委员,成立黄河水利委员会。

　　民国十九年(1930年),建设委员会奉命修治西北河流,与黄河水利委员会职权相抵,于是呈请废止"黄河水利委员会组织条例"。十月民国政府修改"黄河水利委员会组织条例"。

　　民国二十年(1931)四月,行政院第八次会议议决"黄河水利事业,移交内政部接管"。十月二十四日,国民政府特任朱庆澜为黄河水利委员会委员长,任命马祥、李仪祉为副委员长。次年四月,国民政府明令改组黄河水利委员会,设委员7人。但会后因经费无着落,黄河水利委员会仍未能成立。

　　民国二十二年(1933年)四月二十四日,国民政府特派李仪祉为黄河水利委员会委员长,特派王应榆为黄河水利委员会副委员长,派沈怡、许心武、陈泮岭、李培基为黄河水利委员会委员。五月二十三日,令委员许心武为筹备主任,筹建黄河水利委员会,遂在南京暂借导淮委员会一部分房屋作为筹建办公处所,开始筹备工作。六月二十八日,公布"黄河水利委员会组织法"。"黄河水利委员会组织法"规定黄河水利委员会直隶于国民政府,掌理黄河及渭、洛等支流一切兴利防患施工事务。简派委员十一至十九人。七月二十九日,国民政府批准中央执行委员会第 367 次政治会议李仪祉的提请,"以山东、河北、河南、山西、陕西、绥远、宁夏、甘肃、青海九省建设厅长为黄河水利委员会当然委员"。后安徽、江苏两省建设厅长也增为当然委员。

当年八月十日,黄河发生特大洪水,下游堤防横遭溢决,灾情异常严重。八月十九日,国民政府批准中央执行委员会第 370 次政治会议决议,黄河水利委员会改归行政院指挥监督。

八月底,黄河水利委员会筹备事竣,九月一日,黄河水利委员会正式成立。

根据"黄河水利委员会组织法"规定,委员会下设总务、工务两处,总务处下设第一、二、三、四科;工务处下设测绘、设计、工程、河防管理、林垦五组。

抗日战争胜利后,1946 年,冀鲁豫解放区行署于 2 月 22 日在山东菏泽建立冀鲁豫黄河水利委员会,主任王化云,副主任刘季兴。冀鲁豫区黄河水利委员会随着解放战争形势的发展,从 1946—1947 年,在黄河两岸坚持治河工作。

(四)新中国成立后黄河水利委员会成立

1948 年 10 月 24 日开封解放后,11 月 3 日冀鲁豫黄河水利委员会在开封市城隍庙设立驻汴办事处。

1948 年 12 月,华北人民政府受中国共产党中央委托,在河北省平山县西柏坡村附近召集各地主持治黄负责同志开会筹建治理黄河的统一机构——黄河水利委员会。同月接受了国民政府黄河水利工程局及其下属机构,共计 1277 人。至此,由中国共产党领导的统一治黄机构——黄河水利委员会诞生,开启了新中国治黄新篇章。

1949 年武陟解放后,冀鲁豫黄河水利委员会成立"沁河大樊堵口工程处",后改名为黄委会第五修防处,其所属的武陟黄河段办公地点设于嘉应观东道院。

1950年2月,嘉应观内新建黄河水利委员会引黄灌溉济卫工程处。首任水利部部长傅作义、首任黄委会主任王化云、苏联专家布可夫、清华大学教授张光斗、北京地质学院教授冯景兰,在这个小院里,建立治理黄河指挥部,指挥修建了中华人民共和国成立后的第一个引黄灌溉济卫工程——人民胜利渠。

同年,新乡修防处出资请武陟建筑工会匠师对嘉应观进行整修。

1952年全部工程结束后,引黄灌溉济卫工程处撤销。

1952年,毛泽东视察黄河,在刚刚建成不久的人民胜利渠水闸上,亲手摇动摇把开启闸门,并感慨道:"这样的渠道,一个县有一个就好啦!"

二、嘉应观河道衙署设立

嘉应观河道衙署的设立,作为嘉应观宫、庙、衙中的"衙"的集中体现,是当时治河的办公机构。虽然是附属性建筑,但同样在当时历史时期有着独特的政治地位和极大的社会意义。嘉应观衙署设立有着深厚的历史背景和缘由,并在当时历史条件下承担着重要的治河作用,并取得了显著成效。

(一)衙署设立的背景

雍正五年(1727年),复设彰卫怀三府分守参政兵备道一员,兼管河道,移驻武陟,以副总河公馆为衙署,这是嘉应观驻道台及河道衙门之始。河道衙署相当于雍正年间的"黄委会",第一任河道副总督为嵇曾筠,相当于当时"水利部"的一个下属单位。当时的国家"水利部"

设在开封,由河道总督齐苏勒管理。道台衙署是地方官员协助治理黄河的临时办公场所。显而易见,河道衙署是隶属于中央的治河机构。嘉应观的道台衙署,由于是地方官员协助治理黄河的,他们是地方基层官员,有"道台"之属,但却不是长期供职于黄河治理,所以在这里分设他们的临时办公场所,有其必要性和特殊性。

河道和道台,中央和地方共同治河,并建造嘉应观这一独特的治黄管理机构,与雍正时期两河分治的治河制度改革有着极为密切的关系。

1.设立背景

清代,对于黄河河工治理无论是重视程度还是具体的管控力度都远超前代,正所谓"河工,国之大政"。清朝初年,承袭明制,设置总河,综理黄运两河事务,但亦有革新,其中最为明显之处为:总河成为常设职官,自此至清末一以贯之,专责河务,并且品级较高,为二品大员,若加兵部尚书、授太子太保等衔,则为从一品。康熙帝时期,不仅将"三藩及河务、漕运"三件大事写于宫中柱上以表重视,还多管齐下,推出了一系列改革措施。

首先,河督及其下河官的选拔标准严格,更加注重治水技能与实践经验。康熙亲自考选河督,最终选定安徽巡抚靳辅,将其提拔为河道总督,全权负责修守黄运两河以及维持沿河地区的社会秩序,并给以方便行事之权。由此拉开了清代大规模治河实践与相关制度建设的序幕,在清代黄河史上具有标志性意义。

其次,矫正河工弊病,裁撤南北河道各分司改归道管理。如康熙"十五年(1676年),裁南旺分司,归济宁道管理,又裁夏镇分司,所有滕、峄二县各闸归东兖道管理,沛县各闸归淮徐道管理"。① 对这一举措,康熙皇帝颇为满意。

再次,划分河段,设置道、汛等专门负责河务的基层管理机构。如康熙"十七年(1678 年),山东、河南二省特设管河道员,一应督修挑筑办料诸务";汛如丰汛、铜汛、郭汛等,各汛设武职把总或千总一人负责河务,有的加外委效用 1 ~ 4 人;还在某些沿河州县行政区划内设置县丞、主簿等专门负责辖区河务的官员,如康熙二十二年(1683 年),"设江南省睢宁县、安东县管河县丞各一人"②。

最后,设置河兵驻扎河堤,改河夫佥派为雇募,以加强日常修守。如康熙"十七年(1678 年)议准,江南省凤淮徐扬四府,裁去浅留等夫,设兵五千八百六十名";"三十八年(1699 年),江南省裁徐属州县额设岁夫六千九百五十名,改设河兵三千三十名"③。 此外,加强调整细化抢修经费管理、考成保固、物料贮购、苇柳种植等相关规定,制定报水制度。在多项举措下,康熙皇帝将黄河治理推向更加深入的治理阶段。

但是,清初一官守河,重南轻北的治河体制,至康熙朝晚期暴露出的问题越来越严重,加之河政懈怠,以致黄河屡屡在河南决口,频酿大祸。

雍正即位后,一方面着力整顿自康熙皇帝后期日益严重的河工弊政,一方面也深入推行改革,加强制度建设。对治河制度的改革,首当其冲的就是在原有总河基础上增设副总河一职。通过这一改革举措,将河南、山东段黄河真正纳入了中央直接统辖,管河机构中的上层建制基本定型。这是黄河管辖一分为二进行南河和东河分治的标志,而

---

① 《钦定大清会典事例》卷 901《工部 40》第 10 册,中华书局,1991,第 403 页。
② 《钦定大清会典事例》卷 901《工部 40》第 10 册,中华书局,1991,第 403 页。
③ 《钦定大清会典事例》卷 903《工部 42》第 10 册,中华书局,1991,第 423 页。

首任副总河稽曾筠就驻扎在嘉应观的东跨院河道衙署,因此嘉应观是雍正时期黄河分治的历史见证。

黄河之所以分治,还要从清代黄河流向说起。在 1855 年铜瓦厢改道之前,黄河并非像现在这样从河南流入山东,然后从垦利直接进入渤海,而是从河南洛阳、郑州、焦作、新乡、开封、商丘流向山东的曹县、单县和安徽东部的砀山一带,又从安徽流入江苏徐州、宿迁、桃源,于清河(今淮阴)县境会洪泽湖水之后折而东北流,再经江苏淮安、涟水,最后在云梯关(今江苏涟水县甸湖集东北约十里黄河故道北岸)外注入黄海。

1855 年之前的黄河走向要比现在黄河走向曲折复杂得多,其流程十分漫长已经远超万里。在当时的交通技术条件下,治河者常常顾此失彼,疲于奔忙,根本无法总揽全河,而这个问题自清初到康熙时期一直没有得到很好的解决。这和清代河督的设置有一定关系。清代自顺治元年(1644 年)就开始设立"河道总督"一职,起初称总河,后来清代在继承明代总河制度的基础上,逐渐建立起了河道总督制度。

雍正二年(1724 年)改总理河道为河道总督,标志河道总督制度正式确立。河道总督的职责是总管黄河上中下游以及运河漕运事务,管辖的地区跨河北直隶、河南、山东、安徽、江苏等多省。《大清会典》对此曾记载:国家漕运,全靠黄河和运河两条河流,因此特别设立河道总督一职,驻扎在山东济宁地区,统筹管辖黄河及运河两河事务。由此清代开始有了正式的专职河务官员,但是万里黄河委于一官常常令其顾此失彼。康熙十五年至十六年(1676—1677 年),黄河连续两年在江南地区决口,以致河水倒灌洪泽湖,形势一度十分严峻,因此总河办公地点移驻到清江浦(今江苏淮阴)。

雍正二年,当时河南武陟、中牟、郑州等地连续决口,河南河患十分严重,引起了最高统治者的高度关注。雍正皇帝经过慎重思考之后,决定任命嵇曾筠为首任副总河,驻扎武陟,负责河南地区河务。总河仍兼理全河,副总河专理河南段黄河。

雍正四年(1726 年),副总河的管辖区域又扩大到山东段黄河,一切堤防等工程修筑事项,全部交给副总河嵇曾筠就近管辖。这实际上是将黄河管辖正式一分为二,一部分是河南山东地区河段,一部分是江南地区河段,但这时候的总河仍兼理全河,副总河专理河南段黄河。

"总河"和"副总河"最终分离,是在雍正七年(1729 年)齐苏勒病逝以后。齐苏勒是雍正皇帝即位后实际意义上的首任河道总督,雍正皇帝对其评价极高。齐苏勒病逝后雍正皇帝认为继任者尹继善新管河务,担心其无力胜任,所以决定将江南总河和河南副总河正式一分为二,自此以后两边总河皆为平级官员。经与文武百官商讨后,决定分设江南河道总督和河南山东河道总督,分别委任尹继善和嵇曾筠为南河和东河负责人。此后,改总河为总督江南河道提督军务,副总河为总督河南、山东河道提督军务,各自分管黄河南北,他们又分别被称为南河总督和东河总督。同时为了防止两河总督各自为政,贻误河事,雍正皇帝同时还要求他们遇到共同涉及南河和东河之事,需要协商上奏。

雍正时期的黄河分治是黄河治理体制的重要改革举措,其社会意义和影响十分深远,自此以后乾嘉道咸四朝一百多年的黄河治理一直遵循分治格局,直到铜瓦厢改道后南河体制才慢慢被裁撤。

2. 设立缘由

在嘉应观内御碑亭上有楹联如下:"河涨河落维系皇冠顶戴,民心泰否关乎大清江山",据说是康熙皇帝御笔。在清代,特别是在康熙、雍正等帝王的心里,治河与国运息息相关,黄河安宁与社稷江山密切相连。由此,在此修建治河衙署可谓是雍正皇帝的苦心孤诣。

康熙帝在位61年(1661—1722年),号称盛世,但到了其晚年,由于性格仁和,并在吏治方面行宽厚之道,官员贪腐之风,已愈演愈烈,上下欺蒙,越亏越多,使得从中央到地方的财政日益虚溃,国家收支严重失衡,百弊丛生。在黄河治理中最为重要的河工官员,贪腐也是甚器尘上。其中有个著名的治河贪官赵世显。

赵世显,自康熙四十七年(1708年)十一月,从山东巡抚任上调河道总督。至康熙六十年(1721年)十二月,被免去河道总督一职,在任十三年。对于正二品大员的赵世显来说,虽然年俸银仅有一百五十两,但是却热衷炫富,吃喝挥霍无度。

康熙六十年八月到雍正元年(1723年),黄河在武陟县秦家厂、马家营、詹家店、魏家庄四处决口。病中的康熙派出皇四子雍亲王胤禛,赶赴武陟督战。细心的胤禛很快觉察到了河工的"玄机"。原来,黄河堵口时所需的人员、石料、土方数量都是可以任意虚构的无底洞,任河道总督多年的赵世显深谙此道,侵贪的白银高达40多万两。河工开始,赵世显依然消极怠工,民工、料物迟迟不备,以至延误了工期。

牛钮上奏弹劾,胤禛将赵世显送刑部勘问,赵世显被免职查处,让陈鹏年代理河道总督,由杨宗仪专职供应堵口料物。

雍正正是看到黄河治理中河工官员的贪腐,危害国计民生,想要极力革除这一弊病,加强河工官员管理,同时加强河工官员自身思想教化。于是便在黄河"豆腐腰"的最险要之处,设立河工官员的办公地,其目的是想让治黄大臣身临一线,与百姓共担祸福、同生共死,方能尽心尽力,确保黄河安澜。

雍正二年(1724 年)七月,黄河度汛平稳,汛期过后堤防工程十分稳固,雍正皇帝十分高兴,他在给嵇曾筠的批复中说:这次实乃上天和神明保佑,黄河伏汛才安然度过,我心之欢畅笔不能言尽……今年黄河安澜实在是让人意想不到,由此可见只要我们虔诚敬神,就能收到上天和神明立竿见影的回报,不敬不慎可乎?通过此段叙述,我们可以看出雍正皇帝通过治理黄河也在实现其思想统治的目的,他通过这种思想教化将其施之于官、施之于民,正是其作为统治者,对政治理想的主动追求。

以德化人,乃国之根本。思想统一,社会稳定。正是在雍正皇帝的大力支持和充分的信任下,齐苏勒担任河道总督以后,上任之初便开始着手整顿河工积弊,最终使河政颓势得到扭转,出现"人皆懔懔奉法"的良好局面。

(二)衙署的建设成效

作为清代官方治河中央直属管理机构,嘉应观的河道衙署在治河实践中成效显著,一方面"印河协作"办公得到加强,另一方面河工贪腐弊病得到一定治理。

1.印河关系和谐

如果说从嘉应观的东跨院河道衙署看到的是"两河分治"的历史背影,那么从嘉应观的西跨院道台衙署看到的则是雍正时期"印河协作"的治黄掌故。"印"指的是"印官",是地方行政官员。"河"指的是河官,专门治理黄河的官员。嘉应观的河道衙署是副总河嵇曾筠治河办公场所,道台衙署则是河北道黄河同知办公之处。

河官和印官分别一东一西,并合署办公,是因为治河是一项十分复杂艰巨的工作，需要上下联动，地方官员的支持和协作十分重要，如果仅依靠河官谁也无法完成庞大的治河任务。尤其是在防汛抢险的关键时刻，往往需要调配大量的人力物力，统筹协作。比如在雍正三年（1725年）的时候，关于防汛抢险用的柳料就规定具体经办人员必须在十日内凑齐百万斤，二十日内凑齐二百万斤，并且要照数递增，严格依限期交工。如果逾限不能完成，将承办之人严加治罪题参。由此可见其工程量之大，再如《武陟县志》曾经记载一首河官杨守知在雍正二年（1724年）所写关于抢险堵口的诗作《甲辰元旦工次即事》，诗曰：

元朝春气暖融融，立地阴霾起大风。

骇浪千层堆积雪，危堤一线偃长虹。

崩崖裂堑排头尽，束草车薪转眼空。

再拜河神休戏剧，劳臣心碎五更中。

"崩崖裂堑排头尽，束草车薪转眼空"一句十分形象地描写出了当时抢险堵口的紧张和忙碌，以及物料的急缺。

由此可见，清代的"河官"，在黄河泛滥频繁的时期，其治河任务是极其繁重的。在这样的情况下，如若没有"印官"的支持很难成功应对河患。但是"印官"同样也需要"河官"，因"河道民生，本属一体"。靳辅在《文襄奏疏》中曾言：黄河治理攸关民生社稷，更是与地方安危休戚与共，实非渺小琐事。凡是地方官员，都应当竭力配合治河事宜，不宜徒诿河官坐视敝坏。

治河民生本为一家，理应通力协作，但是实际情况往往是印河协作不力，有时甚至相互推诿，尤其是康熙末年这种情况比较严重。比如康熙四十九年（1710年），朝廷针对河南地方"印河不谐"就有过这样的警告："饬令管河等官协同地方官，合力抢护。如有仍前怠玩，贻误河工者,将管河地方官照黄河例议处。"①这又和当时的治河体制有一定关系,因为康熙末年名义上总河是管辖全河,但实际上河南段河工由河南巡抚管理,派出的河官只是协助巡抚。巡抚负责每年的河道岁修工程以及汛期河工堵塞,只有出现大工的时候总河才会出面处理,但是治河工程的维修保固是一项经常性工作,巡抚又要治理地方,所以就会出现推诿塞责的情况。雍正皇帝曾为此专门下发谕旨,他说:听闻治河下属官员,每当装运工料即以此为借口,对过往商船封捉进行生事骚扰。尤其是等到防汛抢险的紧急时刻,就诈称装运防汛紧急物料,向商船进行百般需索,甚至将载重船只勒令中途卸货,以致商船闻风藏匿,不敢经营。针对这种河员胥吏侵夺百姓的问题,雍正皇帝谕旨严令河道总督进行察禁。②

雍正皇帝还曾下谕旨调和"印河关系",起因是副总河嵇曾筠要求沿河州县官员协助河务官办理物料。河南巡抚田文镜则从地方行政官员的角度出发,他提出:国家设立各种官职,本来就是因实际事物不同,需要各设职位分别治理,河员本来就是专理河务的官员,州县官员本来就是专理地方行政事务,此项制度在设计之初就是要加以区分,防止相互之间牵扯混杂,职责叠加权责不明。并且"乃利,则河员独享,害,则州县共尝","州县无不因河工赔累,致亏库项"③,所以田文镜认为:河工设有河员,无论永修防护以及办料雇夫,俱当责之河员,自不应牵扯州县。雍正皇帝在接到田文镜的上奏后,他批示道:此奏

① 黎世序:《续行水金鉴》,中国水利要籍丛刊,文海出版社,1987 年,第 336 页。
② 《世宗宪皇帝实录》卷三,中华书局,1986,影印本,第 83 页。
③ 《世宗宪皇帝朱批谕旨》卷一百二十六,收入《钦定四库全书·史部》,影印本,第 61 页 b。

折从情理角度出发,确实如折中所言十分恰当,但是考虑到黄河治理关系非同小可,如果河务上万一有紧急情况,地方行政官员往往会以为和自己没有关系,到时候河官呼应不灵,恐怕会贻误耳。我的意见是仍然让地方行政官员在这个事项上再协助河官一两载,然后再逐步让河官专门负责此项事物,因此我现在也十分踌躇,不能立即加以决断,等我发给朝中大臣们讨论讨论,具体办法择日再定。

正是在雍正皇帝的直接干预下,"印河不谐"的局面开始得到改变,尤其是后来,河南巡抚田文镜,对于河务尤其倾心支持,比如在雍正三年(1725年),身为河南巡抚的田文镜曾经在两个月之内多次发文,要求地方官员按照修守之法,勤加巡防河堤。如果道厅汛官员胆敢阳奉阴违,松弛懈怠,一经查出,即严加治罪。后来治河总督嵇曾筠也"报之以李",他曾在雍正五年(1727年)上奏折,针对印河关系发表建议。他说:河务系统和地方行政机构应该相互选拔录用彼此人员。河南省在管河道一职以下还设有厅、汛等官员,以协助府、州县等正印官员。……如沿河府州县有熟悉河务处理的官员,应该批准其升调河工道厅,而如果河工厅汛官员有德才兼优者,应该准其升调沿河府州县地方政府,这样河官和地方印官相互交叉使用,彼此之间都会有所裨益。如果今后能够这样实行的话,那么印河各官就会相互恭谦,而河防和吏治就可以相互讲究学习,一定都会协力同心。就整体来看,在雍正时期,"印河关系"还算比较协调,所以在嘉应观能看到河道衙署和道台衙署合署办公,这是历史遗留的印证。

2. 河工贪腐整治成效显著

清代河工贪腐,清初至清末,日益严重的河工体系腐败,最终导致清王朝走向灭亡。清代的河工乃"国之大政",为保障河工事务顺利开展,在清初便制定了体系相对完善的河工管理体制。

清代的管河机构,分为河、道、厅、汛、堡五级。最高一级的河下辖6道,道下有31厅,厅下辖汛,每一汛所辖范围几千丈至上万丈不等,汛下设堡房若干,每堡相隔约二里。

河道总督为当时最高负责人,人员由中央甚至皇帝亲自选拔,通常为二品大员,若加兵部尚书、授太子太保等衔,则为从一品。河督驻地最初沿袭明制,设在山东济宁。康熙十六年(1677年)迁至江苏北部黄河、大运河交汇处的淮安清江浦。雍正七年(1729年),正式分设江南河道总督(简称南河总督),驻节清江浦,以及河南、山东河道总督(简称东河总督),驻节济宁。次年又增设直隶河道总督(简称北河总督),乾隆十四年(1749年)裁撤。

河督衙门由中央正式任命的官员仅有河督一人,书吏、幕客等其他"编外人员",都可由河督自行聘任,协助其处理河工事务。河督兼提督军务,拥有直属军队,称为"河标"或"河营",均参与"守汛防险之事",大约类似于如今的工程兵部队。

在清代,河工任务特别艰巨,面临的仕途危险性也大。但风险与机会共存。治河工程中数目不菲的治河工程款,多由河督自主管理,各管河道、河库道(掌河工款项出纳)及各厅分理,清廷定期盘查河库。这为河工贪腐创造了机会。由此,在清初便开始了对河工贪腐的各项整治。

雍正时期,采取"铁腕政策",加大官员贪腐惩治力度。首先是在中央成立特别机构会考府,负责中央各部及地方各省的钱粮奏销事宜,审查重要支出项目,清算出入之数。将户部作为清查对象,重点清查户部的同时,会考府还严格察核工部奏销事项中有关黄河水利、浙江海塘等重大工程的钱粮数目。比如,四月十九日,会考府驳回工部送来的康熙六十年(1721年)黄河各处工程奏销钱米之请,因为在察核中发现,赵世显任河道总督时,桃源(今江苏泗阳)、宿迁等地河工每年耗银约15万两,比前任河督的同类开支多出整整一倍。同一工程,历年水势并无异涨,而奏销钱粮为何多寡不均,且有增无减? 经过追查,果然发现赵世显克扣治河工料,侵吞钱粮,于是立即重刑治罪。

其次,雍正皇帝推出了"养廉银"制度,这个制度是基于清朝官员本身的合法俸禄比较低的现实情况而制定。清朝当时在地方上的一品大员,即总督的年俸才180多两白银,最低等的知县年俸45两白银。在康熙朝以前,官员公开且不合法的额外收入就是不断地增加火耗(民银铸造为官银时产生的损耗,收税收的是官银),这些是官员们俸禄之外的收入。虽然朝廷默认这个火耗,但却没有设定量,这就导致官员们对上可以用火耗亏空的名义少交税,对下可以增加百姓上交杂银的火耗,国家吃亏,百姓吃亏,只有官员不吃亏。针对这种情况,雍正推出了著名的"火耗归公"制度,意为将所有的熔炼官银的损耗全部也征收到国库,然后国库根据官员的品级下发养廉银,数量可以达到官员正常年俸的10~100倍,这个制度相当于给了官员合法的高收入,但也断了他们非法的更高收入,官员们对此也颇为抱怨。

此外,面对贪腐,清初便制定了河工考成保固条例。河务工程在保固期限内失事,承修官或降级,或革职,或罚俸。雍正六年(1728年)推出"销六赔四"的办法后,则罚赔并施,承修官除了受行政处罚外,还需承担经济损失,赔偿一定数额的银子。

另外,由于雍正崇尚节俭,在黄河治理各项支出方面也都严加审核,河工经费较少,在这一时期,河工官员并没有发生大贪、巨贪事件。整体来讲,由于多种举措,大力整治官员贪腐,整个河工体制运转未受较大影响,也使得黄河治理成效更加显著。

（三）衙署式微

从嘉应观东西跨院河道、道台衙署建立之初,到最后黄委会新乡修防处迁移他处办公,嘉应观河道衙署的地位不断下降,是与其治黄作用大小密切相关的。

民国伊始,随着中央水利机构的设立以及逐步完善,加之黄河水利委员会的成立,嘉应观的黄河治理指挥中心功能消失殆尽,成为单纯的黄河龙王庙,即供奉河神、为后人所拜祭。

新中国成立后,随着毛泽东同志"要把黄河的事情办好"的号召,黄河进入大规模治理阶段,水利工程、治沙等多种举措,使得黄河治理取得显著成效。而嘉应观除了在 1950—1952 年作为黄河中下游第一条引黄灌溉济卫渠(人民胜利渠)的建设指挥部外,连观中的道士也被遣散还俗了。延续 220 多年的"治黄指挥部"的功能则不能与雍正时期同日而语了。

"一座嘉应观,半部治黄史",突显了嘉应观在黄河流域的独特地位。嘉应观是清代治河丰功伟绩的有力明证,是中国治黄历史上的一个标志性建筑。作为黄河文化的结晶,它的衙署功能在清代以及以后相当一段时期有着重大意义。作为雍正王朝的"黄委会",清代治黄的指挥中心,它曾在治黄历史上留下辉煌一笔。随着治水机构的变革,其职能有所变化,在完成历史使命后逐渐退出历史舞台。

一部中华民族的发展史,就是中华民族与黄河战天斗地的抗争史,武陟嘉应观作为治黄文化的地标级建筑、治黄博物馆,其拥有的丰富的黄河文化资源,在当今"深入挖掘黄河文化,讲好黄河故事,传承、弘扬黄河文化"的时代背景下,依然是我们不竭的精神源泉。

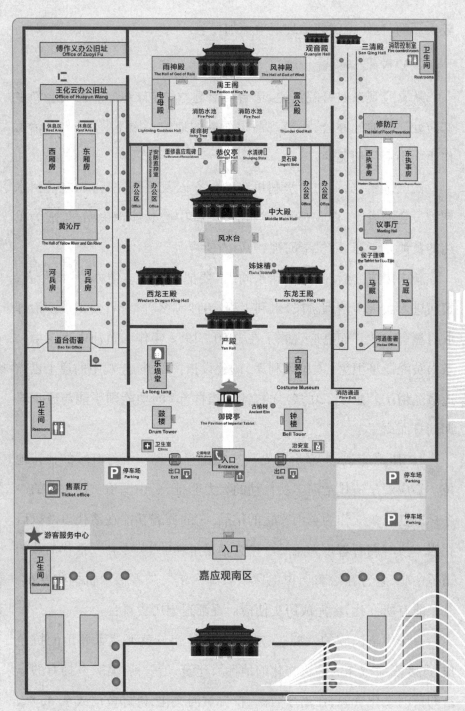

嘉应观全景导览图

第五章　嘉应观的建筑技术

　　嘉应观作为雍正敕建的"淮黄诸河龙王庙"，是黄河流域第一龙王庙，属于清代纯官式建筑，有着浓郁的皇家建筑特色。观内的中轴线主体建筑群为核心部分，为早期建筑，东西跨院、陈公祠等为后期增建，两者在建筑布局和结构装饰等有着有较大差异。官式建筑与地方建筑特色融于一体，体现着中国传统建筑独特的艺术魅力。

　　作为清代官式建筑群落，嘉应观的建筑格局、形制、装饰等无不体现着官方建筑特色。因为其仿制紫禁城所建造，人们也称其为"黄河故宫"，从建筑整体布局、单体建筑结构、建筑装饰等来看，它的确符合清官式建筑的规制。

第一节　建筑法则

一、清代官式建筑概述

清代作为中国封建社会发展的顶峰,在中国传统建筑艺术上也到了一个顶峰时期。1934 年 1 月,建筑学家梁思成先生在《清式营造则例》一书的序中,首次正式使用"清代官式建筑"一词。此书的主要目标,乃在将清代"官式"建筑的做法及各部分构材的名称,权衡大小,功用,并与某一部分地位上或机能上的联络关系,试为注释……①

建筑学家林徽因在《清式营造则例》绪论中,对北平的一切公私建筑,以及在京师以外的许多"敕建"建筑,进行了分析和概括,得出了清代官式建筑的范围:清代于雍正十二年(1734 年)钦定公布《工程做法则例》,凡在北平的一切公私建筑,在京师以外许多的"敕建"建筑,都崇奉则例,不敢稍异。② 之后,"清代官式建筑"频繁出现在中国建筑研究相关论著中,但作为一个学术概念并没有明确的界定。

2010 年出版的《圆明园的"记忆遗产"——样式房图档》中,建筑学家郭黛姮对官式建筑给予了概括:官式建筑为官方出资建设的国家或皇室的重大项目,如都城、宫苑、坛庙、陵寝、衙署、府邸等建筑工程

---

① 梁思成:《清式营造则例》,中国建筑工业出版社,1981,第 1 页。
② 林徽音:《清式营造则例·第一章 绪论》,载梁思成《清式营造则例》,中国建筑工业出版社,1981,第 6 页。

以及水利工程、路桥工程、城市市政工程等。^① 由以上可见,"清代官式建筑"与清朝颁布的《工程做法则例》密切相关。清代官式建筑体系正是在清代工官制度背景下,以官方颁布的《工程做法则例》为范本,以样式房图档为留存的设计图档,以清代官式建筑为实体,以工匠的实际操作为基础,围绕建筑营造业各个环节形成的整个体系。

二、清代《工程做法则例》

康熙朝以降,政治稳定,营造活动增多,相关法律也相继出台,雍正十二年(1734 年),《工程做法则例》颁布。"则"是法则、准则或规则的意思,"例"是先例、成例或定例的意思。^② 全书大体分为二十七种建筑做法条例与应用料例工限两部分,自土木瓦石、搭材起重、油饰彩画、铜铁活安装、裱糊工程等,各有专业条款规定与应用工料名例额限,大木作部分附屋架侧样简图。该书是我国古代建筑历史长河中,官方颁布刊行的两部建筑法规之一,与宋代《营造法式》齐名。^③

《工程做法则例》是清代建筑造型、设计、构造、用材、工艺及施工技术等方面的总则。这对于清代官工经营管理起有关键主导作用。这部书在当时是作为宫廷(宫殿"内工")和地方"外工"一切房屋营造工程定式"条例"而颁布的,目的在于统一房屋营造标准,加强工程管理制度,同时又是主管部门审查工程做法,验收核销工料经费的文书依据。应用范围主要是针对官工"营建坛庙、宫殿、仓库、城垣、寺庙、

---

① 郭黛姮、贺艳:《圆明园的"记忆遗产"——样式房图档》,浙江古籍出版社,2010,第 3 页。
② 王世襄主编:《清代匠作则例》第一卷,大象出版社,2000,"前言"第 1 页。
③ 王世襄主编:《清代匠作则例》第一卷,大象出版社,2000,"前言"第 1 页。

王府一切房屋油画裱糊"等工程而设。作为封建统治阶级颁布的建筑总则，它实质也就是封建等级制度反映在建筑方面的具体表现形式，营造行当通称为"工部律"，说明这部官书在当年具有严格的规范作用。

在封建社会，统治阶级强调尊卑贵贱各有等差的封建礼制，等级制度是衡量一切的政治标准。《工程做法则例》作为一代官工营造规范，内容虽以工程技术为主，内在精神层面依然遵循封建社会等级关系这个基本原则。

首先，《工程做法则例》将房屋建筑划为大式、小式两种做法，明确标志着建筑的等差关系。所谓大小之分，并不单纯指建筑规模体量的大小，重点在于揭示这些建筑物从结构造型到装饰色彩，既有形制上的限制，也有物料良众、造作精粗等质量上的差别。其中提到开卷房殿、歇山转角三例，属于宫殿、官修寺庙或王府建筑体制，穿堂（穿堂、穿廊、宁廊）为工字殿组成部分；转角房周庑（围廊）四隅转角；方、圆亭，楼房多建在宫苑游憩之所；城阙、角楼设在城防，用于外围安全警卫。这类建筑物本身或有大小繁简之别，就建筑体制而言，都不是民间所能修建的。

在宫殿建筑内部同样存在名列等差关系，主要表现在建筑群体组合相互位向关系的处理方面。比如同为房殿、歇山建筑，若为群体组合，位置方式也须有主次偏正之分，用于主体与边厢四隅的，从建筑布局规模、材分尺寸、彩画题材、瓦饰样号等，主次之间各有其名例界限，处于次要陪衬地位的，必须较主座依次降格一等，以此突出主体建筑的崇高地位。

其次，在建筑房屋间数和间架结构上也有所限制，以表明等差关系。建筑间数多寡、间架结构繁简程度，标志着使用者的身份地位，封建朝代各有禁限条例，明、清尤为严格，明、清《会典》均著有明文。明清宫殿建筑以九间为尊。大木间架结构都是九开间做法，属于最高体制，多用于皇室宫殿、宗庙殿宇，其他较少使用。间架部署、各构件尺寸规格都标有明、次、梢间名称和深广尺寸加以区分。包括间架所用檩数多少都有大小之分。明次梢间位序名称固定，位置划分明确，也体现出建筑的等差关系。

《工程做法则例》统一了官式建筑的构件模数和用料标准，简化了构造方法。建筑呈现程式化特点，高度定型性，这是中国古代建筑发展到一定程度的结果。它的建筑比之前朝代更具规范化，设计更加简单，木质构件也比之前简化不少，斗拱缩小，用材极简等。这些不但便于占工算料，加快施工速度，而且建筑造型也容易形成一定的比例关系，装饰处理形成一定的规格。这种程式化的比例关系和装饰处理规格都是建筑匠人长期艺术锤炼的结果，展示着建筑艺术达到一定的水平。

由于清代距离现今时间较短，清代很多官式建筑都有遗存。在中国古代建筑的宝库中，清代遗存的皇家建筑最为完整，体系性最强，建筑类型也最为全面，包括宫殿、园林、坛庙、陵寝、王府、衙署等等。其中嘉应观属于河南清代官式建筑遗存之一。尽管《工程做法则例》在嘉应观建成后数年才成书颁布，但其建筑标准已经广泛流传，故嘉应观作为清代官式建筑，在建筑用材、装饰、单体建筑形制等也都遵循着《工程做法则例》标准进行建造。

三、"样式雷"家族

历朝历代的皇家宫殿庙宇，都是当时全国最优秀人才的智慧结晶。中国建筑史上把设计叫"起样",设计从业者被称为"样子匠",清代皇家建筑设计机构叫"样式房",雷氏家族作为当时中国第一建筑世家,荣获"样式雷"荣誉称号。且中国五分之一世界遗产的建筑设计都出自"样式雷"家族,从风水选址、景观设计、建筑组群、房屋构造、内檐装修到舟车家具等,无所不包。

作为清廷御用建筑设计师,"样式雷"家族先后七代人都参与皇室建筑设计和建造工程。作为雍正亲命"敕建"的嘉应观,也应和"样式雷"家族有着紧密联系。

著名建筑学家梁思成先生在《中国建筑和中国建筑师》一文中写道:"在清朝(1644—1911 年)二百六十余年间,北京皇室的建筑师成了世袭的职位。在十七世纪末年一个南方匠人雷发达来北京参加营造宫殿的工作。因为技术高超,很快就被提升担任设计工作。从他起一共七代直到清朝末年,主要的皇室建筑,如宫殿、皇陵、圆明园、颐和园等都是雷氏负责的。这个世袭的建筑师家族被称为'样式雷'。""样式雷"在中国建筑史上占有重要地位,他们建筑艺术上的成就在中国建筑史上留下了辉煌的一笔。

"样式雷"家族祖籍江西,从第一代"样式雷"雷发达于康熙年间来到北京,到第七代"样式雷"雷廷昌在光绪末年逝世,雷家有七代人为皇家进行宫殿、陵寝、庙宇等建筑的修筑。因为雷氏家族是清廷"样式房"的掌案头目人(现今来讲就是首席建筑师),即被世人尊称为"样式雷"。第一代雷发达在较长的时间被认为是样式雷的鼻祖,但实际上在"样式雷"家族中,声誉最好、名气最大、最受朝廷赏识的是第二代"样式雷"——雷金玉,他是雷家第一位担任修建圆明园而开始执掌样式房工作的人。

雍正皇帝即位后,将圆明园完善提升为御苑。年近古稀的雷金玉蒙皇帝器重,被赐令在内务府清宫处值守样式房掌班,以建筑设计统筹各作营造,并专办装修的"楠木作"事务。雷金玉所开创的正是雷氏后代传承不辍的两大差务,其一是执掌工程处样式房,负责皇家建筑设计;其二,便是承办皇家楠木作装修陈设的设计与制作。

雍正对雷金玉作出的圆明园建筑方案甚是欣慰,后又把重修紫禁城的任务也给了雷金玉,正值灵感巅峰的雷金玉,还把颐和园也设计了出来。颐和园烫样出来之后,跟圆明园是截然不同的风格,但两园都有独特的美,并都有着一股恢弘的东方之美。毫不夸张地说,在雍正朝,整个北京能够排得上号的房屋,都是雷金玉的作品,几乎遍布了半个北京城。

清代帝王需要集全国最优秀的建筑师为其设计建造各种建筑,雷氏家族为了维系自身的职业地位让后代从小就学习设计业务和相关知识,将上交宫中的图纸之外的所有设计底图留在家里。

按清代规定,凡画样按例要进呈皇帝、皇后、皇太后御览,最后留在宫中存档。雷氏家族在测量地形时,会使用"平格法"来绘制建造结构。平格法就是用一张纸描绘出精确的三维立体地形来,"平"就是各个测量点与基准水平的高低,"格"就是计里画方。这些恢弘的建筑就是在如此精细的数据下进行烫样制作,反复推敲,直到工程竣工。烫样,可以类比于我们现在房地产的房屋模型,是用来供人们买房时作为参考,直观感受建筑物。雷氏家族用烫样呈给皇帝,使皇帝直观感受建筑实物模型,然后决定建筑的设计与建造。

雍正元年(1723 年),皇帝下诏敕命河臣齐苏勒在武陟黄河筑坝堵口附近仿故宫,派御匠,调山东、河南、山西、陕西、安徽五省民工,建造淮黄诸河龙王庙。嘉应观一为雍正皇帝敕建，二为仿故宫建筑，而从事主要皇家建筑设计的雷氏家族，在这一时期，刚好是第二代传人雷金玉执掌样式房。以此推断，雍正敕建嘉应观所派御匠应为雷金玉。因为雷金玉参与重修北京紫禁城建筑工程，再者雷金玉深得雍正器重，所以才会将这一重大工程交于其负责办理。雷金玉在建筑构件上，对宋代以来沿用的"斗拱"进行改进，以卯口宽度为基本尺寸，形成由"斗拱"变"斗口"的新模式，让设计与施工能够更加科学地衔接。从此，建筑所用柱子梁枋的粗细、高低，都是以"斗口"为基本单位来计算。直到现在，这项木工技艺仍无人撼动。

元代以前每两柱间的补间铺作一般为一踩至两踩，明代逐渐增至四踩至六踩，清代最多的达到八踩。在材的使用上清代不再是前代的材及观念，而是以材之宽为斗口，其材之高为二斗口（二十分），如清工部《工程做法则例》"凡算斗科上升、斗、拱、翘等件长短、高厚尺寸，俱以平身科迎面安翘昂斗口宽尺寸为法核算"。各个斗拱之间的中距即攒当完全相等，大致都等于十一斗口。嘉应观建筑多照此规制修建，仅严殿除外。

嘉应观从其整体建筑布局、单体建筑结构、建筑艺术风格等也都能体现出皇家宫殿、衙署的特点。至于是否为雷氏家族设计图纸、烫样等，仍需要进一步发掘和史料佐证。

第二节　建筑布局

一、中轴对称的建筑布局

雍正三年(1725 年)二月,武陟淮黄诸河龙王庙中轴线建筑落成,雍正皇帝钦赐龙匾,定名"嘉应观"。"嘉"为美好祥和、喜庆或万事吉祥之意,"应"为顺应天地之意,"观"指的是道观,表达了雍正对此地殷切的祝愿与美好的希冀。

雍正四年(1726 年),兴建东、西跨院,即河道、道台御署,年底嘉应观全部竣工。东跨院是河道总督办公的地方,也是雍正年间治理黄河的指挥中心。观南百米之外是戏楼,两侧有水池、木牌坊、旗杆和铁狮。观内祀禹王、风雨神及大王、龙王,还有殉职及功勋卓著的河官。东西跨院进深相当于正院。

雍正五年(1727 年),复设彰卫怀三府分守参政兵备道一员,兼管河道,移驻武陟,以副总河公馆为衙署,这是嘉应观驻道台及河道衙门之始。

嘉应观是清朝集龙王庙、道宫、河道、道台衙署于一体的典型官式建筑群。雍正时期建成之初,分南院和北院两个大院。南院戏楼和观西陈公祠、卢公祠,以及两院之间的木牌坊和铁狮子等历经浩劫,现已不存。现在的北院东西跨院、南院戏楼和嘉应观山门前的石狮子,均为后来修复,只有北院中院主体建筑是古迹遗存。

（一）中轴对称原则

现在所看到的建筑主要是嘉应观北院，总平面布局坐北朝南，分三进院落布局。中轴线上有山门、御碑亭、严殿、中大殿、恭仪亭和禹王阁，两侧为东西掖门、拴马亭、钟鼓楼、更衣殿、龙王殿、配廊对称布置，主要为祭祀河神建筑群。东西跨院为河道、道台衙署。东跨院为河道衙署，为雍正时期治理黄河的指挥中心之一。西跨院为道台衙署，道台衙署是清代辅助治理黄河的地方行政机构。

建筑学家梁思成先生说过：我国寺庙建筑，无论在平面上，布置上或殿屋之结构上，宫殿住宅等素无显异之区别。盖均一正两厢，前朝后寝，缀以廊屋为其基本之配置方式也。其设计以前后中轴线为主干，而对左右交轴线，则往往忽略。交轴线之于中轴线，无自身之观点立场，完全处于服用地位，为中国建筑特征之一。而嘉应观的建筑布局谨遵这一建造原则。

明清时期，是中国传统建筑发展的最后一个鼎盛时期，各类官式建筑都过分强调中轴对称。嘉应观整体基调严肃、对称，具有典型官式建筑的特点，可谓是集古代官式建筑艺术之大成，规格高，规模大，保存完整，整体风格具有北京故宫的特点。

嘉应观为雍正皇帝划拨白银，遵照北京故宫的形式与风格，由清官署营建，工匠亲自监督建造的道观建筑群，官式建筑特点突出，在河南地区具有较强的历史独特性。

据嘉应观内庙产碑文记载："嘉应观原存地亩八顷九十一亩一分八厘五毫一丝七忽，殿、亭、楼、阁三百多间。"（引自嘉应观中大殿东北侧庙产碑文）雍正时期建成的嘉应观坐北面南，分三进院落布局，占地一百多亩，房舍10余间，规模宏大。嘉应观共分东、中、西三个院落。

中部为祭祀河神、巡河行宫建筑群，东西跨院为河道、道台衙署。中部院落各殿宇沿中轴线进深次序排列有山门、御碑亭、严殿、中大殿、恭仪亭及禹王阁，两侧有钟鼓楼和东西龙王殿等配殿。嘉应观中轴线长170米，建筑及院落占地近3万平方米，加上观前舞楼、观西陈公祠、卢公祠等建筑及四周庙基地共132.17亩，整体建筑布局谨严，主次有序，逶迤交错，气势雄浑。

（二）庭院布局建筑

这种中轴对称的庭院式布局，是参照北京故宫中轴线并降低规格建造的。它以纵向中轴线为主轴线，东西两侧作为辅助空间向两侧延伸，形成均衡对称的庭院式空间序列。中轴线上山门为序幕，中大殿为高潮，最后两侧廊式厢房与禹王阁合围，作为轴线的收尾。分布于轴线上的建筑形制较高，从山门、御碑亭、严殿、中大殿、禹王阁，建筑体量按照建筑级别依次递进，体量符合序列变化，两侧建筑中轴对称分布，是典型的祭祀性建筑群。中轴线上建筑也因功能性质不同，建筑形制大小也各不相同。御碑亭及禹王阁的形制因为敕建祭祀治河功臣的缘由略有出入。禹王阁的建筑体量较大，也与其供奉治水圣人大禹有关，为楼阁式建筑。

由于按照故宫形制仿建，中轴对称特点鲜明，以中轴线为主，主线上建筑依次进深，主次分明。左右对称的建筑在规模和体量上都不会超过主线上的建筑，大小有别，尊卑有序，一目了然。这样，既突出了中心建筑，体现了"居中为尊"，又形成了统一而有主次的整体建筑格局。同时，对称即"平衡"，从整体建筑风格上体现中庸和谐之美。

中国古代官式建筑从开始到结束，多是一组或多组建筑围绕着一个空间构成，形成一种围合式院落结构。嘉应观作为集宫、庙、衙三位一体的建筑群落,既是皇家宫殿,也是官方祭祀和衙署办公之地,因此它的功能性质是多元的。作为宫殿,它是供帝王、皇后、嫔妃举行朝会、大典以及居住的地方,规模宏大,凸显王权的尊贵。平面布局上,恭仪亭、甬道显示了其作为行宫使用的可能。作为宫殿建筑必须遵循中轴对称,建筑规模庞大,建筑雄伟,以此来体现社会经济、文化的发展程度。

作为皇家出资修建的道观,中国建筑史上将其称为"宫"。作为中国传统建筑的一部分,其建筑结构也以木构架为主,建筑讲求坐北朝南,以子午线确定中轴线,布局对称。道观中轴线上的主体建筑承担祭祀功能,为神殿,是祭祀活动的主要场所,殿内多供奉神像。清朝是中国封建社会发展的顶峰时期,政治体制决定宗教地位,寺观的建筑形制逐渐趋同于宫廷、宅邸。在嘉应观中轴线上中大殿仿北京故宫太和殿建造,这在历代河神庙中非常少见,足以凸显最高统治者对治黄的重视。

嘉应观的这种中轴对称庭院式布局,无论在官式建筑还是民间建筑中,都居于主流,是中国建筑组群构成的基本方式。这样的中轴对称形制格局,通常以纵轴为主,横轴为辅,建筑空间序列鲜明,轴线单体建筑多呈现横向长方形平面,整体平面布局呈现出纵长横窄的特点,显现中国对称均衡的建筑之美。

二、中轴线对称建筑

嘉应观的建造沿用中国传统的院落式建筑布局,严格按照中国礼制思想对称分布,主次分明。中轴线上单体建筑沿水平方向展开,建筑形式和空间的安排富于变化。

原中轴线上建筑最南端为一东西向的马路,马路两侧各有一牌坊,牌坊现已不复存在,中轴线上的第一道主门是山门,山门面阔三间,单檐歇山顶。山门前置有铁狮一对,1966 年"文化大革命"时被砸毁,现在的石狮是 1988 年河南省石刻艺术馆新雕,踞原石位须弥座上。山门东西两侧各有一单檐硬山式掖门,两掖门各一间,比山门低得多。两掖门与山门之间还各有一青砖照壁。这样东西两牌坊、山门、掖门,再加上山门前两座石狮,就构成了中轴线上一组建筑序列中的第一个开放型空间,钦差大臣到此祭祀时,观内的主持就打开山门,在山门外迎接,祭祀队伍从山门走过。平时一般人只能走两旁的掖门进入嘉应观。之后,山门、御碑亭、严殿、中大殿和禹王阁等主要建筑分布在整个院落的中轴线上,次要建筑分布于轴线两侧。由此形成,中院为祭祀区域,东西两院为衙署和服务区域。从使用功能和等级上看,东西两院较为狭窄,中院则开阔饱满。单以中院来看,三进院落的尺度和建筑密度又有特点。

(一)第一进院落

第一进院落,即山门至严殿,加之东西更衣殿形成围合的院落空间,为祭拜前的准备区域,是祭祀活动的前奏,布局疏朗实用。其现有建筑主要有山门、东西掖门、御碑亭、朝钟暮鼓楼、严殿和东西厢房。

1. 精巧山门

山门为中轴线上单体建筑的序幕,只有通过山门才能进入嘉应观,它不仅是一个通道,更具有建筑叙事性。

山门面阔三间,进深两间,单檐歇山顶孔雀蓝琉璃瓦覆顶。明间面阔 3.7 米,东西次间面阔为 3.585 米,通面阔为 10.87 米,通进深

5.54米,梁架为五架梁抬梁式的单檐歇山顶建筑。前后檐柱柱高为4.75米,斗拱高0.7米;五踩重昂斗拱的斗口为60毫米,屋顶部覆盖蓝色琉璃瓦,檐下为五踩重昂斗拱,用材甚小,内外檐有精致的彩绘图案,玲珑别致。山门明间为青石拱券门,券石上有浮雕龙、云、水等图案,上方有河道总督齐苏勒奉旨题写的"敕建嘉应观"石刻匾额。两次间辟石雕假窗,山门外列石狮一对。

与清工部《工程做法则例》中山门、柱檐、檩枋所用尺寸比例对照来看,完全符合清则例中尺寸规定的有:脊檩、金檩、正心檩、挑檐檩。嘉应观山门用材方面具有不规则性。由此可见,嘉应观虽是官式建筑,但整体来讲不能与皇室宫殿同日而语,所以在某些建筑构件规格上略低于皇室要求标准实属正常。

2. 奇绝御碑亭

第一院落空间的标志性建筑当属御碑亭。御碑亭的造型独特,工艺精湛。六边形的御碑亭体量小巧,却是整个院落中心建筑所在。它坐落在院落的正中央,圆顶六角重檐攒尖建筑,黄色琉璃瓦覆顶,六角形石质清式须弥座台基,都充分显示了这座建筑的规格之高,代表至高无上的皇权,属于型制较高的主要建筑。由于御碑亭的中心位置,具有较好的视觉作用,起到画龙点睛的作用。人们进入山门后,直接映入眼帘的便是御碑亭,可谓开门见山,直奔主题。

御碑亭上方为圆形攒尖顶,犹如清朝皇冠,下有六边形亭檐与六边形须弥台基上下呼应,在第一院落空间中极为显眼,让人不由心生敬畏。其中六边形须弥台基符合《营造算例》中清代须弥座做法①。

---

① 梁思成:《清式营造则例》,中国建筑工业出版社,1981。

从整个外形来看,尽显皇家气势,伞状顶部,仿佛象征皇帝作为天之骄子,顶天立地,保护黎民百姓免于水患灾害。

御碑亭内部顶端藻井装饰图案独特。藻井为中国传统建筑顶棚装饰的一种手法,藻井形状多样,有四方形、圆形、八角形等,同时也为清代宫殿、寺庙及皇家园林中专用。御碑亭内顶部藻井为伞形平盘,这与它的外顶部形状一致,内外呼应。藻井中心为阴阳太极,外围为八卦团,中垂莲柱,仿若伞把。众所周知,伏羲画八卦,是根据自然变化规律而形成。道家认为,世界万物运行规律皆法于道,而道就是自然运行之道。自然界万事万物皆源于道,天地分阴阳,阴阳相生为太极,由此而生两仪,两仪又生四象,四象演化为八卦。由此世界循环往复,变化无穷,但万变不离其宗。在这里也充分展现出深厚的文化意蕴。

御碑亭内最为著名的当数御制铜碑,系雍正二年(1724 年)铸造。该碑为雍正皇帝亲笔撰文并书丹的一座大型铜碑。铜碑通体共雕刻有二十四条龙,形态各异,雕刻细腻,形象生动。碑头上方雕刻三条青龙环绕"御制"二字,碑身前后各雕刻八条浮雕青龙,配以祥云图样,腾云驾雾,栩栩如生,活灵活现。在制作上,采用铜面铁胎的特殊工艺(因铁与铜不在同一熔点上)。这在我国三百年前的冶金和铸造史上,应是一个了不起的奇迹,被称为"天下第一碑"。

碑座形为龙头、牛身、狮尾、鹰爪、造型奇特的蛟龙。这在历代碑刻中也是罕见。据古文献记载:蛟是龙子,为龙的一种,其性情凶悍,经常兴风作浪伤害生灵,相传自古以来是水患的祸根。各地有关蛟龙的传说颇多,如禹州市的禹王锁蛟井,林州市金灯寺的锁蛟洞等,均反映了千百年来人们为治理水患,必须降服蛟龙的愿望。嘉应观采用御

第五章 嘉应观的建筑技术

碑下以蛟龙负碑的做法,同样蕴含镇蛟避患的意思。铜蛟不仅材料珍贵,而且形象栩栩如生,颇有气震山河、翻江倒海之势,其工艺之精湛,可谓巧夺天工,这也正体现了古代匠师卓越高超的技艺才能,不但是一件重要的镇观文物,还是全省乃至全国罕见的稀世珍宝。

许慎在《说文解字》中说:"龙,鳞虫之长,能幽能明,能细能巨,能短能长,春分而登天,秋分而潜渊。"龙被人们赋予强大的功能,既能行云布雨,也能引起水患。所以当水患发生时人们便想到用相生相克的办法来进行破解。而嘉应观作为黄河治水机构,用铜面铁胎镇压蛟龙,也应是这种思想的体现。

亭里的御制碑为雍正帝撰文并书丹的祭告黄河神的祭文,并崇黄河为"四渎称宗",表达了雍正皇帝对黄河的极度重视和治河决心,意在祭龙王、防水患、保社稷、固江山。这正是建庙的主旨所在,是嘉应观建筑的政治和文化核心,也是御碑亭其皇家威严和建筑等级的重要所在。御碑亭也因雍正亲书碑文而地位飙升。通过碑文,可见雍正皇帝拳拳爱民之心,为江山社稷、国家安危忧心积虑,展现出一个亲民爱民的贤德之君形象。

"御碑亭"正对上门两柱上题有"河涨河落维系皇冠顶戴,民心泰否关乎大清江山"的楹联,是康熙皇帝所题,充分说明大清朝对于黄河水患治理的深刻认识以及高度重视,也体现着大清皇帝心系黎民百姓,关心江山社稷,重视黄河治理。楹联与御碑亭建筑形意结合,引发人们艺术情思,拓展诗意联想,为嘉应观建筑增添诗意想象的空间。

3. 精美严殿

严殿又叫拜殿或前殿,位于御碑亭之后。面阔三间,进深两间,单檐歇山顶,蓝色琉璃瓦覆盖,正脊置大吻,垂脊有蹲兽,戗脊五走兽。

檐柱立面高 4 米,柱础为古镜式柱础。檐下五踩斗拱,斗拱及额枋上饰有清式彩绘。明次间皆为四垛,正面明间装隔扇门,隔心为三交六碗球纹格眼,裙带雕卷草纹。上、中涤环板雕拐子龙,下涤环板雕回文。后檐明间有隔扇门。严殿门首上方高悬"嘉应观"匾额,为雍正皇帝亲笔所书御匾。额框透雕龙云,精致华美。

严殿中的建筑构件多以清代官式为主,充分显现出官式建筑的建造规格。严殿柱础为古镜式柱础,正好符合清代官式建筑多用"鼓镜"式柱础式样。严殿中的柱础尺寸为 80 厘米,檐柱柱径尺寸为 40 厘米,柱础尺寸和柱径的尺寸比例基本符合官式建筑的规定。其檐柱的柱径与柱高之比也严格遵守清官式建筑 1:10 的规定。

严殿中的"昂"全部使用假昂,"昂嘴"呈面包型,"昂嘴"两边还没有出现"拔鳃"。严殿中所用斗为正方形,在攒斗拱中它是连接的接点。由于斗的位置不同,可分为坐斗、十八斗、槽升子、三才升。斗都由耳、腰、底三部分组成,并且三者的比例基本接近官式建筑的规定。中国传统木构架建筑中拱为两端头作为卷杀与建筑物表面平行的长方形木件,由于位置、大小和拱瓣的不同,可以分为正心瓜拱、正心万拱、瓜拱、万拱、厢拱、翘头等。清代官式建筑规定瓜拱(包括正心瓜拱和翘头)以四瓣卷杀,万拱(包括正心万拱)以三瓣卷杀,厢拱以五瓣卷杀,故有"瓜四、万三、厢五"之称。严殿的瓜拱是四瓣卷杀,万拱为三瓣卷杀,厢拱为五瓣卷杀,这完全符合清代官式建筑规定。

清代官式建筑梁枋表面加工细致,梁之断面为长方形。露出在檐头部位的梁头有两种形式:抱头梁头和桃尖梁头。严殿的梁架断面高宽比符合清代官式建筑的规定,其梁头都被雕刻成桃尖梁头。

椽是梁架结构的组成部分。清代官式建筑的椽有方、圆两种,椽头不卷杀,椽距较密。大式建筑一般檐椽用圆头,飞椽用方头;小式建筑多用方椽。严殿檐椽使用为圆头,飞檐椽为方头,无卷杀,排列紧密。

明清门窗装饰手法运用的次序为格心、绦环板、裙板,窗门仅在格心与绦环板上做文章。严殿正面明间装隔扇门,裙板雕卷草纹。上、中绦环板雕拐子龙,下绦环板雕刻回纹。严殿门扇格心为三交六碗,窗扇格心为双交四碗斜交。

中国传统建筑的屋顶,主要由两部分组成:脊和屋面。脊是由脊身和脊兽组成,这些脊兽由于安放在脊上的位置不同,又分别叫正吻、垂兽和戗兽。在清代,每个建筑的屋角的仙人走兽也有严格的规定,首先在数目上要用单数,其次所用的兽的次序要从仙人起始,依次为龙、凤、狮子、天马、海马、狻猊、狎鱼、獬豸、斗牛、行什。严殿上的戗兽为五个,从前到后的次序依次为狮子、麒麟、天马、海马、狎鱼,每个兽头都造型完整,兽首下都刻有鳞身。虽然戗兽的次序与官式建筑稍有差别,但其做法却与清代官式建筑基本一致。这些屋顶上的脊兽除了作为建筑装饰,显现出建筑的等级差别,也具镇宅辟邪的文化意蕴。

4. 东钟楼、西鼓楼

御碑亭东为钟楼,西为鼓楼,两楼形状完全相同,东西相对。钟鼓楼为重檐四角攒尖顶,平面呈正方形,外围一圈檐柱,里围一圈金柱。金柱向上延伸直达上层檐,又作为上层檐的檐柱。檐柱和金柱之间施以桃尖梁、穿插枋,角檐柱与金柱之间有斜桃尖梁、斜穿插枋。钟鼓楼屋面覆盖蓝色琉璃瓦,垂脊置兽头,戗脊下方饰有五兽。明间四垛,次间一垛,角科与柱头科昂身宽度由下至上逐个加宽,由昂上置宝瓶。檐柱与老檐柱间用单步梁穿插联系,檐下置五踩重拱重昂斗拱。檐檩上置随檩枋,额头均有龙凤、花草彩绘。

钟楼上的钟为铜铸,钟头铸着二龙戏珠,钟沿着周围按照 8 个方位铸着八卦图,用棒击,每个方位的音节都不相同,好像一架钢琴能奏出各种不同的声音,格外清越悠扬。钟高 1.65 米,直径 1.06 米,重约 2 吨。钟身置纹环带,象征黄河的波涛和曲线的堤防,以及护堤的石坝;钟脚有八卦符号,符号上方有八面菱形图,象征江山社稷图。此钟奇特的地方,一是钟脚的八卦排列,既别于人祖伏羲的先天卦,又不是周文王的后天卦,钟上的八卦排列乾坤并列于北方,直指向北京;坎置东南方,直指黄河常决口的詹家店、魏家庄、马家营。这是什么卦? 值得探讨研究。二是钟的八只钟脚,依次敲击,竟能发出高低强弱八种声音。故称此钟"乾坤八卦八音钟"。

在道观寺院之中有晨钟暮鼓报平安之说,而嘉应观是因治理黄河而建,所以钟鼓可同时击响,代表黄河水情即将来临,远招军民抢险抗洪,有着报警的作用。

第一院落空间形态略显扁长,具有停留感。这也是为后面进入第二空间院落,祭祀主体空间做好准备。同时,整个院落中的建筑都布置得比较紧凑,每一建筑主体都简洁明朗,疏密有间,主次分明,具有强烈的秩序感。

(二)第二进院落

嘉应观中轴线上严殿至中大殿,及东西两边第二进院落为重要祭祀区域,主殿中大殿中主要供奉治河功臣,院落空间开阔宏大,主殿建筑屋顶形式已用至重檐,面阔增至七间,以显示祭祀的庄严。这一围合空间较之第一院落空间更为广阔,也有较好的封闭性,为主题祭祀活动营造庄严、肃穆的空间氛围。

1.威严中大殿

中大殿又称"金龙四大王殿",位于嘉应观的第二进院落,是整个庙观建筑的高潮部分。中大殿面阔七间,梁架为七架抬梁式重檐歇山式。在中国古代建筑中,屋顶的样式有严格的等级限制,重檐歇山顶的等级高于单檐庑殿顶,而次于重檐庑殿顶。宋元以后,这种建筑屋顶更多应用于殿宇的建筑之中。北京故宫的太和殿是重檐庑殿顶,作为皇家宫殿,是国内最大的一个殿堂,也是等级最高的。而嘉应观的中大殿屋顶采用重檐歇山,其等级和规格仅次于重檐庑殿顶的官式建筑。这也显现出中大殿作为嘉应观中轴线上的重要单体建筑,其建筑等级规格之高和建筑地位的凸显。嘉应观中轴线上建筑除了最后面的禹王阁为硬山式,前面的御碑亭为圆形攒尖顶,其余均为歇山式。在整体建筑风格上基本保持一致。殿顶覆蓝色琉璃瓦,正脊、垂脊均为素面脊筒。正脊两端鸱吻高大完整,四条戗脊均有小兽。

中大殿的屋面举折极为接近"官式",屋面曲线处理比较浅缓、优美。大殿的外檐上使用了雕刻有卷草花样的雀替,这也是清代官式建筑外檐雀替中才有的花样。殿内平綦彩绘65幅龙凤图,具有浓郁的纯满族风格,每幅一态,栩栩如生,无蛛网、不染尘,在全国彩绘图案艺术中实属一绝。这得益于中大殿所使用木材之特殊,由此也体现出对中大殿建筑的保护之高,所用材料之珍贵。中大殿内高悬"洽德敷仁"四字,为雍正五年(1727年)雍正皇帝亲笔题写,朱红额框,龙纹透雕,为鎏金大字,意在表彰治河功臣们将道德仁义像清风细雨一样铺洒在人间,泽被了苍生。"洽德敷仁"匾额下面原还供奉有"钦赐润泽"万岁牌一块,据说是雍正赐给嘉应观第一位道长牛钮的道号。万岁牌现已不存。

中大殿作为主要祭祀性建筑,其殿内正中祭祀的帝王塑像原为嘉应观的第一任道长——牛钮,现已化成淮黄诸河龙王爷,两侧分别供奉着四位河神:南宋的金龙四大王谢绪、明朝的黄大王黄守才、清朝的朱大王朱之锡和栗大王栗毓美。

嘉应观中大殿供奉的四大王,除谢绪外,其他河神并不是建观之时供奉在嘉应观的,而是在后期皇室敕封河神不断增加而陆续供奉于此的。

2. 神圣东西龙王殿

东、西龙王殿里祭祀着10位黄河河神,这些河神并不是之前人们所崇拜的龙王等,而是历代治河功臣。东殿供奉的是西汉的贾让,东汉的王景,元朝的贾鲁,明朝的潘季驯和"白大王"白英。西大殿供奉的是明朝工部尚书宋礼、兵部尚书刘天和,以及清朝的三位治河总督齐苏勒、嵇曾筠和林则徐。这些人物造像威严肃穆,栩栩如生。这些治河功臣大都参加过河南治河活动。雍正帝将嘉应观建在武陟这个河工险要之地,让这些为治理黄河立下功勋的河神们世受供享。他们的存在,既是人与自然抗争的历史,也是人们不断认识黄河、了解黄河、治理黄河的发展史。这些治河功臣接受人们的崇敬,被作为神灵祭祀,这也是龙王神崇拜世俗化、人格化的体现。

通过这些鲜活的河神形象,以及他们所展现出来的治黄功绩,让后人对治河的历史有一个系统的认识,对今后的黄河治理有着重要的借鉴意义,值得后人不断汲取,以达黄河长治久安之目的。

第二进院落空间的围合性和封闭性更强,从甬道到月台,建筑的引导性强,建筑的功能性更趋明显。甬道和月台建筑高于地面,也充分显示参加祭祀仪典的等级差别。甬道和月台为皇室人员所走通道,其他官员祭祀则按照"左文右武"分列两侧。祭祀典礼开始,人们走出严殿后通过甬道到达月台,在这一封闭的祭祀空间里,将人们从喧闹中隔离,带入静谧庄严的祭祀活动中,建筑环境与人物活动相统一,增添祭祀仪式的神圣感。

(三)第三进院落

第三进院落从中大殿后,经恭仪亭到达禹王阁,两侧配有风神殿、雨神殿。这是嘉应观的第二祭祀区域,祭祀主神为大禹,他是中国历史上成功治理黄河的第一人,其主殿禹王阁已升为两层楼阁式,为嘉应观中最为宏伟的楼阁式建筑。

1. 虔敬恭仪亭

恭仪亭面阔三间,进深一间,为硬山卷棚建筑,屋顶选用灰筒瓦。在中轴线上这一小型建筑,主要是作为祭拜大禹时,用以整理仪表,表示恭敬之意。古之祭祀为国家大事,对神灵要有虔敬、恭敬之心,神灵所在乃清净之地,不容污秽。所以在祭祀时,要净手整理衣冠,保持身体整洁,同时也通过此摒除私心杂念,以专注和清净的心态向神灵祭拜。

2. 恢弘禹王阁

通过恭仪亭,即进入中轴线上建筑群的最后一个空间——禹王阁院内,又称后大殿。禹王阁与其东西两侧风神殿、雨神殿共同构成一个"凹"字形平面。禹王阁,位于整个建筑群的最北端,坐北朝南,是嘉应观中轴线上高大恢弘的建筑。整座阁楼高18米,面阔七间,进深三间,为重檐硬山式楼阁建筑。建筑为灰色筒瓦覆顶,正脊中间饰五朵牡丹,两端鸱吻高大、壮观。檐下无斗拱,犀头砖雕花鸟。木雕竹节栏杆,典雅华贵,颇具南方风格。楼上前檐墙七间,楼下前檐墙明间和两次间均装隔扇门,紧挨梢间的两次间置隔扇窗,两梢间置圆形月亮窗。禹王阁檐墙高 18 米,后檐墙与两山墙互不衔接,独自向上,故称"齐缝墙"。这座古建筑历经 300 年,依然牢固如初。"齐缝墙"独特的建造技术可以说是嘉应观建筑的独特之处,也是地方建筑手法在官式建筑中的体现。

禹王阁供奉的是大禹塑像。由于他在治理黄河水患中取得巨大成就,华夏后人为了纪念大禹的丰功伟绩,历朝历代都会修建禹王阁、禹王庙加以祭祀。禹王阁是嘉应观中最恢弘的建筑,也是中轴线上体量和规格最高的建筑体。这一方面体现了雍正朝对大禹的敬重和对治河的重视;另一方面也隐含了清朝统治者对于汉族文化衣钵的认同和继承,从侧面体现了雍正皇帝在治河过程中,对于价值认同的重视。

3. 风神、雨神殿

紧邻禹王阁两侧,各有群房 9 间,成"T"形结构,屋顶为硬山式,灰筒瓦覆盖。这里最初为香客居所,有隔扇门窗,后改为东侧风神殿、西侧雨神殿。在这里分别供奉着民间所敬的自然生灵:风、雨、雷、电等,均为自然神,是百姓祈求风调雨顺的宗教场所。

第三进院落,以禹王阁为统领,院落建筑融合一体,形成较好的院落空间,整个建筑设计为人物祭祀活动提供较好的停留空间。禹王阁与风雨神殿联合于一体,既是官式祭祀与民间祭祀相互融合,同时也体现出河神崇拜的多样化。作为嘉应观中轴线上主体建筑的终结,禹王阁建筑同样能够给人以强烈的视觉和情感冲击,这也显示出中国建筑与自然、人所共同营造的建筑意境。

由于嘉应观创建之初是源于祭祀淮黄诸河龙王而建造的庙观,因此中轴线上的建筑是嘉应观建筑中建造最早,也是现在保存最完善的一组建筑群。整体建筑布局遵循中轴对称原则,轴线上主体建筑,由山门至禹王阁,单体建筑由低到高,呈现明显的等级差别,主体建筑突出,两侧左右对称分布次要建筑,构成四合院式的布局特征。三进院落形制基本相似,保持了建筑整体的统一性。

三、其他附属建筑

现存嘉应观建筑群除了北院中轴线上的建筑外,以中轴线对称分布的有东西跨院,以及后建的陈公祠(俗称陈大将军庙)和卢公祠,是嘉应观的附属建筑。在整体建筑规制和风格上与中轴线的建筑有所不同。

(一)东西跨院

嘉应观建成后,于雍正二年(1724年),又增设副河道总督一职,首任总督嵇曾筠进驻武陟嘉应观,专管河南河务,次年又兼管山东河务。雍正四年(1726年),兴建东、西跨院,即河道、道台御署,年底全部竣工。自此,嘉应观成为治理黄河的一个重要地方机构。1727年,即雍正五年,复设彰卫怀三府分守参政兵备道一员,监管黄河河道,移驻武陟嘉应观,以副总河公馆为衙署,为嘉应观驻道台及河道衙门之始。嘉应观兼管的治黄事务不断增多。由于建筑性质与功能的不同,东西跨院与嘉应观中院建筑为不同时间修建,所以对比中院的官式建筑,有着较大差别。

1. 河道衙署

河道衙署位于嘉应观东侧,俗称嘉应观东跨院,始建于清雍正二年,至今已有近300年,占地10余亩,现存古建筑8座31间,是河道总督处理黄河水务的办公场所,也是雍正年间治理黄河的指挥中心,是清代处理黄河水务最高级别的行政机构。

进入河道衙署第一道门即仪门,河道衙署减去了第一道正门,直接开设山门。这与其他衙署建筑的第一道门是大门有所不同。从"山门"进入河道衙署,两边对称分布着东西马厩。古代河官巡视河情,或是向各地传达治水讯息时都是靠马匹来代步的,所以河道衙署里专门有喂养马匹的地方,并且建在衙署的第一进院内。其他衙署建筑里的马厩是不会修建在这么显眼的地方的。

山门面阔三间,进深两间,灰筒板瓦卷棚屋顶;东西马厩面阔三间,进深两间,小青瓦卷棚屋面,它们和同样灰筒瓦屋面的硬山卷棚式建筑河台居室一起组成了河道衙署的第一进院落。河台居室又叫议事厅,是河务大臣和地方官员,包括朝廷要臣共同商讨治河事宜之前等待的地方。绕过河台居室,就进入了河道衙署的第二进院落,东西对称分布有东西厢房,修防厅位于二进院中轴线的北端。东西厢房按惯例是一般治河官员办公的地方,这里却是河道总督、副总督的居所。修防厅是宣布上谕、确定治河方案的地方,所有河道官员最终所商量的治河策略,都是在这里向各地发布的。

整个院落的气氛严肃,布局严谨,是河道衙署的中心所在。同时由于河道衙署是附属于嘉应观而设,所以其三进院里还建有供奉道家三清的"三清殿"。这也是河道衙署和其他衙署类建筑不同的地方。

从河道衙署的布局可以看出,整个衙门建筑一切以实用为主,没有一般的衙门建筑那么多的附属建筑。

2.道台衙署

道台衙署位于嘉应观主建筑群西侧，俗称嘉应观西跨院，是清代辅助治理黄河的地方行政机构。雍正皇帝为了治理黄河，在临黄河的府、道、县增设了专管河防的副职，名曰"同知"。河北道道台衙门在武陟老城，是道台升堂理政的衙门。嘉应观道台衙署是新设河北道同知的办公场所，只有在汛情紧张，防洪成为中心工作时，道台才来这里与副手合署办公，处理河防急务。

道台衙署有山门、河兵房、黄沁厅、厢房、花厅等8座建筑，组成了一个典型的四合院建筑。衙署的第一道门也是山门，面阔五间，进深五架梁，前檐挑出抱厦，灰筒瓦卷棚屋顶。山门北面对称布置着东、西河兵房，供治理黄河的河兵们住宿。衙署前院最北端是黄沁厅，同样为卷棚硬山，灰筒瓦顶建筑。它是河北道台率彰德、卫辉、怀庆三府人力、物力治理黄沁河的办事机构。衙署后院东西两侧对称布置着东西厢房，卷棚硬山，灰色筒瓦屋顶，上面有垂脊四条。此为清代治河官员休息居住的地方。在东西厢房北侧，分布的是东西花厅。同为卷棚顶，灰色筒瓦盖顶，屋顶上有垂脊四条。这是嘉应观唯一具有南方园林特色的建筑，以供清代官员休闲，喝茶乘凉之用。

东、西跨院属于衙署类建筑，坐北朝南，主要建筑均布置在院落的中轴线上，轴线上有院落数进，每进院落中，都以主要建筑为中心，构成四合院式的布局特征。各院落之间通过门、廊、过道等相互连通，形成既有形式上的分隔，又有实际联系的整体布局。但是，由于河道衙署、道台衙署同属附属建筑，所以它们在建筑规模上，比不上一般的衙署建筑。

东、西跨院建筑与嘉应观的中心建筑相比，朴实无华，坚固实用。

东、西跨院和中轴线上的总体平面布局基本一样,强调中轴线与左右均衡对称,多数建筑的平面为横长方形。但是在柱子排列时,虽然东、西跨院的柱子没有"减柱造"的做法,与中轴线上建筑排列整齐、严谨、缺少变化的柱网相比,非常灵活,自由多变。同时,东、西跨院的戗檐盘头,除了有部分带有清官式做法外,还有好多盘头具有典型的河南民居建筑做法,即侧立面呈抛物线形,正中多饰以单朵花卉或单个文字,都具有鲜明的河南地方特征。

嘉应观及两侧道台衙门形成了以中间院落为主、东西院落为辅的平面布局,以及中轴线上建筑的高度控制,借鉴于北京故宫,也从侧面反映了嘉应观由官署营建、工匠督建的历史事实。

营建者通过这种简单朴素的风格,以体现雍正皇帝贴近民众、树立清俭形象的良苦用心。尤其是在黄河频繁泛滥、人民惶惶不安的特殊时期,作为治河中心枢纽的河道、道台衙署,简朴的建筑形式更能显示朝廷官僚机构的清正廉洁,从而坚定了民众与朝廷一起齐心协力治理黄河的决心,这也是两跨院建筑的特殊价值所在。

(二)陈公祠和卢公祠

雍正十二年(1734年),为纪念治河有功的陈鹏年,雍正下令在嘉应观西侧专门为陈鹏年建了一座陈公祠让后人瞻仰,现已不复存在。陈公就是河道总督陈鹏年,曾被委任河道总督。因黄河在武陟马营口决口,他先后"四堵四决",忧心如焚,最后竟积劳成疾殒身在武陟。陈鹏年去世后,雍正皇帝还专门撰文祭祀,称赞陈鹏年"才猷敏练,操履洁清"。正是由于陈鹏年的治河功绩和治河精神,为让后人治河能如陈鹏年,雍正特建祠庙,一是对其敬祀,二是为后人治河树立典范,以此让治河官员能够见贤思齐,恪守治河职责,务实治河。

嘉庆二十五年(1820年),武陟马家营黄河决口,由时任河兵参将的卢顺,率领军队堵口。三月十五日,在合龙处的西侧,又冒出一个大缝隙。卢顺见状,立即上前指挥抢修,突然,缝隙迅速扩大,堤坝大面积坍塌,卢顺当场落水,被激流卷走,殒命黄河。嘉庆皇帝追封他为"武功将军副将衔",并在嘉应观西侧建祠庙,与陈公祠并列。

陈公祠和卢公祠现皆不存。

(三)御花园(南院)

御花园,即嘉应观南院,与北院隔路相对。园中原建有一座高大精美戏楼,为祭祀河神时请戏班唱戏使用,历经战乱后无存。2001年,嘉应观文物管理所在原址上按照原貌重修了戏楼。古香古色的戏楼,面对嘉应观山门。整个御花园中,花草繁茂,庭院宽阔,路面整洁,今为当地民众休闲娱乐的场所。

第三节　建筑装饰

清代作为中国封建社会发展的顶峰,建筑艺术得到极大发展。建筑的装修形式、用料及工艺水平不断发展变化,其官式建筑装修的色彩、用料及工艺技术都非常讲究,做工精细,这在嘉应观的门窗、屋顶装饰及天花彩绘等方面都有鲜明的体现。

一、建筑装饰

在中国传统建筑中小木作是指建筑木结构除去建筑主体的木构

部分,是区别于大木作而言的。(大木作主要说木构架方法,柱、梁、枋、额、斗拱、椽、槫等。)宋《营造法式》将"小木作"定义为对建筑的非结构部分如门、窗、隔断、天花等,在满足其功能要求的同时,加以美化,以达到对建筑进行装饰的目的。嘉应观建筑中的门窗、雕刻、天花吊顶及彩绘风格都是清代官式特点,都有严格使用的要求,充分显示了皇家建筑的规格和档次。

(一)门窗装饰

嘉应观主体建筑中,所有的门窗安装都是由上槛、中槛、下槛和抱柱组成,槛框与立面相互呼应。"造门之制,自唐至清基本观念和方法上没什么变化。门分为版门和隔扇门。"清代官式建筑全为六抹隔扇门。① 嘉应观中主体建筑的门全部是六抹隔扇门,并且全部都有"格眼"或"格心"。

格心的原始功能是为了给门窗上的糊纸裱绢提供支点,但随着社会发展,其装饰作用不断增强,图案变化也越来越丰富,但其基本的构成方式只有三种:一种是平棂构成,一种是菱花构成,最后一种是曲棂。清代官式建筑对《营造法式》中隔扇所列出的方格球纹、菱纹等图案,多有继承。方格球纹、菱纹等图案是格心构成比较高级的形式,主要用于宫殿、坛庙、陵墓、寺庙等建筑的重要部分。菱花分双交四碗和三交六碗两种。嘉应观东西配殿的窗扇格心为双交四碗斜交,中大殿的窗扇格心为三交六碗,严殿的门扇格心为三交六碗,窗扇格心为双交四碗斜交,都属于高级的格心类型。

---

① 杨焕成:《河南古建筑地方特征举例(下)——兼谈关注地方手法建筑研究》,《古建园林技术》2005 年第 3 期。

北方秋冬天气较寒冷,有风沙,所以建筑中窗少而厚重。嘉应观的山门两次间辟圆形石质假窗,窗周雕缠枝花卉。框内雕三交六椀球纹格眼棂,涤环板雕刻"奔龙及火焰宝珠"。一方面是能够保持内部建筑空间的隐蔽性,另一方面在美化装饰的同时兼具实用功能,这也是中国传统建筑与自然相融合的典型体现。

龙、卷云、波纹、回纹图案是中国传统吉祥纹样中的图样,也是嘉应观的门窗装饰上常用的图形。嘉应观内的格扇、窗棂等处都能见到以回纹为主装饰的纹样,数量最多,它盘曲连接,无穷无尽,象征福寿吉祥,深远绵长。山门大门为青石拱券门,外嵌欢门形券脸石,正面以浮雕有五条奔龙和海水、云气。其两次间为圆形石质假窗,窗周雕有缠枝花卉。龙凤是传说中的神兽神鸟,是中华民族的化身,也是帝王与权威的象征,御碑亭的门上装饰,全是龙凤的浅浮雕图案。严殿正面明间装隔扇门,裙带雕卷草纹。上、中绦环板雕拐子龙,下绦环板雕回纹。中大殿明次间装隔扇门,透雕雪花卷草拐子龙、窝角线等图案。前檐两梢间,水磨砖精砌月亮窗。窗心雕云龙图案,圆框为步步高带卧蚕图装饰。

中华民族自古有追求吉祥、幸福的观念,叫"趋吉"的文化心理。这反映到建筑装饰艺术中,则多是一些表示吉庆祥瑞的动物、植物等,表达人们对幸福美好生活的追求和向往。龙凤是古建筑彩画的重要题材,二者在古代均有至高无上的地位,龙象征帝王,凤则象征皇后,同时二者都为中国古代的瑞兽,均有祥瑞之意。随着封建专制制度的强化,龙凤图案多由皇室专属,嘉应观作为皇帝敕建官式建筑,大量使用龙凤图案也是情理之中。

（二）屋顶装饰

中国传统建筑的屋顶，虽然形态各异，但从基本构成来讲，主要都是由两部分组成：脊和屋面。脊本身又由脊身和脊兽组成，这些脊兽，按照其安放位置的不同，分别叫作吻、垂兽和戗兽。清代官式建筑中规定：吻用龙吻，尾部全向外卷，剑把直立、龙眼侧视。按清工部《工程做法则例》中所规定，垂脊和戗脊一般均可以被看作前后两段，前一段以兽头结束，后一段有走兽（蹲兽）和仙人。明清时期的兽头多为完整的雕刻，须向后卷，束起如火焰状，兽首下则刻出部分的鳞身。而每个建筑的屋角的仙人走兽在清代也有严格的规定，首先在数目上要用单数，其次所用的兽的次序要从仙人起始，依次为龙、凤、狮子、天马、海马、狻猊、狎鱼、獬豸、斗牛、行什。走兽的数目，同时也代表着一定的等级、地位。数目越多，等级越高；数目越少，等级越低。

嘉应观建筑屋顶上的戗兽都是五个，从前到后的次序依次为狮子、麒麟、天马、海马、狎鱼，每个兽头都造型完整，兽首下刻有鳞身，虽然戗兽的次序与官式建筑有差别，但其做法与清代官式建筑的兽基本完全一样。

这座极具清代风格的官式建筑，沿袭明清以来，中国传统建筑风格，形体逐步简化，斗拱缩小，柱子变得细长，细节更加真切。嘉应观内局部所用的装饰部件依然呈现出"官式"风格。

二、木雕砖雕石雕等雕刻艺术

嘉应观凝聚着我国古代劳动人民卓越的创造才能与高度的智慧结晶。它集当时官式建筑艺术之大成，在建筑构件和附属文物上，除彩绘外，还巧妙地运用木雕、石雕、砖雕、琉璃、铁铸和铜铸等工艺，融合了圆雕、高浮雕、透雕、阴雕等不同技法,件件作品巧妙完美、形象传神。

中国数千年的建筑文化,使得人们对建筑装饰的每个细节都追求尽善尽美,极尽工巧,这凸显出中华民族建筑鲜明的文化特色。嘉应观建筑的门窗、柱础、绦版、雀替、屋顶装饰等都显示出中国建筑匠人的精巧工艺,各种动物、植物花卉等吉祥图案,采用不同雕刻技法,用料讲究,选用木质、石料、砖瓦等,尽显中国建筑装饰祈福求吉的文化之美。

(一)雕刻艺术

从中轴线主体建筑来看,首先是嘉应观的大门为青石拱券门,外嵌以欢门形券脸石,正面采用浮雕手法雕刻五条奔龙、海水和卷云。两侧安装着一模一样的半圆石质假窗,周边雕刻各式各样的缠枝花卉。拱券门上方青石匾额横书"敕建嘉应观"。两次间辟圆形石质假窗,窗周雕缠枝花卉。框内雕三交六碗球纹格眼棂,绦环板雕奔龙及火焰宝珠。窗下用水磨砖砌墙。山门下部台基为青条石,后檐墙上置隔扇门,两边置圆形窗洞。

其次,御碑亭下部为石质须弥座台基,边长为束腰形基座。束腰不高,腰部浮雕覆莲、乳钉,雕饰的莲瓣都很硕壮。御碑亭上攒尖顶底部为如意纹为阴雕,结合花瓣纹浮雕,两者结合,技法巧妙,工艺精湛。御碑亭的门上装饰,全是龙凤的浅浮雕图案。

御碑亭须弥座

御碑亭攒尖顶

严殿门首高悬雍正皇帝御书"嘉应观"匾牌。额框为透雕龙云,精巧华美。严殿正面明间装隔扇门,裙带雕卷草纹。上、中绦环板雕拐子龙,下绦环板雕回纹。

嘉应观中大殿外檐上使用了雕刻有卷草花样的雀替,有浮雕、透雕。中大殿殿内明间置五扇屏风,上部悬雍正御书"洽德敷仁"匾额,朱红色额框,透雕龙图,十分珍贵。明次间装隔扇门,透雕雪花卷草拐子龙、窝角线等图案。前檐两梢间,用水磨砖精砌月亮窗。窗心雕刻云龙图案,圆框为步步高带卧蚕图装饰。

雀替在大木构造中是一个相对独立的部位,其细部花纹多为浅浮雕,用于不同建筑的雀替,其造型和细部花纹可谓不拘一格,需依据所在位置不同具体分析。中大殿及其配殿雀替采用浮雕和透雕相结合,形成不同视觉效果。

中国传统建筑中的装饰图案题材广泛,飞禽走兽,无所不包,主要有吉祥动物、植物、特殊符号、人物故事、传说等,形式变化多样,追求图必有意,意必吉祥,具有极强审美意蕴和艺术感染力。在嘉应观的雕刻装饰中,使用较多的就是龙凤图案。龙是中国人心目中的祥瑞之物,也是华夏族的标志符号。在封建社会时期,龙是皇权的象征,是皇室专属。作为宫廷建筑的嘉应观,在建筑装饰中运用龙的图案,有云龙、本龙、盘龙等,也有民间的拐子龙,有着中央与地方的双重色彩。凤为中国先民想象的产物,被视为是祥瑞之鸟,为皇族女性的专用,嘉应观中"龙凤图案"结合使用,"龙凤呈祥"象征着皇族男女,是皇家最崇高的吉祥图案。而回纹、植物纹饰等,也都形象、生动,蕴含着中国人祈福、纳祥的美好愿景。中国建筑匠人,在建筑上精雕细琢,将普通的动植物、符号等加以图案化、艺术化,赋予建筑独特的情感意蕴。

(二)屋顶琉璃装饰

中轴线上主体建筑的屋顶琉璃瓦装饰特色鲜明,无不凸显着这座宫殿的威严和富丽。嘉应观的山门屋顶为蓝色琉璃瓦。御碑亭屋顶为圆攒尖顶,上覆黄色琉璃瓦,代表至高无上的皇权,属于形制较高的主要建筑。钟鼓楼屋面覆盖蓝色琉璃瓦,东西配殿殿顶也为蓝色琉璃瓦。严殿屋顶覆蓝色琉璃瓦，正脊置大吻，垂脊置蹲兽，戗脊五走兽。中大殿为孔雀蓝琉璃瓦覆顶。在中国古代，黄色为皇家所用，是一种尊贵的色彩。在五行学说中，黄色为中央色，代表正统。皇室的宫廷建筑才可以使用黄色琉璃瓦，这是皇帝作为国家统治者的权力标志和身份象征。因此，故宫、颐和园等琉璃瓦都使用黄色，而嘉应观御碑亭使用黄色琉璃瓦，也足见雍正皇帝对其重视和皇家威严的体现。

而中轴线上其他建筑从山门到中大殿则都使用蓝色琉璃瓦屋顶，象征着大海之色，有"河清海晏"之意，是雍正皇帝对大河安澜，山河无恙的急切期盼，足见用心良苦。而琉璃由于其用料特殊，光洁、亮丽，黄色和蓝色相间，色彩对比鲜明，使得整座建筑虽威严却不沉闷，放眼望去，整个建筑的琉璃屋顶，壮观夺目。琉璃是中国建筑文化的重要组成部分，砖墙和琉璃、瓦当，配以各种细节的动植物雕刻图案，将中国建筑技艺的精巧和细腻的情感，寄予建筑之中，散发着中国传统建筑独特的精神意蕴和文化魅力。

第四节　建造特点

清朝的建筑技术在唐宋元明的基础上有所发展和提高，并形成了中国古代建筑史上的最后一个高潮。清朝的"建设部"（工部）颁布了营造官书《工程做法则例》，制定了系列技术规范。尽管嘉应观在《工程做法则例》颁布之前修建，由于书中收录整理的建筑标准已经流传很久，加之由朝廷派来的御匠负责施工建造，因此与《则例》中的建筑施工规范相吻合，是顺理成章的事情。所以，嘉应观是"原汁原味"的清朝官式建筑群。

中国传统建筑的中心是皇宫建筑，历代君王都会建造自己的皇宫，建筑等级是当时最高级别。而嘉应观作为官式建筑，在整体建筑结构和布局上都充分展现着封建王朝的"礼制"思想，建筑的等级差异在其中普遍存在，并且在整体建筑上体现着"居中为尊"的中庸思想。

一、严格的礼制思想

封建社会十分强调礼制，在建筑用色、规模、样式上都有严格的规定。清代作为封建制度的顶峰，也极为崇尚礼制。而在建筑中礼制从建筑布局形制、规格、色彩等，都有严格的等级区分。

中国古代官式建筑小到一庭一院，大到一座城，无不渗透着"礼"制规则。四合院形式的建筑中，正堂为主，长子在东厢房，次子在西厢房，仆人在倒座，没有允许，下人不能越过垂花门进入内院。在这样的制度下，给人一种社会或家庭地位上的身份等级差别，在建筑上使用这样的形式使人们潜移默化地认同自己的身份，不能僭越。

嘉应观建筑作为以祭祀为主题的建筑形式，这样的建筑中"礼"的思想内核融入外在的建筑形式中，建筑本身化身为"礼器"，使建筑成为一种象征，从而也实现了建筑内容与形式的统一。

儒家思想体系中的方方面面在中国古代官式建筑体现得淋漓尽致，特别是大型宫殿建筑，中正的整体布局雄浑大气，礼制的等级使建筑错落有序。而嘉应观的整体建筑群落在这一思想指导下，形成建筑层次鲜明，主次有别，重点突出，色彩对比鲜明。其中小木作部分的等级"礼"制更加详细。天花装饰的藻井，华贵美丽。唐朝有明确规定，非王公之居,不得施重拱藻井。雍容华贵的建筑饰物给主人带来一种神秘和威严感,以此潜移默化地使人清楚自己的地位和身份。

二、"居中为尊"

中国古代官式建筑几乎都是:"王座朝南,左右对称,强调中轴线。"这种典型的平面结构也是中国古代官式建筑的基本原则。"居中为尊"的"尚中"思想让最主要的单体建筑在建筑群中处于中央,那么它必处于中轴线上。中轴线左右对称其实可认为是"中庸"伦理思想衍生出的具体模式。从中国古代建筑的分类也可看出"中庸"的伦理思想,任何功能的建筑在结构上无差别,只需要在装饰细节等方面加以变化,这正是古代中国封建社会的营造法对这些建筑的规定,建的标准线不偏不倚,正如一个固定模板,成为标准和规范。

而明清之际的建筑更是如此,成了典型的墨守成规的建筑结构和模式。这种传承不变的中轴对称,一方面便于建筑的建造,另一方面也对于整个建筑的多样化发展有所局限。

雍正拜祭河神大典

第六章 嘉应观河神祭祀

　　自古以来，河流与人类息息相关。古代先民信奉河流神话，并在此基础上创造出河流神。河神是中国民间最有影响力的河流神，其由来已久，最初很可能是大水有灵一类的自然崇拜，后来渐渐成为人格化的水神，历史上各朝各代对水神的称呼又不相同。因此，随着中国社会的发展，河神信仰、河神祭祀有其自身演变和发展的历程。

　　黄河自古以来被人们所崇奉，黄河祭祀历史悠久，人们对河神的崇拜由早期的自然崇拜逐渐显现出人格化、抽象化特点。作为"淮黄诸河龙王庙"的嘉应观，在其主体建筑中供奉的河神从治水英雄"大禹"到"河神将军"卢顺，河神众多，也显现出其在黄河祭祀中的地位之高。

第一节　黄河水神的演变

黄河水神史籍上记载最早的一位是河伯。河伯名冯夷（或作冰夷,无夷）,始见于《庄子》《楚辞》《山海经》等。又《文选》李善注以川后为河伯,《三教源流搜神大全》以禹强为河伯。后来随着大禹治水的传说,人们把大禹也当作黄河水神来敬奉。

佛教传入中国以后,佛经中的龙王与中国民间信仰中的龙神逐渐结合,成为水神的象征。唐宋以来,形成了遍布江河湖海的龙王体系,河伯除了在道教典籍、小说中偶尔出现,已渐渐湮没无闻,或者与龙王混而为一。历代人们还把那些因治水有功、德操高尚而为官方所敕封或被民间所神化的治水功臣奉为河神。元明以后,随着漕运、河工规模的扩大,黄河流域一带又出现以人为河神的信仰,各种"大王""将军"层出不绝,如明代的工部尚书宋礼、汶上老人白英,清代的河道总督朱之锡、栗毓美等皆是此类神灵。另外,官员和民众多将治河过程中出现的各种颜色的小蛇视为"大王"的化身,一旦遇到,必焚香祈祷,并演戏酬神。

河神也是四渎神当中影响力最大、最早的神。在可考的文化遗存中,马家窑文化彩陶舞蹈饰纹,被认为是迄今为止发现最早的对黄河祭祀活动场景的描绘。[1] 据考古资料推测,对黄河的祭祀活动最早可

---

[1]　姚明、王如高、曲泽静:《黄河祭祀文化传承与弘扬探微》,《河海大学学报》(哲学社会科学版)2010 年第 1 期。

以追溯到五千年前的新石器时代,黄河上游马家窑文化遗址出土的彩绘舞蹈纹盆所描绘的三组、每组五人手拉手跳舞的场景,表现的就是当时人们载歌载舞的祭祀活动,而舞蹈人群前面的四条横线则代表着黄河。

史载夏商时即开始祭河,商王朝建立以后,对河神的祭祀极为重视,建立河神庙,春秋战国时地方性的河流崇拜十分活跃。"及秦共天下,令祠官所常奉天地名山大川鬼神可得而序也……水曰河,祠临晋。"①中国历史上记载官方最早修祠祭祀黄河神的地方就在临晋(今陕西大荔赵渡黄河西岸)。秦汉帝王认为在河神居住、河患之地祭祀是最灵验的。汉代,官方祭祀黄河神的地点仍然设在临晋,汉高祖"其河巫祠河于临晋"②,汉宣帝"自是五岳四渎皆有常礼。河于临晋,江于江都,淮于平氏,济于临邑界中,皆使者持节侍祠。唯泰山与河岁五祠,江水四,余皆一祷而三祠云"③。后代河神祭祀、立庙、封号也是不断,唐朝还多次对以黄河为宗的四渎进行封爵。天宝五年(746 年)已经完成了对五岳的封王;天宝六年(747 年)唐玄宗下诏:"河渎封灵源公,济渎封清源公,江渎封广源公,淮渎封长源公……遣京兆少尹章恒祭河渎灵源公。"④自此之后历朝历代都衍例对"四渎"进行加封。宋仁宗康定元年(1040 年),诏封河渎为"显圣灵源王",江渎为"广源王",淮渎为"长源王",济渎为"清源王"。元代至元二十八年(1291年),加封河渎为"灵源弘济王",其余江渎为"广源顺济王",淮渎为

---

① 司马迁:《史记》,中华书局,1959,第 131—132 页。
② 司马迁:《史记》,中华书局,1959,第 1379 页。
③ 班固:《汉书》,线装书局,2010,第 419 页。
④ 刘昫:《旧唐书》,吉林人民出版社,1995,第 596 页。

"长源博济王",济渎为"清源菩济王";至正十一年(1351年),元顺帝下诏加封河渎为"灵源神佑弘济王"。明洪武三年(1370年),朝廷认为封号是亵渎神灵,诏令"今依古定制,并去前代所封名号",河渎复称西渎"大河之神",其余东渎"大淮之神",南渎"长江之神",北渎"大济之神",崇奉依旧。朱元璋还亲自署名于祝文,遣官以更定神号告祭。可见黄河河神封号之多,地位之重。

经历漫长的历史变迁,河神信仰向人格化和世俗化的趋势发展,至明清达到高潮,民间还诞生了诸位河神,其中影响最大的就是官封金龙四大王和民祭三大王。金龙四大王原型据传是南宋钱塘县饱学之士谢绪,他性格刚毅,因痛惜南宋将亡,隐居金龙山。后来蒙古兵南下,谢绪为保持气节赴水而死,死前发誓"黄河北流,胡运乃灭"[1]。元朝灭亡之后,黄河水曾一度北流。另外,还有黄大王、朱大王、宋大王、栗大王、陈将军、王将军、党将军等,他们曾是官员、将军、河兵、普通百姓等,虽身份不同,但在治理黄河中均有成就。清光绪年间,由东河署专门编辑成《敕封大王将军传》一书,将皇帝敕封的六大王、六十四将军载入其中。后有人又将金龙四大王、陈九龙将军等河神的黑白画像七十幅及金龙四、黄、栗、朱、宋、白六个大王的化身(蛇)彩色画各一帧,辑成《敕封大王将军像》一书(河南郑州市黄河博物馆现有展品)。在国曰"河神",民间曰"大王"。

黄芝岗先生在其《中国的水神》一书中云:"大王,将军都是蛇,正确一点说,法身都是蛇形。蛇也像平常的蛇,但蛇身是金色的,蛇头是方形的。这些蛇,被堤工和船户们发现了,他们说,这是什么大王,什

---

① 徐春燕:《河神庙里的黄河记忆》,《河南日报》2020年11月20日,第8版。

么将军。官便虔备一只盘子,由庙祝按大王、将军的名号祝这蛇登盘子。祝的是黄大王,蛇不登盘,那便是栗大王;祝的是栗大王,蛇不登盘,那便是王将军。"①清人薛福成《庸庵笔记》记载同治十三年(1874年):"河决贾庄,山东巡抚丁稚磺宫保(丁宝桢)亲往堵塞,以是年冬十二月开工,颇见顺手,而大王、将军绝不到工。至光绪乙亥二月间,险工叠出……十七日栗大王至;越日,党将军至;又明日,金龙四大王至。……金龙四大王长不满尺,降至将军有三尺余者。又如金龙四大王金色,朱大王朱色,栗大王栗色,皆偶示迹象,以著灵异。"②民间诸多河神的出现,固然与统治者推波助澜有关,但更重要的原因,还是源于黄河漕运对于稳固政权和安定社会日益加重的影响。

河神信仰扎根黄河两岸,对河神的崇拜深刻影响了中国的黄河治理,祭拜河神成为官方治理黄河水患的重要手段,修建河神庙宇、颁赐匾额则成为河工告竣后酬神报功的重要举措。历史上,频繁发生的黄河水患给人们带来了深重的灾难。洪水吞没了农田和城镇,夺去了千百万人的生命,制造了无数次惨痛的悲剧。黄河沿岸的民众对洪水充满了恐惧,他们出于对水患的无奈,不得不祈求河神保佑,对河神顶礼膜拜,隆重祭祀,以祈求黄河能够风平浪静,生产生活能够顺利进行。官方在治理黄河水患的过程中,往往也会通过祭拜河神,借此唤起民众的响应,增强治河的信心,获得心理慰藉。黄河水患的严重危害以及频繁的河工是导致河神信仰盛行的主要原因。另外,封建社会后期,黄河与漕运紧密相连,而漕运又与民众生活和政治安定密不可分,

---

① 黄芝岗:《中国的水神》,生活·读书·新知三联书店,2012,第87页。
② 薛福成:《庸庵笔记》,收入《续修四库全书》子部·杂家类第1182册,上海古籍出版社,2002,第688—689页。

强大的功利性和政治性驱使下,民众对河神的虔诚与日俱增。对于晚清河神信仰盛行的原因,近代以来,多有相关著作进行论述。著名水利专家张含英先生在其《黄河之迷信》一文中言:"神道设教,历代沿之。尤于人力不克治理时,神灵能操纵命运之一切。大禹治水,尊之为神,盖以其工程浩大,多疑神助。科学渐明,略窥宇宙之秘密,于是神之势力亦渐减少。然此就一般有知识者言之,愚夫愚妇,犹深信之。黄水滔天,骇人听闻。其来也,难以阻止;其过也,房屋丘墟,生命财产尽付东流,其畏惧黄河之心,胜过宁宙之一切,如是则不得不有所信仰,以资寄托。是故大河南北,虽妇孺尽能详道'大王'之神明,与'将军'之灵验也。在上者亦利用此等心理催眠民众,往往有奇效。例如有一迷信,即'大王'出现,则不致决口;决口复出现则必可堵上,实为催眠之良剂。若险象环生之时,洪水汹涌,势如山崩,黄浆东流,风雨交加,民夫抢护,不能见效。其时心必涣散,多虑及生命财产不能保,亲族朋友不相见,其心惴惴,意志衰颓,惟有坐以待毙,痛天由命而已。如有'大王'出现,则为信仰之驱使,精神奋发,工作增倍,而险可守,实人力胜天,非神力也。"①

在古代社会,河神不仅肩负着防洪护堤、平息水患的使命,还承载着庇佑漕运、保障通航的期望,是人们战胜恐惧、克服困难的精神力量。国家祭祀中官方祀神求报、神人互惠的心理与民间无异。对于河神的崇拜和祭祀上升为国家行为,反映了官民一体祈盼风调雨顺、国泰民安的强烈愿望。此外,河神祭祀进入民众生活,成为百姓的必需,在满足人们情感需要的同时,也使得信仰更具有乡土气息,也更富有

---

① 张含英:《张含英治河论著拾遗》,黄河水利出版社,2012,第30页。

生命力。但河神信仰在传播过程中,其地域化、本土化趋势也极为明显。对河神的崇祀尤其是对水利人格神的崇祀亦在一定程度上起到了社会教化的作用。

第二节 河神祭祀的演变

黄河祭祀源于远古时期人类的自然崇拜。历史上延续了几千年的黄河祭祀活动,一直是人类敬仰黄河的最高仪式。中国历史上对河神的祭祀从国家到民间,从未间断,但是也存在差异性,因此形成河神祭祀的演变历史。

一、河神祭祀的形成

河神祭祀早在神话传说的黄帝时代已有记载,伴随夏朝国家形式的出现,而形成完整的祭河礼制。到殷商时期,开始有了官方祭祀黄河的明确文字记载,黄河祭祀活动较为众多。

有文字记载的黄河祭祀是从虞舜时代开始的:"洪水既平,归功于舜,将以天下禅之,乃洁斋修坛场于河、洛,择良日,率舜等升首山,遵河渚。"①这是至今我们能查阅到的最早的跟黄河祭祀相关的活动。纬书《尚书·中候》历举"尧沈璧于河""舜沈璧于河"等,均指黄河祭祀的活动场景。当时的祭祀仪式,一是均由"王"亲祭,二是要"沉璧于

---

① 张玉春:《竹书纪年译注》,黑龙江人民出版社,2003,第97页。

河",三是要贡献牛、羊、猪等祭品,四是要配以鼓乐、祭文。可见从人类举行黄河祭祀活动之始,这项活动就具有国家祭祀性质,并有相对固定的仪式流程。

形成完整的祭河礼制则始于夏芒,夏芒即位后即举行隆重的祭黄河仪式,除了把猪、牛、羊沉于河中,还"以玄圭宾于河"①,即把当年舜帝赐给大禹象征治水成功的"玄圭"(黑色的玉圭)也沉在河水中,以表示对黄河神的敬畏和虔诚。祭河之后,芒又跑到东海之滨游玩,捕捉到了一条很大的鱼,群臣向芒称贺,认为是河神所赐,可永保太平。这种"沉祭"形式一直延续了数千年,历代国王、皇帝都相沿不辍,如乾隆四十四年(1779 年)仪封决堤,河水泛滥,乾隆帝特命制作一块白玉璧,派专使赴现场祭祀河神。

殷商时期,开始有了官方祭祀黄河的明确文字记载,且对黄河有"高祖河"之称。殷商时期的甲骨卜辞中,关于黄河祭祀的记载达五百多条,如"求年于河""燎于河""祊于河""寮三牢""俎牢"等。殷人每年都要举行多次黄河祭祀活动,以求雨、求年,并尊称黄河为"河宗"。②

二、河神人格化的显现

周朝重礼法,黄河河神祭祀享有较高的政治地位。到春秋战国时期黄河河神祭祀活动逐步形成了以"沉祭"为主要形式的仪礼规制,祭品的规格和等级也有了较为明确的规定。河神有了相对固定、明确的

---

① 张玉春:《竹书纪年译注》,黑龙江人民出版社,2003,第 14 页。
② 王德刚、王蔚:《黄河祭祀的历史演变与新时代"母亲河"形象塑造》,《民俗研究》2021 年第 3 期。

名字,这是河神人格化进程的开始。

周王朝注重礼法,"制礼作乐""敬天法祖",开始建立完备的祭祀天地山川的仪礼歌舞献祭规制。《周礼》载曰:"乃奏蕤宾,歌函钟,舞《大夏》,以祭山川。"①《礼记·王制》中有"山川神祇有不举者为不敬""天子祭天下名山大川,五岳视三公,四渎视诸侯"②。《周礼·大宗伯》中有"以血祭祭社稷、五祀、五岳,以狸沈祭山林川泽"③等记载。黄河为四渎之首,为河宗,祭祀以黄河为宗的"四渎"成为当时的常仪。《礼记·学记》曰:"三王之祭川也,皆先河而后海,或源也,或委也。此之谓务本。"④可见当时黄河已经有了很高的地位,既为"四渎"之宗,又为海之本源。周穆王游历天下途中,有好几次对黄河的祭祀:有所获,要祭祀;有所尊,要祭祀;有所求,更要祭祀。"甲辰,天子猎于渗泽,于是得白狐玄狢焉,以祭于河宗。"到了"燕然之山,河水之阿",进行了盛大而隆重的祭河仪式,周穆王穿戴"天子大服,冕袆、帗带、搢笏、夹佩,奉璧,南面立于寒下,曾祝佐之,官人陈牲全五□具。天子授河宗璧,河宗柏夭受璧,西向沉璧于河,再拜稽首。祝沉牛马豕羊,河宗□命于皇天子……南向再拜……赐语晦,天子受命,南向再拜"⑤。可见,为了表示对黄河的尊重,天子穿戴好礼服,准备了上乘的祭品——纯色完整的牛马猪羊和玉璧,沉入黄河,以首触地,拜了又拜,祭祀黄河之神。

春秋战国之时,黄河位列百神,人们祈求战争胜利、结盟和立誓

---

① 崔高维校点:《周礼》,辽宁教育出版社,1997,第40页。
② 陈澔注:《礼记》,金晓东校点,上海古籍出版社,2016,第143—149页。
③ 崔高维校点:《周礼》,辽宁教育出版社,1997,第34页。
④ 陈澔注:《礼记》,金晓东校点,上海古籍出版社,2016,第423页。
⑤ 郭璞注,洪颐煊校:《穆天子传》,商务印书馆,1937,第12—15页。

等,都会"沉璧于河",请求河神保佑或见证,《左传》中就屡见沉璧祭河的记录,如"秦伯以璧祈战于河"(《左传·文公十二年》);"晋侯伐齐,将济河,献子以朱丝系玉二珏,而祷曰:'齐环怙恃其险,负其众庶,弃好背盟,陵虐神主。曾臣彪将率诸侯以讨焉,其官臣偃实先后之。苟捷有功,无作神羞,官臣偃无敢复济。唯尔有神裁之!'沈玉而济"(《左传·襄公十八年》);楚庄王问鼎中原、饮马黄河之时,"祀于河,作先君宫,告成事而还"(《左传·宣公十二年》)①。《春秋谷梁传》中还记载:"梁山崩,壅遏河三日不流",于是"君(晋侯)亲素缟,帅群臣而哭之,既而祠焉,斯流矣"。② 发生自然灾害,山崩遏河,人们首先想到的是给黄河献祭,于是在君主率领群臣举行盛大的祭河仪式之后,河水斯流顺畅,避免了一场大灾难,这在当时更给黄河祭祀蒙上了神秘的色彩。

战国时代,黄河河神开始被人格化,有了"河伯""冯夷""冰夷"等与人名类似的称谓。此时黄河祭祀不仅要遵循一定的仪礼规制,还根据人们的世俗理解逐渐形成了祭祀河神的禁忌,如对祭品选择的禁忌,《庄子·人间世》:"以牛之白颡者,与豚之亢鼻者,与人有痔病者不可以适河。"③这说明在古人的理念中,对河神越是尊敬,贡献的祭品就应该越讲究。同时,这一时期还出现了专门描写、歌颂河神的文学作品——屈原《九歌·河伯》,有学者认为这部作品其实就是祭祀黄河时的祀神曲或乐歌。可见,先秦时期,黄河祭祀逐步形成了以"沉祭"为主要形式的仪礼规制,祭品的规格和等级也有了较为明确的规定。

---

① 左丘明:《左传》,线装书局,2007,第175、350、438、219页。
② 顾馨、徐明校点:《春秋谷梁传》,辽宁教育出版社,2000,第81页。
③ 萧无陂注译:《庄子》,岳麓书社,2018,第75页。

作为原始的神灵崇拜,黄河河神也有了相对固定、明确的名字。而且,黄河祭祀从一开始就具有国家公祭性质,既是王室和诸侯宣示黄河主权的重要政治活动,又是依河而居的先民们求神、酬神、敬神的重要仪式。

三、抽象化的河渎神

自古以来,历代王朝都十分看重祭祀礼仪,黄河河神祭祀作为国家大事,也随着大一统国家的建立有了新的变化。秦汉大一统的国家建立后,对黄河河神的祭祀也成为统一国家的一项任务。统治者需要有一个统一的水神、一个整体意义上的河神,而这个整体意义上的河神只能以国家的名义进行祭祀,于是具有高度抽象化、概念化的河神便出现了,即河渎神,之后他受到历代王朝的祭祀与加封。

秦统一六国后,确立了新的神祇系统,从国家层面规定了祭祀等级和祭祀规格,正式确立了黄河祭祀作为国家公祭活动的地位,多由皇帝本人或派专人进行,且建祠以祀。"始皇推终始五德之传……更名河曰德水,以为水德之始。"[①]秦始皇以五行相生相克,将黄河更名为"德水",并确立水德开始,将每年起始时间定为十月初一,意在"以水克火",祈愿秦朝能够永续万代;又在临晋建祠,设专人按岁时节令进行祭祀:"水曰河,祠临晋","诸此祠皆太祝常主,以岁时奉祠之"。[②]临晋河水祠成为祭祀黄河最早的神庙,临晋也因此成为历代国家公祭黄河的主要地点之一。

汉朝建祠基于黄河流域,黄河的地位更加崇高并更具象征意义。

---

① 司马迁:《史记》,中华书局,2009,第 72 页。
② 司马迁:《史记》,中华书局,2009,第 267—268 页。

高祖刘邦曾专门下诏表明自己"甚重祠而敬祭""其河巫祠河于临晋"。汉武帝元光年间二十余年黄河连发水患，刘彻认为是对黄河不敬所致，便亲临黄河决口处祭祀，"自临决河，沉白马玉璧于河"，又作歌祷告："搴长茭兮沈美玉，河伯许兮薪不属……宣房塞兮万福来。"①结果，水患真的得以解决，这就使之后的历朝均更加小心、恭敬侍奉，祭祀规格和献祭礼数不断提高。后来又把以黄河为首的四渎列入国家祀典，"五岳、四渎皆有常礼……河于临晋……皆使者持节侍祠"②。

四、河神崇拜多样化

在唐宋时期，河神崇拜和祭祀活动盛行。官方的河神不断加爵封号，河神地位不断提升，显现出河神崇拜概念化、抽象化的现象。在民间，河神的形象丰富多样，既包含有原始的自然崇拜，也有人格化、社会化的河神崇拜，并且龙王崇拜得到极大发展。这也对后世龙王崇拜进一步泛化产生了深远的影响。

隋唐时期，对以黄河为宗的"四渎"祭祀依然在国家正祀之列，河神崇拜也更为普遍。隋朝虽然只存在了三十余年，但其典制、礼仪、官制等却起到了承上启下的作用。开皇二十年（600年），诏曰："江、河、淮、海，浸润区域，并生养万物，利益兆人，故建庙立祀，以时恭敬。敢有毁坏偷盗佛及天尊像、岳镇海渎神形者，以不道论。""隋五时迎气……其岳渎镇海，各依五时迎气日，遣使就其所，祭之以太牢。"而且，专门设置官职崇虚，"掌五岳祀渎神祀，在京及诸州道士簿帐等

---

① 司马迁:《史记》,中华书局,2009,第287、288页。
② 班固:《汉书》,线装书局,2010,第419页。

事""五岳、四渎、吴山等令……为视从八品"。① 唐朝是继隋朝之后又一大一统的中原王朝,在山川祭祀上基本延续了前朝体制。《大唐开元礼》中开篇就对祭祀进行了等级分类,"凡国有大祀、中祀、小祀……岳镇海渎……为中祀……凡大祀中祀,应卜日者"。黄河祭祀视为中祀。"祭五岳、四镇、四海、四渎右各用四时迎气日祭之,皆本州县官祭","祭前五日诸祭官各散斋三日,致斋二日"。② "五岳、四镇、四海、四渎,年别一祭,各以五郊迎气日祭之……西海、西渎大河,于同州……其牲皆用太牢,笾、豆各四。"③唐朝对于每个等级的祭祀时节、祭品、祭者、仪式等都有明确的规定,皇帝也将山川祭祀视为国之大事,会择吉日共同祭祀或委地方官吏代为致祭。如肃宗有诏曰"自古明王圣帝、名山大川,并委州县长吏择日致祭"④;代宗"其五岳四渎名山大川,宜令所管牧宰,精诚致祭""四渎五岳,名山大川,神明所处,风雨是主,宜委中书门下分使致祭,以达精诚"⑤;德宗"诏太常卿裴郁等十人,各就方镇,祭岳渎等"⑥;宪宗诏:"名山大川及古圣帝明王忠臣烈士,各令以礼致祭","五岳四渎,名山大川,委所在长吏,量加祭祀"。⑦ 唐以后,我国进入了五代十国的大分裂时期,政权割据,天灾人祸,对黄河的祭祀除了禳灾之外,更多的是祈求黄河护佑。如同光二

---

① 魏征等撰,吴宗国等标点:《隋书》,吉林人民出版社,1995,第 29、65、9、480、502 页。

② 中敕:《大唐开元礼》,民族出版社,2000,第 12、16、201 页。

③ 刘昫:《旧唐书》,吉林人民出版社,1995,第 579—580 页。

④ 李希泌主编,毛华轩等编:《唐大诏令集补编》,上海古籍出版社,2003,第 786 页。

⑤ 周绍良:《全唐文新编》,吉林文史出版社,2000,第 621、622 页。

⑥ 王钦若辑:《册府元龟》卷三十四《帝王部》,明刻初印本。

⑦ 周绍良:《全唐文新编》,吉林文史出版社,2000,第 784、785 页。

年(924年)，"八月，大雨霖，河溢。九月壬子，置水于城门，以禳灾祸"①。

宋朝实施三祀制，各项祭祀的仪礼流程更加详细。"国朝凡大中小祠岁一百七，大祠十七，中祠十一，小祠十四……立秋祀……西渎大河显圣灵源王。"黄河祭祀被列为中祠，"中祀散斋三日，致斋二日……凡祝词，皇帝亲祀则书之册，封禅用玉，余用竹，皆中书省主之。有司常祀则书之方版，秘书省主之"②。神宗元丰三年(1080年)，开始在京城设"五方岳镇海渎坛"进行望祭。皇帝还专遣有司致祭。宋金时期，战难频仍，河患屡发，官方和民间对河神的敬畏和崇拜愈发深厚，河神庙在史籍中的记载也越来越多。宋太宗规定立秋日祭祀河渎于河中府；宋大中祥符年间，宋真宗亲作《河渎四海赞》。

五、河神祭祀的文化融合

金元时期，由于水患频发，金元王朝对于黄河治理也极为重视，在治河过程中对黄河的祭祀在等级、规格和地位上都有所提高。这一时期官方祭祀频次较多，并且对河渎神的加爵封号提高到空前高度。由于金元王朝为外来民族入主中原，在河神祭祀中也保有本民族的山川祭祀，形成少数民族与汉民族祭祀文化融合现象，祭祀形式上也与之前有所不同，有遥祀、常祀、代祀等。河渎神作为一种文化符号，其概念性、抽象意义更加强化。

随着对中原礼制文化认识的不断加深，金王朝的礼制建设从无到

---

① 欧阳修撰，宋元党注，马小红等标点：《新五代史》，吉林人民出版社，1998，第15页。

② 刘琳等校点：《宋会要辑稿》，上海古籍出版社，2014，第743页。

有,得到不断的丰富和完善。《金史·礼志》记载:"大定四年,礼官言:'岳镇海渎,当以五郊迎气日祭之。'诏依典礼以四立、土王日就本庙致祭,其在他界者遥祀。"至此,金代于世宗朝开始确立了岳镇海渎祭礼。

金元时期岳镇海渎的封爵级别逐渐提高。在宋、金、元三朝,五岳神甚至被尊为"帝",五镇和四渎也由公爵升为王爵。具体到金代,据《金史·礼志》记载,大定四年(1164年)拟定"其封爵并仍唐、宋之旧"。金代岳镇海渎封爵现象也反映了唐代以来山川等自然神的人格化趋势。金代祭祀岳镇海渎大体包括例时祭祀和因事专祀两大类型。对于金代例时祭祀岳镇海渎的时间和地点,《金史·礼志》中有明确规定:"岳镇海渎,当以五郊迎气日祭之。诏依典礼以四立、土王日就本庙致祭,其在他界者遥祀。立春,祭东岳于泰安州、东镇于益都府、东海于莱州、东澳大淮于唐州。立夏,望祭南岳衡山、南镇会稽山于河南府,南海、南澳大江于莱州。季夏土王日,祭中岳于河南府、中镇霍山于平阳府。立秋,祭西岳华山于华州、西镇吴山于陇州,望祭西海、西渎于河中府。立冬,祭北岳恒山于定州、北镇医巫间山于广宁府,望祭北海、北渎大济于孟州。"①

金代基本承袭了前代在"五郊迎气日"以当地最高长官充当常祀官员祭祀岳镇海渎的传统,这也是金代作为外来民族,认同和接受中原汉民族祭祀礼仪文化的表现。

金代作为北方少数民族建立的政权,将其本民族的山川信仰融入了汉民族岳镇海渎祭祀礼制,形成祭祀文化的交融。金正隆三年

---

① 脱脱等:《金史》卷三十四《礼志七》,北京图书馆出版社,2005,第810页。

（1158 年），修济渎庙压栏石。金正大五年（1228 年），金代皇帝嗣登大宝，因为冬春未曾降下雨雪，派使臣高佑到济渎庙祭祀祈雨，发生灵应现象，于是拨银两再次委派专人重修济渎庙。

元朝时期建立的统一的中央政权，为黄河的治理和开发创造了稳定的政治环境。元代不仅继承了历代治河的经验技术，也涌现出了一大批像郭守敬、贾鲁这样的治河人才，传统的汉民族黄河祭祀文化也得到了传承和延续。

元朝是我国历史上首个由少数民族建立的大一统王朝，黄河实行代祀，"岳镇海渎代祀，自中统二年（1261 年）始"。至元二十八年（1291 年）正月，忽必烈谓中书省臣曰："五岳四渎祠事，朕宜亲往，道远不可。大臣如卿等又有国务，宜遣重臣代朕祠之，汉人选名儒及道士习祀事者……其礼物……四渎织金幡二，钞二百五十贯。"① 至元三年（1266 年）夏四月，定岁祀岳镇海渎之制，"七月西岳、镇、海渎……立秋日遥祭西海、大河于河中府界……祀官，以所在守土官为之"②。至元十七年（1280 年），元世祖忽必烈命荣禄公都实为招讨使，佩金虎符，探求河源，祭祀河神，制图还报，这也开启了中国历史上黄河河源实地考察的序幕。元朝继承了前朝对黄河的治理措施，涌现出郭守敬、贾鲁等水利专家，在治理黄河的过程中，延续了对黄河的祭祀。元代对于祭祀黄河的诉求，依然离不开祈求风调雨顺、国泰民安，并开始偏向于祈求行船平安及遇到水上灾难时救苦救难。流传至今的宁夏中卫祭河神仪式就是在元代开始繁荣并沿袭至今的。

---

① 宋濂等撰：《元史》，中华书局，1976，第 1900 页。
② 宋濂等撰：《元史》，中华书局，1976，第 1902 页。

六、河神人格化顶峰

明清以来,由于黄河河患严重,黄河河神祭祀地位不断提升,河渎神敕封和祭祀较多。黄河神的角色被人为地由一些神话人物或历史人物所充当,人们所崇拜的黄河神具有半神半人的特点,特别是"金龙四大王"的河神信仰受众广泛,这充分显现出河神信仰的人格化特征。

对于明清时期作为黄河神的大王和将军,具有代表性的是金龙四大王、黄大王、白大王、朱大王、栗大王以及王将军、党将军等。这些大王、将军或因生前治河有功,或因治河身亡,死后被人们怀念,为人们所神化,而最终被封为黄河之神。

明朝洪武初年,中书省李善长等人呈进《郊社宗庙议》奏章:"分祭天地于南、北郊。冬至则祀昊天上帝于圆丘,以大明、夜明星、太岁从。夏至则祀地于方泽,以五岳、五镇、四海、四渎从。"[1]正德十三年(1518 年)五月壬子日,明武宗举行祭祀山川诸神仪式于北郊。这天正是夏至,皇帝祭祀地祇于祭地坛,用赤色牛一,黄琮玉一,三次进献祭品,九次奏乐,乐舞用八个队列。太祖西向配享,用赤色牛。随从祭祀的四坛、五岳及基运、翊圣、神烈山为一处,五镇山及天寿、纯德山为一处,四海与四渎为二处,各用太牢祭品一份。[2]"三月,已巳朔,(明世宗)车驾渡河,祭大河之神。"[3]明代,人们对黄河的称谓还出现了一个新的称呼"玛楚"。洪武十一年(1378 年),高僧宗泐奉太祖之命前

---

① 谷应泰:《明史纪事本末》,上海古籍出版社,1994,第 197 页。
② 谷应泰:《明史纪事本末》,上海古籍出版社,1994,第 201 页。
③ 夏燮:《明通鉴》,上海古籍出版社,1990,第 430 页。

往西域求经,回程途中(1382年)经过黄河源头,写下著名的河源诗《望河源并序》,文中记载:"河源出自抹必力赤巴山,番人呼黄河为玛楚。犛牛河为必力处;赤巴者,分界也。其山西南所出之水,则流入犛牛河;东北之水,是为河源。"①

在几千年的黄河祭祀发展流变中,清雍正时期达到鼎盛,突出表现在:一是几乎不间断地对以黄河为宗的四渎进行敕封,顺治二年(1645年),"孟县海子村至渡口村河清二日,诏封河神为显佑通济金龙四大王,命河臣致祭"②;康熙三十九年(1700年),加封黄河为"显佑通济昭灵效顺金龙四大王"③;雍正二年(1724年),为黄河赐号"西渎润毓大河之神"④。二是雍正年间敕建了规模宏大、在整个黄河祭祀史上具有标志意义的黄河河神庙——嘉应观,是雍正封赏治河杰出功臣并亲祀黄河河神的庙宇。嘉应观建成后,成为清代皇帝亲祭黄河河神之地,雍正帝曾四次遣专使于此御祭河神,并亲撰《祭告黄河神文》。每年春秋祭祀,"河渎一人","将行,先遣官致斋一日,二跪六拜,行三献礼"⑤。每年农历九月十七("金龙四大王"生日)和农历腊月十四("黄大王"生日)都有盛大的庙会,香火缭绕。雍正之所以特别重视黄河祭祀,与其多次治黄的经历有关。雍正四年(1726年),"四月,塞未竣,河水陡涨,冲塌东岸坝台……命两广总督孔毓珣驰勘协防,十二月塞。是月河清,起陕西府谷讫江南桃源";"八年(1730年)五月,敕

① 赖振寅:《读宗泐<望河源并序>》,《文史知识》2006年第2期。
② 周魁一等注释:《二十五史河渠志注释》,中国书店,1990,第496页。
③ 张鹏翮:《治河全书》卷十八,清钞本。
④ 穆彰阿纂、潘锡恩等修:《大清一统志》卷一百四十《蒲州府》,民国商务印书馆,旧钞本。
⑤ 《清史稿》,中华书局,1976,第1274页。

建河州口外河源神庙成,加封号。是月,河清。"①黄河水清是天下太平之兆,陕西、山东、河南等地河水渐清并多日持续,雍正不胜欣喜,写下了二千余言的《河清颂》并"率属敬勒穹碑,以志圣朝之盛"②。雍正六年(1728 年),张绺于循化县城北黄河南岸建河源神庙;雍正九年(1731 年),御赐"福佑安澜"御制匾额并立《御制建庙记》碑一通,《御制祭文碑》一通,建碑亭一座。

　　清代,黄河祭祀依然享受中祀之礼,一年一次或一年两次,仪礼精细而繁琐。国家祭祀,地点多选在黄河沿岸较大的河渎庙,如山西蒲州河渎庙、河南武陟嘉应观等。前者康熙皇帝曾亲题"砥柱河津"匾额,民国黄患中毁灭殆尽,后者现在依然香火繁盛。地方上,各级政府和民间大量修祠建庙,地点往往选在黄河频繁泛滥决口之处,对河神的祭祀时间往往并不固定,规模不等。如在河南兰考黄河决口较多的河段,几乎村村都有大王庙,但建设往往简陋,只塑泥像或书神位,黄河改道以后要么废弃,要么改为土地庙。河神庙最多的当属河南开封,清末还曾掀起修建河神庙的高潮。光绪七年到八年(1881 年—1882 年),地方官李鹤年先后主持兴建了汴梁河神将军庙,重修了开封府金龙四大王庙、开封府黄大王庙、开封府朱大王庙、开封府栗大王庙,而且亲为各庙撰写碑文。他在《重修栗大王庙碑》的碑文中,把当时开封官民崇信河神的原因说得非常明白:"汴省滨黄河数十里,地方庶务以河防为要,故庙祀河神视他省为龙虔。"③另据清人周馥所著《河防杂著》,在"水府诸神礼典记"中,曾列有 80 多位水神,其中既有

①　周魁一等注释:《二十五史河渠志注释》,中国书店,1990,第 507—508 页。
②　王兴亚编:《清代河南碑刻资料》,商务印书馆,2016,第 260—261 页。
③　胡梦飞:《明清时期黄运地区的"大王"和"将军"》,《寻根》2017 年第 5 期。

黄河河神,也有运河水神。这些被封为河神、水神的"大王"和"将军",都建有祠庙专门供奉。

第三节 河神形象演化

远古社会时期由人们对水的自然崇拜开始,直至河神信仰的人格化,河神形象在这一过程中也发生着变化。不同历史时期,人们河神崇拜的对象有所不同,在黄河流域形成形象丰富的河神,显现出河神崇拜的多样化。

一、传说中的河神

在我国古代神话传说中河伯、巨灵、泰逢氏都以河神形象显现,其中记载较多的为河伯,并且河伯作为河神在河神祭祀历史中占据较长历史时期,并享有较高的地位。

(一)河伯

河伯最早见于《楚辞》《庄子》等典籍。"河伯欣然自喜,以天下之美为尽在己。"[1]另据《搜神记》载:"弘农冯夷,华阴潼关堤首人,八月上庚日渡河溺死。因其善,天帝署为河伯。"《史记》引《龙鱼河图》说河神名冯夷。一说因渡河淹死,被天帝封为水神。《抱朴子·释鬼篇》说,冯夷小时候渡黄河时淹死了,八月上庚日溺河,阴魂不散,直达天

---

[1] 郭庆藩:《庄子集释》,王孝鱼点校,中华书局,1961,第561页。

庭,天帝任命他为河伯,管理下界河川。一说因服食八石、得水仙而成神,《圣贤记》言,服八石,得水仙,化为河伯。八石是古代道家炼丹常用的八种矿石,冯夷是服了道家仙丹成仙的。称其为"伯",是为了符合古代森严的等级制度,这也是诸多自然神人格化的必经之路。后来河伯相传为华阴潼阳人,也称为"冰夷""冯夷""河神""无夷"等。传说河伯为大禹治水献了《河图》,被尊为河神。传说中的河伯,在下界便是鱼尾人身,银白色的头发,琉璃色的眼睛,尾上的鳞片流光溢彩。虽然他是男性,但是长得却异常俊美,身上有淡淡的香味,被人形容为花花公子。

历经数千年,河伯品行事迹众说纷纭,褒贬不一。《庄子·秋水》中,他眼界狭小,贻笑大方;《楚辞》中他风流倜傥,玉树临风;再到《史记·滑稽列传》中,他又无辜受累,成为年年娶漂亮姑娘的恶霸。据说当时人们为了安慰河伯,采取多种祭祀方式,最独特的则是"沆嬖",也就是把自己最亲昵宠幸的女子推入河中,以体现取悦神灵的诚意。西门豹治邺时,才看穿了河伯娶妇的虚妄。这在一定程度上反映了人们对黄河爱恨交织的复杂心情。

魏晋以后,道教对民间诸神广为吸收,纳入神仙体系。河伯被视为得道成仙的仙官。陶弘景《真灵位业图》中将河伯列为太清右位。《历代神仙通鉴》卷二:"冰夷一名冯夷,人面蛇身,控乡堤首人,尝入华阴服入石,得凌波泛水之道。北居阳汗陵门之山,与蜚廉互相讲术。初探从极之渊,深入三面仍,师玄冥大人学混沌之法。起而见有神鸟吸水洒空,施化为雨水……特采雨露之精,能大能小,吸则勃海可枯,施则高原可没。"唐以后,江河湖海各处水神均为龙王所占据,除道书、小说偶有提及外,河伯已在民间信仰中失传。

河神自唐代以来被历代帝王封号进爵。唐代,河伯被封为灵源公,作为四渎之一陪祀北郊地神,此后长期未变。宋元时期,河患频仍,众生祈盼国泰民安,河伯地位有所上升。宋在澶州置河渎庙,每年春秋致祭,南宋时加封显圣灵源公。元世祖时又加封号为"河渎灵源弘济王",并于1238年派出荣禄公都实,佩金虎符探求河源,来到青海星宿海,祭祀河神。到了明代,太祖朱元璋秉持"神灵至上、不宜加封"的精神,一度放弃为岳镇海渎加封号,"止以山水本名称其神"①,河神人格化进程暂时中断。天启六年(1626年),明熹宗继续加封河神为"护国济运龙王通济元帅"。清代雍正二年(1724年),敕封黄河神为"西渎润毓大河之神"。

(二)巨灵

巨灵是神话传说中劈开华山的河神,又称巨灵神。巨灵源于汉代时的黄河信仰,本来是开辟河道的神祇。巨灵为黄河之神,始见于张衡的《西京赋》:"巨灵赑屃,高掌远跖,以流河曲。"干宝《搜神记》:"二华之山,本一山也,当河,河水过之,而曲行;河神巨灵,以手擘开其上,以足蹈离其下,中分为两。以利河流。今观手迹于华岳上,指掌之形具在;脚迹在首阳山下,犹存。"《水经注·河水》:"华岳本一山当河,河水过而曲行,河神巨灵,手荡脚踢,开而为两,今掌足之迹仍存。"②传说上古时候,华山与首阳山(今山西永济市境内)相连,黄河奔流至此,受阻萦洄,泛滥成灾。大禹王请来巨灵神,巨灵神手撑两山,一声大喝,生生将山擘开,河水得以下泄,因再造山川,被尊为黄河神。今华

---

① 黄训:《名臣经济录》卷二十九,收入《钦定四库全书·史部》,影印本,第23页b。

② 郦道元:《水经注校证》,中华书局,2007,第102页。

山仙掌崖上尚留巨灵神掌印。汉代《遁甲开山图》："有巨灵胡者,遍得坤元之道,能造山川,出江河。"唐代则为其附会了另一个名字秦洪海,其生的头如笆斗、眼似铜铃,毛发直竖,腰阔十围。这或与其河神性质与"巨灵胡"的说法有关。在华山北峰、苍龙岭一带东望华山著名的"仙人仰卧",相传就是开山治水成功后、仰卧入睡化为山峰的巨灵神秦洪海。

民间传说巨灵神乃是天将之一,担任守卫天宫天门的重任,力大无穷,可举动高山,劈开大石。古时人间有曾洪灾患,因受到高山阻隔,洪水无法顺利排入东海,所以洪水四处泛滥,世人疾苦不堪,惊动上天,天帝乃命巨灵神下凡,一夜之间搬走群山,解救万民。梁启超《二十世纪太平洋歌》："巨灵擘地铿鸿荒,飞鼍碎影神螺僵,上有抟土顽苍苍,下有积水横泱泱,抟土为六积水五,位置错落如参商。"①

(三)泰逢氏

泰逢氏,古代神话人物,《山海经》："又东二十里,曰和山,其上无草木而多瑶、碧,实惟河之九都。是山也五曲,九水出焉,合而北流注于河,其中多苍玉。吉神泰逢司之,其状如人而虎尾,是好居于萯(bèi)山之阳,出入有光。泰逢神动天地气也。"②泰逢神的形状与人相似,但长着一条虎尾。泰逢往往居住在萯山向阳的南坡,每当出入于这座山时,都发出神奇的光彩。泰逢神,具有变化莫测的法力,可以动天地之气。

据《吕氏春秋·音初篇》记载,夏朝昏君孔甲有一次在萯山之下打

---

① 李江峰:《偷桃故事源流》,《中国文化研究》,2009 年第 1 期。
② 方韬译注:《山海经》,中华书局,2011,第 145 页。

猎,大风骤起,天色变得十分昏暗,孔甲迷了路,即泰逢所为。郭璞《图赞》:"神号泰逢,好游山阳。灌足九州,出入有光。天气是动,孔甲迷惶。"①

《历代神仙通鉴》卷一:时有泰逢氏居于和山,是山曲回五重,实惟河之九都。泰逢好游,出驾文马,出入有光,能动天地之气,致兴云雨。民称之曰吉神,一曰没为河神。

二、地方性河神

(一)陈平

陈平(? —前178年),汉族,阳武户牖乡(今河南原阳东南)人,西汉王朝开国功臣,被后世奉为河神。

少时喜读书,有大志,曾为乡里分肉,甚均,父老赞之,他感慨地说:"使平得宰天下,亦如此肉矣!"秦二世元年(前209年)陈胜、吴广起义后,六国贵族也纷纷起兵,陈平往事魏王咎。不久受谗亡归项羽,随从入关破秦。公元前205年春,刘邦在平定三秦之战后东征项羽,殷王司马卬背楚降汉,项羽封陈平为信武君,率魏王咎留在楚国的宾客攻打司马卬而还。项羽派项悍拜陈平为都尉,赐金二十镒。不久,汉王刘邦东征,攻下殷地,项羽迁怒于以陈平为首的平定殷地的将士官吏,打算把他们全杀了。陈平害怕被杀,就挂印封金,偷偷走了。天快黑时,他逃到了黄河边,他请船夫送他过河。陈平上了船,从船舱里又出来了一个船夫。他想这两个人可能是水盗,以为他身上带着珠宝,想图财害命。陈平为人机灵,浑身是计。为了保全自己的性命,他

---

① 引自晋郭璞《山海经图赞·神泰逢》。

马上脱了衣服,扔在船上,光着上身来帮船夫划船。船夫看他腰间什么也没有,衣服掉在船上也没有什么声音,知道他身上什么贵重物品都没有,也就打消了加害他的念头。陈平到了修武,经汉将魏无知推荐,面见刘邦,被拜为都尉,使参乘、典护军。后历任亚将、护军中尉。先后参加楚汉战争和平定异姓王侯叛乱诸役,成为汉高祖刘邦的重要谋士。刘邦困守荥阳时,陈平建议捐金数万斤,离间项羽群臣,使项羽的重要谋士范增忧愤病死。不久又献计让纪信假装刘邦,使得刘邦从荥阳西门安全撤出。当韩信要求刘邦封其为齐王时,又提醒刘邦,封韩信为齐王,使韩信忠心效命刘邦,并包围楚军于垓下,迫使项羽自刎。公元前201年,陈平又建议刘邦伪游云梦,计擒韩信,使刘邦翦灭异姓王而固其刘家天下。次年,刘邦为匈奴困于平城(今山西大同北部)七天七夜,后采纳陈平计策,重贿冒顿单于的阏氏,才得以解白登之围。陈平因功先后受封为户牖侯和曲逆侯。

汉高祖死后,吕后以陈平为郎中令,辅佐惠帝。惠帝六年(前189年),与王陵并为左、右丞相。王陵免相后陈平擢为右丞相,但因吕后大封诸吕为王,陈平被削夺实权。吕后死,陈平与太尉周勃合谋平定诸吕之乱,迎立代王为文帝(汉文帝)。文帝初,陈平让位周勃,徙为左丞相,因明于职守,受到文帝赞赏。不久周勃罢相,陈平专为丞相。孝文二年(前178年)死,后谥献侯。陈平一生充满传奇色彩,在秦朝末年,英才辈出,有资格被司马迁列入“世家”的,只有陈胜、萧何、曹参、张良、陈平、周勃六人。可见陈平功劳之大。

《三教源流搜神大全》卷二:河渎,汉陈平也。唐始封二字公,宋加四字公,明朝加封四字王,号“灵源弘济王”。早期的河神是冯夷,但自唐朝开始黄河河神就变成了汉丞相陈平。据明代《月令广义·岁令一》载,江渎为楚大夫屈原,河渎为汉丞相陈平,济渎为吴伍子胥,淮渎为唐裴说。

(二)河侯

河侯,传说中的河神。南朝梁陶弘景《水仙赋》:"选奇于河侯之府,出宝于骊龙之川。"南朝梁陶弘景《真诰·稽神枢上》:"昔有一人,数旦旦诣河边拜河水,如此十年,河侯、河伯遂与相见,与其白璧十双,教授水行不溺法。"前蜀杜光庭《莫庭乂青城本命醮词》:"图五岳、九江之像,貌河侯、溪女之真。"《真灵位业图》上书"太清右位:河侯"。

有说河侯为汉东郡太守王尊。《古今图书集成·神异典》卷二七引《滑县志》:"河侯祠在县南一里。汉东郡河决,太守王尊以身填之,水乃却。及卒,民为立河侯祠祀之。"汉东郡太守王尊,死后成河神。"王尊字子赣,涿郡高阳人也。迁东郡太守。久之,河水盛溢,泛浸瓠子金堤,老弱奔走,恐水大决为害。尊躬率吏民,投沈白马,祀水神河伯。尊亲执圭璧,使巫策视,请以身填金堤。"①

王尊,字子赣,西汉末涿州郡高阳人。幼年丧父,依靠叔叔伯父生活。王尊一边放羊一边读书,对《论语》和《尚书》颇有研究。历任虢县县令兼护羌将军转运校尉、郿县县令、益州刺史、徐州刺史,后迁任东郡太守。王尊刚上任就遇到黄河泛滥,他组织民夫搬运土石去堵河堤的决口,但投下的土石全被洪水卷走。无奈又杀马祭河神,王尊高捧圭璧恭恭敬敬地站在堤上,向黄河行礼并高喊说:"河神在上,只要能保全这一方生灵,我情愿用自己的身体填堤。"围观的数万百姓,见

① 班固:《汉书》,中华书局,1962,第3237页。

他不顾个人安危一心为百姓着想，都感激地向他叩拜，请他不要以身犯险，而王尊却仍然站在即将被冲垮的河堤上，不停地祈祷，坚决不肯离开。这时一个巨浪排山倒海般地冲涌过来，百姓们见势不妙，纷纷逃命去了，河堤上只剩下王尊和他一个誓死相随的属下。说来也怪，汹涌的大浪一到王尊的身边便退了回去，几次三番都是这样。到了晚上，水势终于慢慢退去。王尊下令连夜修补河堤决口，避免了更大的水患。

后来霸上民变告急，成帝命王尊前去查办，并派一个叫张放的人代替他暂时处理东郡事务。王尊刚刚平息霸上民变，听说河堤又决口了，便急忙往任所赶。沿途听说张放听信女巫的鬼话，要用十个妇女给河伯作妾，借此以息水患。王尊气得大骂张放无知，将人命视为儿戏。次日一早，王尊挤在人群里想看看张放到底要怎么做。日将晌午，一声炮响，张放穿着朝服，戴着官帽，摆设香案，旁边绑着十名盛装打扮的妇女，王尊趁张放祭祀之际，自裸全身，跑到香案躺在地上。张放不认识王尊，忽然看见他这个举动吓了一跳，生气地说："你这老家伙疯了吗，这么做成何体统？"王尊坐了起来，指着张放大骂道："你这恶人真是坏了良心，这些人即便是犯了死罪，也应该由国法论处，怎么能听信女巫之言，把她们扔进河里活活淹死呢？老夫原是京兆尹，用我祭祀河神比她们强。"说完一跃而起，奔到河堤纵身跳了下去。当时看热闹的百姓一部分去救王尊，另一部分去围攻张放。也是王尊命不该绝，一个大浪将他冲上了岸，被人救起时灌了一肚子水，已经奄奄一息了。后来虽然经过医治保住了性命，但不到半年就病逝在任上。当地百姓为他建造了一座祠堂，世世代代按时祭祀。

（三）河阴圣后

河阴圣后，郑州河阴一带河神。《续文献通考·群祀考》：金世宗大定二十七年（1187 年）正月，加郑州河阴县黄河神号曰昭应顺济圣后，赐庙额灵德善利。"尚书省奏言：郑州河阴县圣后庙，前代河水为患，屡祷有应，尝加封号、庙额。今因祷祈，河遂安流，乞加褒赠。帝从其请，特封黄河神曰昭应顺济圣后，庙曰灵德善利之庙，命本县长官每岁春秋致祭。"①

（四）洛神

洛神即宓妃，是中国先秦神话中司掌洛河的地方水神。洛神又叫作洛嫔，是中国神话里伏羲氏（宓羲）的女儿，其因为于洛水溺死，而成为洛水之神。洛神亦为黄河水神河伯之妻，羿射伤河伯后，宓妃与羿结合。见于《楚辞·天问》："胡羿射夫河伯，而妻彼雒嫔。"意是"天帝降下后羿，（让后羿）改变夏民的灾祸。为何射河伯，娶洛川妃为妻"。故事是宓妃游于洛水，美色为河伯所窥探，河伯使计将宓妃溺于洛水，因此强占宓妃，夏朝的有穷国君后羿（大羿娶嫦娥，并不是同一个人物）仰慕宓妃，而被河伯所知，河伯发难于洛水，兴水患而为害一方，后羿愤而射伤河伯，娶宓妃为妻，河伯向天帝状告，而被天帝奚落，成全了后羿和宓妃。宓妃神话产生之初，其形象是一位以美丽、爱情、性为化身的配偶神。

张衡的《东京赋》曾记录了周成王择地洛阳时的原因：除自然环境本身的优势外，一方面，宓妃曾在洛阳定居，作为神女能庇护此地；另一方面，大鲟鱼畅游、龙马传卦于伏羲、神龟负文赐大禹等祥瑞之象也

---

① 高文德主编：《中国少数民族史大辞典》，吉林教育出版社，1995，第 1649 页。

都在此地发生,使得洛阳成为建都的不二之选,同时也让洛神宓妃成为洛阳守护神。

到了唐代,出现宓妃是伏羲之女的说法。李善注《文选·洛神赋》曰:"宓妃,宓羲氏之女,溺死洛水,为神。"此则注释实际上是引自汉末人如淳的说法,如淳注《史记·司马相如传》中《上林赋》曰:"宓妃,伏羲女,溺死洛水,遂为洛水之神。"宋人洪兴祖补注《楚辞》亦引如淳之言,曰:"宓妃伏栖氏之女,故使其臣以为理也。"

(五)台骀

台骀,金天氏少昊后裔,上古时代五帝时期的水官,治水时间早于大禹。五代十国时期后晋天福年间(936—943年)被追封为昌宁公。宋代追谥灵感元应公。

据说黄帝之子金天氏少昊青阳有裔孙,叫昧,任治水官,生两个儿子,叫允格、台骀。唐林宝《元和姓纂》和宋欧阳修《新唐书·宰相世系表》皆载黄帝子少昊青阳生挥,为弓正,始制弓矢,赐姓张氏,为张氏之祖。《尔雅·释诂》:"正"即"长"。"弓正"即"弓长",合起来便是"张"。明、清张氏族谱记载:"始祖挥公受封之国在山西太原府太原县。挥生昧,昧生台骀。"

台骀后继父职,治理了汾河、洮河和大泽。相传,台骀治水时从天上摘来三颗星宿,垒成"品"字状,置于汾河源头宁武的象顶之上作为镇压汾魔的镇魔石,并以此处为点将台,布置人力、物力。经台骀治理后,人们始处太原。台骀治水有功,受到帝颛顼嘉奖,封于汾川,并受到当地沈、黄、蓐、姒四国的祭祀。台骀死后,被尊为汾河之神,又称台神。

传说台骀是一位了不起的治水大师,他辗转于甘肃、陕西、山西、青海等广大地区,降伏水患,造福人民。对于台骀的功绩,《史记》《左传》《山西通志》《宁武府志》等历史文献均有台骀的记载。"台骀能业其官,宣汾洮、障大泽以处太原,帝用嘉之。"①今侯马台神村每逢农历五月十八,汾河沿岸的许多地方都要举行传统庙会,百姓齐聚台骀庙,盛况空前,以此纪念这位"能御大灾,能抵大患,有功于民"的一代治水大师。台神庙神龛的一副对联对台骀的事迹作了很好的概括:"统系出金天,障泽惟勤,三晋人民歌圣德;谨献在汾地,安澜普庆,一方保障赖神功。"台神庙楹联曰:"能业其官障泽宣汾昭亘古,永垂厥德平汾静浪到于今。"②

（六）张曜

张曜(1832—1891 年),字亮臣,号朗斋,祖籍浙江绍兴府上虞县(今绍兴市上虞区),出生于浙江钱塘(今杭州)。晚清名臣、将领,军政才略突出,为收复新疆、阻遏英俄侵略作出了贡献,故有"爱国将领"之称。有《河声岳色楼集》存世,《山东军兴纪略》亦由其纂订。去世后,清廷追赠太子太保,谥"勤果",入祀贤良祠,

光绪十二年(1886 年),张曜调山东巡抚,督办河工。当时山东河患日深,一到任,他就着手对山东黄河情况进行调查研究。根据山东河道窄的特点,他提出了"分"与"疏"的治河主张。认为山东两岸堤工不够坚固,河道又窄,水涨易于漫决为患,必须要有分水的措施,故在齐河赵庄、刘家庙和东阿陶城埠各建减水闸坝一座,以防异涨。光绪十三年(1887 年),郑州十堡决口,山东黄河断流,他抓住时机,对山

---

①　司马迁:《史记》,中华书局,2009,第 1772 页。
②　文新春:《山川莫禹先——汾神台骀庙纵览》,《文物世界》2017 年第 4 期。

东河道及时挑淤疏导。光绪十五年（1889年）正月，黄河回归故道，正值凌汛时期，由于河道疏通，使冰水顺利入海，终于断了水患。

鉴于当时黄河从牡蛎口入海不顺，张曜乃因势利导，用机船疏挖，改由韩家墩入海，使河口通畅无阻。他认定切挖淤滩沙嘴，治河要务。他调集平头圆船50只，每船16人，带上开挖工具，凡有河中淤滩沙嘴，水落登滩挑挖，水深则乘船淘爬。再在对岸筑坝挑水，借水流进行冲刷。由于培堤取土路途较远，张曜就命令铺设小铁轨，以铁车运土，当时铺就的铁轨达1080丈。为了治河，张曜几乎天天在河堤上踏勘，每到紧急关头，昼夜不息。一年就有300天在河堤上度过。为了保护周边环境，防止河堤泥沙走失，张曜下令广植柳树，安排河防营看护。这些柳树，后来被称为"张公柳"。光绪十七年（1891年），伏汛将至，张曜赴利津勘堤，又抢护史家坞、王阳家等处险工。工程未竣，背上发疽，仍不离工地，等被人护送回济南后病情已十分严重。八月二十二日，张曜病危，口授遗折，请山东布政使福润代递。另致书李鸿章，陈言山东为北洋门户，应速添建炮台以防不测，并涉及新疆局势。同日，张曜去世。

朝廷追赠张曜太子太保、入祀贤良祠，并准予在其立功省份，建立专祠。张曜去世不久，山东民间传说他化作了黄河的水神"大王"。张曜生前，清朝皇帝赏穿过黄马褂，他背上又生过疮，因此那条上半截黄色、中间有瘤状物的水蛇，老河工就认定它是张曜的化身。因其治黄有功，故被济南人奉为黄河的河神，呼为张大王。

三、其他河神

除了上述河神外，明清时期还有一些下层官吏、河兵和平民被奉为河神,被称为将军,如杨四将军、陈九龙将军、党将军、刘将军、曹将军等。清人周馥所著《河防杂著》"水府诸神礼典记"中列有80多位水神,其中既有黄河河神,也有运河水神。清人朱寿镛《敕封大王将军纪略》记载了与黄河和运河有关的6位大王、64位将军。由于河患的严重性以及漕运和河工的重要性,至清代,人们对"大王""将军"的迷信可以说达到了空前的程度。上到皇帝、治河理漕官员,下至地方官员、普通百姓,无不趋之若鹜,争相崇祀。"将军"主要有以下四类。

第一类是由治河的下层官吏转化而来。

这些人生前忠于职守,死后被人们怀念,逐渐赋予其水神功能。《敕封大王将军纪略》中所记的两位"王将军"属于这一类。其中的一位名王仁福:"江苏太湖厅人,监生,以同知分发东河。同治六年(1867年)署理祥河同知。是年八月,黄河陡涨,工程危险,抢埽落水身故,大溜登时外移。七年(1868年)伏秋汛,化身登埽,工程平稳,绅民咸钦神异。"另一位名王漠:"字溁皆,浙江归安人。少孤,读书不屑为词章之学,从兄治习河务,尽得要领。嘉庆二十五年(1820年)投效东河,补祥符南岸主簿。积功累迁祥符县丞、德州州同、中河通判,先后署郑州州判、睢州州同、睢宁通判,咸尽力修守,民多颂之。道光二十一年(1841年)夏六月,河决开封下南厅,前任以疏防被谴檄,公调是缺。会河势日逼汴城,昼夜守御,卒得无患。秋九月,蒲城相国奉命治河,使掌祥工东坝。凡进占镶埽诸要工皆责成之。于是,陈机宜,除积弊,冒风雪,任劳怨,犯危难者三阅月。次年春正月壬子,金门仅存数丈,克期合龙,掌坝者益并力。甲寅夜半,门占甫下,水势尤烈,公率兵役挑灯登其上,指挥未竟,倏大风暴起,溜急埽蛰,一时并没。事闻,特诏轸恤入祀昭忠祠,予云骑尉世职。厥后河工凡遇险要,往往见双灯前导。幻身御患,灵迹昭著,绅民咸钦。"

第二类是生前有异常表现的人,杨四将军可为典型。

《敕封大王将军纪略》中关于这位将军的记载是:"将军,河南温县人……明永乐间,时年十二,邑水暴涨……忽失足落水,父大哭,俄见乘板嬉笑,欲呼之,复入水,伸手作龙蛇状,顺流东下。是夜乡人同梦,言受封为将军。康熙年间敕封为将军。"丰县民间常把柳毅称为柳将军,当做水神来祭祀。相传,柳毅是唐代湖广人,后朝廷派柳毅到丰县做官,途经泾河,见岸边有一牧羊女放声悲啼,其状甚哀。柳毅问明原委,方知此女是洞庭湖龙王之公主,因从父命嫁至泾河,遭泾河恶龙残暴伤害。柳毅决意倾力相助,为龙女传书洞庭,以解其困。柳毅历尽艰辛,传书成功,龙女获救。龙女叔公钱塘君为了感谢,欲将龙女嫁给柳毅,被婉言谢绝。但龙女敬仰其人品,爱慕之心弥坚。从此,龙女决心等待柳毅,与之再遇。柳毅在丰县为官,造福一方。无奈其间连娶两妻皆亡,回想起洞庭分别时龙女所表露的爱慕之情,动了念想,遂临窗而书,以寄相思。书写完毕,信手掷入井中,果被时刻关注柳毅的龙女所得。龙女化为卢氏嫁给了柳毅,演绎了一场人神相恋的美丽故事。后来,柳毅被玉帝封为"圣水将军",管理天下江河湖海大事。一年夏天,玉帝派柳毅降暴雨,要在十天之内,水淹丰沛两县一万个村庄。柳毅遂与龙女商议。龙女献策,指出丰县有个叫"万庄"的村子,该村面临大河,河又通湖,能疏导水流,不致回淹村庄。这样,既可完成玉帝下达的任务,又可保护一方百姓免受洪灾之苦。柳毅依计行雨,丰沛百姓果然得救。丰县百姓感念柳毅恩德,在西关建了柳将军庙。正德《丰县志》记载:柳毅庙在县治西门外迤北,岁久倾圮。明万历三十二年(1604 年),重修柳毅庙(柳将军庙)。据说,嘉靖、万历年间丰县有黄水,求之甚为灵异。旧时,丰县柳毅庙会在农历九月初二至初五,庙会期间香客云集,盛况空前。20世纪60年代此庙被拆。至今,丰县流传民谣:"丰沛收,养九州,将军庙里去磕头。"

第三类是与治河工程中的人殉大有关系。

中国早在奴隶社会就有人殉的陋习,河神祭祀过程中献祭牲畜等物品的习俗也是由来已久。虽然以人祭河始于何时何地现在已无从考究,但是在人们的头脑中确有这种迷信倒是不容抹杀的事实。《敕封大王将军纪略》中所记的党将军就是一例:"将军讳住,河南封邱县人,为河夫。顺治二年(1645年),荆隆决口,钦使敦请黄大王求策,王至,令点河夫内有将军,王留之,曰是人将为神,命送百金于其家,卷将军入埽中,入水少顷,见一蓝手如箕出水面,官民恐怖,请王视之,叱曰:封汝将军之职,随班侍直,手即隐。堤工告成。"

民间传说如下:清顺治元年(1644年),黄河封丘段金龙口决口,粮道淤塞,工部侍郎周堪赓花费数十万两白银治水无效,只好请来黄守才。黄守才到了封丘荆隆口,让官员对河夫点名时,在众人中听到了党住的名字。党住,十二岁,林州党家岗村人,因家中贫寒,投奔到封丘黄河荆隆口段当了一名河工。黄大王于是将党住叫到跟前,对大家说:"此人是河神啊,除他之外,口门无法堵复。"于是令人送其家百金,将党住捆进堵口的埽体,塞进黄河决口处。这时风急浪涌,河声如吼,有一只打入簸箕的蓝手伸出水面,官民异常恐怖。黄大王大声呵斥道:"呔,勿要恶作剧,封你为将军,随班侍直吧!"那只蓝色大手随之隐去,坝埽稳固,决口合龙。人们感念党住小小年纪献身治河的英勇事迹,都说他没有死,成了神,称他为"党将军"。

第四类是与治河时灵异有关。

《徐州府志》记载:明代都御史潘季驯到徐州总理河道事务,当乘舟来到睢宁双沟镇时,正遇暴雨冲堤,水流湍急,就在小船即将被洪水打翻之际,突然从岸上倒下一棵大柳树,恰巧将小船稳稳支撑住,挽救潘季驯一命。人们感念柳树有功,便称其为"柳将军"。后人为纪念潘季驯治水有方,又在这棵柳树旁建造一座庙宇,取名"柳将军庙",同时立碑"潘公再生处"。

黄芝岗先生在其《中国的水神》一书中说:"大王、将军都是蛇,正确一点说,法身都是蛇形。蛇也是像平常的蛇,但蛇身是金色的,蛇头是方形的。这些蛇被堤工和船户们发现了,他们说,这是什么大王,什么将军。官便虔备一只盘子,由庙祝按大王、将军的名号祝这些蛇登盘子了。祝的是黄大王,蛇不登盘,那便是栗大王;祝的是栗大王,蛇不登盘,那便是王将军。"

而黄河一带的民众,如果在河边某个地方遇到了"大王"或是"将军",必须报告地方长官,地方官员便带着巫师亲自前去迎接。接"大王"的时候唱着祝辞把蛇先放在一个盘子里,然后再放进轿子里抬入庙中供奉。或者是蛇登盘子后,"它便蟠在盘里,将蛇头从盘心昂起来,官用头顶着盘子,将蛇送到大王庙里,香花供养"。而且每年祭祀河神的时候,都必须演戏酬神,因为"大王"和"将军"是喜欢看戏的,"蛇也能点戏的,那便是用一支红纸裹的牙筷,由庙祝从盘里挑起蛇身,供桌上铺一张黄纸写的戏单,庙祝用筷举起蛇来,从左边到右边,蛇便垂头吐舌,在它爱看的戏名下着一点(小口水涎),便算点了戏了。在这些蛇里面,黄大王最爱点戏,因为他最爱听戏"。

由以上记载,我们可以看出,明清文人笔记小说中对"大王"和"将军"的描述普遍带有强烈的迷信和传说色彩。现在看来匪夷所思的事情,在当时看来却很正常。由于时代的局限性,当时的官员和民众在面临河患和险阻束手无策、人力难施之际,唯一能做的就是求助于神灵,希望"大王"和"将军"显灵,以求水患平息,运道畅通。当愿望实现后,又把所有的功劳归为神明,敕加封号、颁发匾额、修建庙宇、隆重祭祀、演戏酬神,种种举措不胜枚举。

第四节　嘉应观祭祀的河神

嘉应观作为"淮黄诸河龙王庙",在主体祭祀建筑内供奉有大禹及众多治水功臣等,祭祀的河神众多,也由此可见其在黄河祭祀中的地位之高,是黄河河神信仰的集中展现。

一、治水英雄——大禹

大禹,名文命,姒姓,今河南登封人[1],据载系黄帝的玄孙,帝颛顼之孙。大禹是定居在嵩山周围夏部落的酋长、原始社会最后一位部落联盟的首领,也是我国奴隶制社会第一个王朝——夏朝的建立者和开国君主。大禹不仅是家喻户晓的治水英雄,也是黄河祭祀活动中历时最久、地位恒定的水神。禹王庙在各朝各代,江河湖汉之地比比皆是,最知名的有山西河津龙门禹王庙、陕西韩城周原禹王庙、河南开封禹王台、河南登封东关禹王庙、湖北武汉禹稷行宫、浙江绍兴大禹陵大禹

---

① 常松木:《登封大禹神话传说》,河南文艺出版社,2014,第46页。

庙等。

　　大禹的父亲崇伯鲧治水失败,被舜杀死。大禹后来又被舜任命为司空,继承父业治理洪水。禹一接受治水的任务,就和人们讨论治水的办法。他吸取教训,认为父亲用"堵"的方法治理洪水是不可行的,因此就立足于疏导,就是开通河道,引水入海。大禹又经过认真思考,感到要疏导洪水,必须知道地形地势,从而判断河源的流向和可以泄导洪水的地方。于是,大禹带着伯益、后稷等一批忠诚的助手,经寒历暑,跋山涉水,九州大地布满了他们的足迹。大禹查清了地势,探明了河道,找出可以利用的地势和河道来引导洪水。大禹为了尽快把洪水引入大海,就全力以赴投入治水工程,并亲临工地指挥,他走遍了千山万水,浪里来水里去,寻找引水路线,开挖引水河道。

　　大禹跟妻子涂山娇结婚后只在家待了四天,便忙着离开家乡嵩山外出治水。大禹临行前对妻子说:"如果我走后你生了孩子,就取名叫'启'。"后来涂山娇生下了儿子夏启。大禹在治水的十三年中,曾经三次路过自己的家门口。但大禹为了治水大业,都没有进家看望。大禹三过家门而不入的事迹传遍了各地,感动了跟随他治水的民众,大家更加齐心协力地工作。这样,他带领大家苦干了十三年,开通了九州的九条河流,又构筑了九泽之堤,终于疏通了河道,治理了湖泊,使百川东归大海。人们又重新回到陆地生活,修建房屋,种植庄稼,过上了安居乐业的日子。

　　由于治水的丰功伟绩和无私无畏的品德,大禹赢得了举国上下的拥戴,舜封大禹为夏伯,封地在今河南登封、禹州一带,并确定禹为其继承人,让他帮助治理天下。

　　由于大禹治水成就辉煌,奠定了中华文明的发展基础,因此,大禹在中国治水史上有着崇高地位,嘉应观对其进行供奉,是对治水先贤的无限崇敬和敬仰,也是对后世治水之人的勉励。

二、金龙四大王——谢绪

谢绪(1250—1276 年),南宋钱塘县北孝女里(今浙江杭州良渚镇安溪)人。当时南宋国势衰颓,谢绪痛惜宋朝将亡,因此不愿做官,在祖坟的金龙山顶上建望云亭而隐居于此。德祐二年(1276 年)元军攻占临安,太皇太后谢道清和时年仅五岁的宋恭帝及皇室宗亲均被俘北上,谢绪四处奔走联络抗元,但无奈大势已去,再无挽回的余地,心灰意冷下谢绪投水殉国,史载他因"忠愤不舒,壮志未酬,尸体竟逆流而上"①。时人敬重他的气节,于是把他葬在了金龙山麓,并立像祭祀。

到了明朝的时候朱元璋与蛮子海牙战于吕梁,敌军居于上游,明军在下,形势极为不利,突然风涛大作,河水北流淹没敌军,明军因此大胜,是夜太祖夜梦一儒生素服前谒曰:"臣谢绪也,上帝命为河伯,会助真人破敌。"于是朱元璋下诏,册封谢绪为"金龙四大王",以他的葬地和排行命名,并以他的忌日为生辰,立庙黄河之上。

谢绪是黄河诸神中唯一没有治理过河道,却在朱元璋之后被历代帝王尊为神主、祀庙遍天下的龙王。隆庆年间,追谥谢绪为金龙四大王(谢绪在兄弟中排行第四,故称四大王),庙称为大王庙。天启年间又追封为"护国济运金龙四大王",成为主漕运之神。到了清朝时,谢绪依然受到十分的尊崇,从顺治帝到光绪帝间的两百多年时间里,多次给谢绪加封号,最后他的封号长达四十四字,为"显佑通济昭灵效顺

① 赵焕明:《传说故事佐史迹》,《余杭晨报》2022 年 4 月 30 日。

广利安民惠孚普运护国孚泽绥疆敷仁保康赞翊宣诚灵感辅化襄猷溥靖德庇锡佑国济",礼遇之隆,实所罕见。

雍正初年,历经三年的秦家厂、马营口堵口工程告竣,敕建嘉应观,以大禹为最高神祇,而河神则以谢绪为主祀。金龙四大王是明清时期黄河、运河最具代表性的水神,越是漕运艰难、河患严重的地区,金龙四大王信仰就越为盛行。现今,嘉应观中大殿奉祀金龙四大王谢绪。

三、黄大王——黄守才

黄守才(1603—1663年),字英杰,一字完三,号对泉,河南偃师人,后世称黄大王,俗称黄爷。一生中的主要事迹是治水济民,著有《禹贡注疏大中讲义》《治河方略》《洪范九畴九河图》,《通志》《河南府志》《大清会典》《黄运两河记略》均记载了他的治水功绩。历代清帝都给他追封谥号,康熙皇帝封他为"灵佑襄济王",道光八年(1828年)四月以助佑漕运加封"显惠",十一年(1831年)加封"昭应",全称为灵佑襄济显惠昭应王。光绪五年(1879年)加封为"灵佑襄济显惠赞顺护国普利昭应孚泽绥靖普华宣仁保民诚感黄大王"。

明万历三十一年(1603年),黄守才出生于洛阳偃师市岳滩镇王庄村。他天资聪颖、勤奋好学、思维敏捷,15岁时往登封嵩阳书院寻访程夫子遗书,研究《禹贡》中的治水之道。虽家道不富,但能勤学不辍,40年后于书无所不通。许多读书人求他讲解经义,他都能开发大义,显微阐幽。古时,伊河、洛河流域和黄河中下游经常发生水灾,他目睹了河水泛滥给乡邻群众带来的灾难,在伊河边长大的黄守才,决心以大禹为榜样,治理水患,造福百姓。他下定决心学习治理河道的知识和技能,潜心研读历代治水方略,作为有名的治水专家,这些地方都留下了他的足迹。黄守才治水屡见成效,人们赞誉他"功并神禹",称他为"活河神",有的地方还为他建了生祠。康熙二年(1663年)十二月十四日,黄守才逝世于家,葬于偃师县南马鞍山下。据传在黄河流域,大大小小的黄大王庙有2700多个,仅偃师就有18个。雍正十二年(1734年),河南陈留县曲兴集为黄守才建庙,名曰大王坛。因黄大王生前曾封过四位将军,所以多数龙王庙里,黄守才都由九龙陈将军、斩龙杨将军、稳埽党将军、顺水柳将军配祀。伊洛河下游两岸的百姓一直视黄守才为神明,现存黄大王故里、黄大王庙、黄爷坟等。

在敕建嘉应观内,他与金龙四大王谢绪一起在中大殿受主祀。2021年,"黄大王传说"入选河南省级非遗项目。

四、朱大王——朱之锡

朱之锡(1623—1666年),字孟九,号梅麓,别称朱太史,浙江义乌人,清初治河名臣,顺治时期历任兵部尚书兼都察院右副都御史、总督河道等职,著有《河防疏略》20卷,至今仍对治理黄河有着极大的价值。

顺治三年(1646年),朱之锡中进士,初任庶吉士,不久后担任编修。顺治十一年(1654年)七月,朱之锡升任詹事府少詹事兼侍读学士。顺治十四年(1657年),朱之锡担任兵部尚书兼河道总督,驻守济宁,治理河道。顺治十八年(1661年),加太子少保虚衔。康熙元年(1662年),朱之锡进阶为资政大夫,继任河道总督,成为顺治、康熙两朝治河重臣。

朱之锡治理黄河、淮河、运河达10年之久,南北交驰,殚精竭虑,鞠躬尽瘁,卒于任上,年仅44岁。康熙谕赐祭葬。黎民百姓无不称颂其惠政,奉为"河神",沿河立庙,春秋祠祭,称之为"朱大王"。

雍正元年(1723年),雍正帝下旨在河南武陟建造淮黄诸河龙王庙(后改为嘉应观),庙成时,朱之锡被敕封为河神"朱大王",列为"四大王"之一,在中大殿立了其塑像,每年春秋两季得以御祭,300年来香火不断。

乾隆四十五年(1780年),乾隆南下巡视河工,看到河运畅通,百姓安居乐业。念及先臣治河有功,恩准大学士、总督河道阿桂等人的奏请,追封朱之锡为"助顺永宁侯"。乾隆为表彰他为清王朝初期所建立的不朽功勋,又为各地的春秋祭祠,先后授以佑安、显应、绥靖、昭感、孚惠、护国、灵庇、翊化、昭显等封号。

道光二十六年(1846年),在义乌县城绣湖之滨建成"梅麓公祠"。光绪三十一年(1905年),在金华府建成"朱大王庙",每年祭祀。光绪三十三年(1907年)二月,光绪帝在其家乡义乌建立专祠祭祀,并亲赐匾额。

黄河、淮河、运河两岸祭祀朱之锡等河神的大王庙众多,数不胜数。

五、栗大王——栗毓美

栗毓美(1778—1840年),字含辉,又字友梅,号朴园,又号箕山,山西省浑源县人。道光十五年(1835年)任河南山东河道总督,主持豫鲁两省河务,在多年的治河实践中,创造了"以砖代埽"的筑坝护堤工程措施,为我国古代水利工程技术的发展作出了重要的贡献。

清嘉庆七年(1802年),以拔贡考授河南知县,曾先后任武陟、阳武知县,以后历任知州、知府、布政使、护理巡抚等职。因治河有功,道光十五年(1835年)擢任河道总督,管辖河南和山东黄河、运河修防事务,官邸即在嘉应观衙署。

栗毓美一生最大的功绩是治理黄河,在实践中因地制宜,创造了"以砖代埽"的治黄经验,采用"抛砖筑坝"法为国库节省白银一百五十余万两。在他担任河东河道总督的5年中,河南地区没有发生过大的水患。栗毓美一生勤奋,事必躬亲,严于律己,廉洁奉公,深得皇帝的厚爱和群众的尊敬。栗毓美还"尤善折狱,民间以为今代之'龙图'"。后积劳成疾,死于任上。他去世后,道光皇帝还追封其为太子太保,赐"恭勤",并作祭文而赐祭葬。

在栗毓美任过职的地方,人们为他建立了祠庙,把他作为"大王"(河神)来拜祭。同治十二年(1873年),奏准原任河东河道总督栗毓美于郓城金龙四大王庙内添置神位附祀。这是栗毓美被国家正式列为河神之始。同治十三年(1874年),加封栗大王为"诚孚栗大王"。光绪五年(1879年),加封东河总督栗毓美为"诚孚普济灵惠显佑威显栗大王"。

他撰写的《治河考》和《砖工记》(稿本)两部著作,仍是今人研究古代水利工程技术和水利发展史的重要资料。

现今,嘉应观中大殿奉祀栗大王栗毓美。

六、白大王——白英

白英(1363—1419年),字节之,山东汶上县人,明代著名的农民水利学家。他自幼聪慧好学,早年以耕田为业,治水行船的经验特别的丰富,十分熟悉当地的地理环境、地势和运河水情。

洪武年间,黄河在原武(今河南省原阳县)决口,切断了明朝南北水路大动脉的运河。济宁州潘叔正奏请朝廷尽快疏通河道以解百姓之苦。工部尚书宋礼受命同督都周长、刑部侍郎金纯等带领济南、兖州、青州、东昌等4个府的25万民工,对会通河水系进行了大规模治理,但因会通河水源不足,没有根本解决漕运问题。宋礼在治理会通河受挫后,便布衣微服出访,寻求治水方略,在汶上城北适遇白英。白英对运河的治理,早已思考了10年之久,并对运河进行过勘察,掌握了山东境内运河一带的地理水情以及运河漕运受阻的主要原因。他见宋礼秉性刚直,真心诚意请教,便决定出山帮助宋礼治河。由宋礼为知己作后盾,作为总工程师的白英,进行了八年艰苦卓绝的劳动,完成了伟大的大运河南旺枢纽工程。在坎河口修戴村坝,逼汶水南行;开挖八十里长的小汶河,引汶水南到南旺;怕汶水旱时不足,又于运东地区挖掘三百余泉,分成五派水系济运;在南旺汶水入运处筑砌一道三百米长的石护坡,并在迎汶处建了一个鱼嘴形的分水水脊,汶水"三分下江南,七分朝天子(北行)"。沽头至临清间建起三十八座闸坝,调节水量;设立安山、南旺、马踏、昭阳四湖为水柜,涝时蓄洪,旱时济运。从此,沟通南北的大运河畅行无阻,漕运能力大大提高。

永乐十七年(1419年),南旺水利枢纽工程告竣之后,工部尚书宋礼带着布衣白英进京复命。走到德州桑园驿,过度操劳耗尽心力的白英,呕血而死。

宋礼、白英二人一起被后世帝王封为河神,而且白英比宋礼多四次封赐。明正德七年(1512年),白英被追封为"功漕神",清雍正皇帝敕建嘉应观,封他为"永济之神"。同治六年至十二年(1867—1873年),先后三次加封,"灵感""显应""昭孚"。光绪五年(1879年)四月,又加封白英"大王"封号"永济显应昭孚",黄河大王白英入祀于嘉应观东龙王殿。

七、治河三策——贾让

贾让,西汉人,生卒年月无考,因提出治理黄河的上、中、下三策而著名。

汉哀帝初期黄河频繁决溢,灾患严重。朝廷征集治河方案,绥和二年(前7年),贾让应诏上书提出了治河三策。上策是主张不与水争地,"徙冀州之民当水冲者,决黎阳遮害亭放河使北入海"。这是针对当时黄河已成悬河的形势,提出人工改道,避高趋下的方案。他认为,实行这一方案,虽然要付出重大代价,"败坏城郭、田庐、冢墓以万数",但是可以使"河定民安,千载无患"①。中策是开渠引水,达到分洪、灌溉和发展航运等目的。他认为这一方案不能一劳永逸,但可兴利除害,能维持数百年。下策是他认为如果保守旧堤,年年修补,劳费无穷,是最下策。

治河三策的特点:第一次全面地对治理黄河进行了方案论证,较完整地概括了西汉治黄的基本主张和措施;首次明确提出在黄河下游设置滞洪区的思想,强调滞洪区的作用是"使秋水多,得有所休息";论证规划方案时首次提出经济补偿的概念,主张筹划治河工费用于安置因改道所需的移民;提出综合利用黄河水利资源,具体论证开渠分水有三利(低地放淤肥田,改旱地为稻田,通漕运),不开则有三害(民常忙于救灾,土地盐碱沼泽化,决溢为害);分析了黄河堤防的形成、发展

---

① 班固:《汉书》,中华书局,1962,第1694页。

过程及其弊端。

贾让的"治河三策",是流传下来的我国最早的比较全面、系统的治河文献,不仅提出了防御黄河洪涝灾害的对策,还提出综合利用黄河水利资源,具体论证开渠分水有低地放淤肥田、改旱地为稻田、通漕运三利,不开则有民常忙于救灾、土地盐碱沼泽化决溢为害等三害,涉及灌溉、放淤、治碱、通航等多方面的治理措施,是第一次全面地对治理黄河进行了方案论证,并首次提出了"补偿时间"和"移民补偿"概念,古人评价:治河之策,贾让为千古之龟鉴[①]。

贾让的治河三策,是中国最早对黄河下游兴利除害的治河文献。

贾让是敕建嘉应观唯一以理论构想入祀东龙王殿的河神。

八、千年无患——王景

王景(约30—85年),字仲通,东汉琅琊不其(今山东即墨县西南)人,一说出生于乐浪郡邯邯(今朝鲜平壤西北)。东汉时期著名的水利工程专家,著有《大衍玄基》。《后汉书》将他列入《循吏传》。

王景少年时期就开始学习《周易》,并博览群书,特别喜欢天文数术之学。他工于心计,多才多艺。西汉末至东汉初,连年战乱,堤防失修,黄河决泛,纵横乱流。黄河与济水的分流堤岸坍塌,造成黄河,以及济水、汴水各支派泛滥的局面,数十州县处于洪水之中。永平初年,有人向汉明帝推荐王景善于治水,于是明帝召见王景,王景陈其利害,应对敏捷,明帝大为赞赏,于是赐王景《山海经》《河渠书》《禹贡图》等治河专著,于该年夏季发兵夫数十万人,以王吴为王景助手,实施治汴

---

① 王夫之:《读通鉴论》,中华书局,2013。

工程。王景亲自勘测地形,规划堤线。先修筑从荥阳(今郑州北)到千乘海口(今山东利津境内)长千余里的黄河堤防,开凿阻碍水道的山阜,破除河道中旧有的阻水工程,堵截横向串沟,防护险要堤段,疏浚淤塞的河段和渠道,修建水门,使黄汴分流,收到防洪、航运稳定河道等重大效益,致使黄河从此以后八百多年中没发生过重大改道。然后着手整修汴渠,汴渠引黄河水通航,沟通黄河、淮河两大流域,是始于战国时期的重要水运通道。它从郑州西北引黄河,经过开封、商丘、虞城、砀山、萧县,至徐州入泗水,再入淮河。

由于黄河流势经常变化,如何保持取水的稳定是一大难题。汴渠位于黄河以南平原地区,黄河南泛时往往被冲毁。王景在对汴渠进行了裁弯取直、疏浚浅滩、加固险段等工作后,又"十里立一水门,令更相洄注,无复溃漏之患"[①]。王景的治河工程取得了很大的成功。永平十五年(72 年),王景随明帝东巡到无盐(今山东汶上以北约 15 公里),明帝沿途目睹其治水成就,深为赞赏,又拜王景为河堤谒者。

王景是第一个全面实践贾让"治河三策"的人,其治河的历史贡献,长期以来得到很高的评价,有"王景治河千年无患"之说。

在嘉应观,王景被奉祀在东龙王殿。

九、恩在怨消磨——贾鲁

贾鲁(1297—1353 年),字友恒,河东高平(今山西高平)人。元代著名河防大臣、水利学家。曾参与撰修《宋史》,历任工部郎中、都漕运使、集贤殿大学士、中书左丞等职。他少年时聪明好学,胸怀大志,长

---

① 范晔:《后汉书·王景传》,中州古籍出版社,2017。

大后谋略过人。

至正三年(1343 年),当时"黄河决溢,千里蒙害,浸城郭,飘室庐,坏禾稼,百姓已其毒"①。至正四年(1344 年)五月,黄河决河改道。河水在山东曹县向北冲决白茅堤,平地水深二丈有余。六月,又向北冲决金堤,沿岸州县皆遭水患。今河南、山东、安徽、江苏交界地区成为千里泽国。为保证运河通航、保护山东、河北沿海地区的盐场不被黄河冲毁,缓和黄泛区民众的反抗,元政府不得不大规模治理黄河。

至正八年(1348 年)二月,元政府在济宁郓城立行都水监,任命贾鲁为都水使者。次年五月,立山东、河南等处行都水监,专治河患。丞相脱脱召大臣研讨"治河方略",贾鲁力排众议,主张"河必当治""必疏南河、塞北河,使复故道,役不大兴,害不能已"。此间,贾鲁"考察地形,备其要害"。循行河道,往返数千里,掌握了河患的要害所在,他将观察所见绘成图,并提出两种治河方案:"一是修筑北堤,以制横溃;一是疏塞并举,挽河东行,以复故道。"最后决定采用后一方案。至正十一年(1351 年)四月初四,诏命贾鲁为工部尚书、充总治河防使,进秩二品,授以银印。征发汴梁(今河南开封市)、大名(今冀南大名县)等十三路民工 15 万,庐州(今安徽合肥市)等戍军 2 万,开始了黄河治理史上的著名的"贾鲁治河"。治河工程从四月二十二日兴工,采取疏、浚、塞并举的方法,七月就凿成河道 280 多里,八月将河水决流引入河道,九月通行舟楫,十一月筑成诸堤,全线完工,使河复归故道,南流合淮入海,治河大功告成。贾鲁回朝,向顺帝上《河平图》。

1354 年,贾鲁随脱脱镇压农民起义军,死于军中。

---

① 宋濂:《元史》卷六十五,商务印书馆,1935,影印本,第 2 页 a。

贾鲁治河成就,受到当时和后人的高度评价,顺帝授予荣禄大夫,集贤大学士。元顺帝命欧阳玄撰《河平碑》文,以治河劳积。清人徐乾学曾说:"古之善言河者,莫如汉之贾让,元之贾鲁。"①后世评价贾鲁治河有四句诗:"贾鲁修黄河,恩多怨亦多。百年千载后,恩在怨消磨。"②

嘉应观中,贾鲁被奉祀于东龙王殿。

十、束水攻沙——潘季驯

潘季驯(1521—1595 年),字时良,号印川,浙江乌程(今浙江吴兴)人。嘉靖二十九年(1550 年),潘季驯登进士第,于江西、广东等地任职,曾先后四次出任总理河道都御史,主持治理黄河和运河,前后持续二十七年,为明代治河诸臣在官最长者,以功累官至太子太保、工部尚书兼右都御史。

潘季驯从嘉靖四十四年(1565 年)到万历二十年(1592 年)四次主持治河工作。潘季驯在一生四次治河中,不辞辛劳,上到河南,下至南直隶,多次深入工地,对黄、淮、运三河提出了综合治理原则:"通漕于河,则治河即以治漕,会河于淮,则治淮即以治河,会河、淮而同入于海,则治河、淮即以治海。"③在此原则下,他根据黄河含沙量大的特点,又提出了"以河治河,以水攻沙"的治河方策。他在《河议辩惑》中说:"黄流最浊,以斗计之,沙居其六,若至伏秋,则水居其二矣。以二升之

---

① 徐乾学:《治河说》,转引自魏源《皇朝经世文编》卷九十七,岳麓书社,2004,第248页。

② 傅泽洪:《行水金鉴》卷十七,收入《钦定四库全书·史部》,影印本,第16页b。

③ 潘季驯:《河防一览》,收入《钦定四库全书·史部》,影印本,第2页a。

水载八斗之沙,非极迅溜,必致停滞。""水分则势缓,势缓则沙停,沙停则河饱,尺寸之水皆有沙面,止见其高。水合则势猛,势猛则沙刷,沙刷则河深,寻丈之水皆有河底,止见其卑。筑堤束水,以水攻沙,水不奔溢于两旁,则必直刷乎河底。一定之理,必然之势,此合之所以愈于分也。"为了达到束水攻沙的目的,潘季驯十分重视堤防的作用。

潘季驯四次治河的成绩是显著的,特别是束水攻沙论的提出,对明代以后的治河工作产生深远影响。清康熙年间的治河专家陈潢指出:"潘印川以堤束水,以水刷沙之说,真乃自然之理,初非娇柔之论,故曰后之论河者,必当奉之为金科也。"近代水利专家李仪祉在论及潘季驯治河时说:"黄淮既合,则治河之功唯以培堤闸堰是务,其攻大收于潘公季驯。潘氏之治堤,不但以之防洪,兼以之束水攻沙,是深明乎治导原理也。"

潘季驯的治河方法对后世产生极大影响,如清初的杨方兴、朱之锡及靳辅等治河名臣都继承了潘季驯的方法治理黄河,取得一定成效。其著有《河防一览》《两河管见》《宸断大工录》《留余堂集》等,尤其是《河防一览》一书,既是束水攻沙论的主要代表作,又是中国16世纪河工水平、水利科学技术水平的重要标志。对此后300年的河工实践活动起着指导性的作用。

嘉应观中,潘季驯被奉祀在东龙王殿。

十一、知人善任——宋礼

宋礼(1358—1422年),字大本,河南永宁(今洛宁)人,官至工部尚书,明代治河名臣。

明洪武年间以国子生擢山西按察使金事,持法严竣,锄奸剔蠹,不曾懈怠。贬谪户部主事。建文初年,荐授陕西按察佥事,复坐事贬谪刑部员外郎。明成祖即位,命署礼部事,以敏捷干练擢礼部侍郎。永乐二年(1404 年),拜工部尚书。

洪武二十四年(1391 年),黄河决口原武,绝安山湖,会通河于是淤塞。济宁州同知潘叔正上言:"旧会通河四百五十余里,淤者乃三之一,浚之为便。"①于是朝廷命宋礼及刑部侍郎金纯、都督周长前往治理。宋礼以会通河之源,必资汶水。乃用汶上老人白英的计策,筑堰城及戴村坝,横亘五里,遏汶水水流,使之不南入洸水而北流归海。至南旺,中分之为二道,南流接徐州、沛县者十之四,北流达临清者十之六。南旺地势高,是所谓的水脊,遂设置水闸 38 座,自此分水北至临清而达于卫河,南至沽头而达于淮河。共调发山东及徐州、应天、镇江民工 30 万,用了六个多月的时间,运河通航了。同年,明成祖复用工部侍郎张信言,使兴安伯徐亨、工部侍郎蒋廷瓒会同金纯治理黄河,堵祥符、鱼王等口,让黄河归故。工部尚书宋礼在开挖运河的同时兼管主办工程。到八月,两项工程完工。会通河的疏通,使得漕运再次兴旺,解决了明朝南粮北运的大问题,并一直惠及清朝。

在疏浚运河过程中,宋礼了解到,海运风险大,航船并不结实,时有漂流沉没的,而一些官员又多摊派,不顾船夫死活,遇到风浪大时,船沉粮毁的现象经常出现。宋礼于是上书朝廷:废除海运,改行漕运。永乐十三年(1415 年),海运停止,漕运繁荣,这既保障了船夫的安全,减轻了百姓负担,又减少了国库开支。从此,明、清两朝漕运畅通了500 余年。

---

① 张廷玉等:《明史》卷一百五十三《列传·宋礼》卷四十一,收入《钦定四库全书·史部》,影印本,第 2 页 a。

永乐二十年（1422 年），宋礼积劳成疾，卒于任上，享年 62 岁。宋礼的治运功绩也受到后人的赞颂。正德七年（1512 年），宋礼被尊为河神。为纪念宋礼治水有功，百姓在汶上、南旺建祠和庙并塑神像，以供祭祀。万历元年（1573 年），被封为"开河元勋太子太保"，谥号"康惠"。清代康熙、乾隆两朝皇帝对宋礼进行追封，对其后代特别抚恤，清朝雍正时，敕封其为"宁漕公"，光绪五年（1879 年），朝廷追念治河名臣宋礼的题词是："宋尚书圣德神功不居禹下。"敕封其为"显应宋大王"。

嘉应观建成后，宋礼被奉祀于西龙王殿。

十二、赫赫战功——刘天和

刘天和（1479—1546 年），字养和，号松石，今湖北麻城人，明朝中期名臣、学者。曾任湖州知府、兵部侍郎、兵部尚书等职，明嘉靖十三年（1534 年）以都察院右副都御史总理河道。刘天和总结治河经验，著有《问水集》，主张"筑缕水堤以防冲决，置顺水坝以防漫流"[1]，"复施植柳六法，以护堤岸，浚月河以备霖潦，建减水闸以司蓄泄"[2]。同时，他创造了"水平法"的施工测量和挖泥的施工技术等，对黄河演变概况及河道变迁原因有较详细的记述和分析，并且较全面地总结了前人河防施工和管理的经验，是明代中后期的重要治黄著作。另辑有《保寿堂经验方》，为《本草纲目》引用。《皇明经世文编》收录有《刘庄襄公奏疏》。

正德三年（1508 年），刘天和登进士第。初授南京礼部主事，出按

---

① 刘天和：《问水集》，中国水利工程学会，1936 年素存堂抄本。
② 黄训：《名臣经济录》卷五十，收入《钦定四库全书·史部》，影印本，第 36 页 a。

陕西,因得罪宦官被贬。历任湖州知府、山西提学副使、南京太常少卿,又督甘肃屯政,巡抚陕西。在地方时,刘天和力革民弊、屡平盗乱,有惠政流播。累进右副都御史,嘉靖十五年(1536 年),改兵部左侍郎、总制三边军务。他改制战车,修浚墙壕,使边防巩固。鞑靼吉囊入寇凉州、宁夏等处,刘天和指挥大将周尚文等反击,取得大捷,以功加太子太保。旋即被改授为南京户部尚书,又入朝任兵部尚书、提督团营。因言官攻击,刘天和遂于嘉靖二十一年(1542 年)告老致仕,卒于家,享年 67 岁,获赠少保,谥号"庄襄"。

西安碑林中存有《黄河图说》碑,碑身刻明嘉靖十四年(1535 年)黄河流经河南、山东、安徽等地的地形图,即刘天和主持浚河 34 900 丈、筑堤 12 400 丈、修闸 15 座、顺水坝 8 座后黄河流域的情况。《黄河图说》碑左上角为《古今治河要略》,整理记录了《禹贡》中关于黄河的部分内容,以及贾让、欧阳修、任伯雨、欧阳玄、余阙、宋濂等人的治河策略和言论。图左下角刻《治河意见》,是刘天和本人对治理黄河的一些看法。他总结出黄河频繁泛滥、改道的六个原因,颇有见地。

《黄河图说》碑是现存最早的大型黄河水利图碑,是明代中期黄河图的典型代表,为研究历代黄河治理情况留下了宝贵的资料。

明史记载刘天和的文字大多数是表彰他的赫赫战功。在嘉应观受祭的历代治河功臣中,虽然有几位也有兵部尚书的官衔,却只有刘天和一人在西大殿披甲握剑,戎装而立,这是由于史书记载他的军功大于河工之故。

十三、清慎勤——齐苏勒

齐苏勒(？—1729 年),纳喇氏,字笃之,满洲正白旗人,清朝大臣、水利专家。官至河道总督、兵部尚书、太子太傅,卒赠三等轻车都尉,谥勤恪。

　　齐苏勒早年进入官学,选为天文生,任钦天监博士,迁灵台郎。擢内务府主事,授永定河分司。康熙四十二年(1703 年),清圣祖南巡阅黄河,齐苏勒扈跸。至淮安,上谕黄河险要处应下挑水埽坝,命往烟墩、九里冈、龙窝修筑。齐苏勒抓紧施工,于康熙回銮前毕工,遂擢翰林院侍讲、国子监祭酒,仍领永定河分司事。康熙六十年(1721 年),黄河决口武陟,奉命同副都御史牛钮监修堤工。康熙的本意是让黄河入沁河,逆流北上数十里,从运粮河经卫河、海河入海,这显然是堵口之前的权宜之计。齐苏勒和牛钮向皇帝建议从沁河堤头往东,在河床平缓处修十八里月堤,限定沁河河口,阻遏洪水,以收根治武陟黄沁河交汇处黄患的效果,遭拒未能实施。康熙六十一年(1722 年),清世宗即位,擢山东按察使,兼理运河事,命先往河南筹办黄河堤工。雍正元年(1723 年),齐苏勒由钦差实授河道总督。他一上任就上疏阐述自己的治河理念,认为治河的关键在于事先防御,这样就能节省大量的人力、财力、物力。为了解水情,齐苏勒"乃周历黄河、运河,凡堤形高卑阔狭,水势浅深缓急,皆计里测量"①,对河工的弊端和不合理的法规,均予裁革,使在河的员工皆懔懔守法。新任河南巡抚石文焯赞同并修筑了牛钮、齐苏勒拟议中的大坝,雍正皇帝亲书"御坝"勒石。

　　齐苏勒在任 7 年,会同副总河稽曾筠大修堤防,黄河自砀山至海口,运河自邳州至江口,"纵横绵亘三千余里,两岸堤防崇广若一,河工益完整"②。齐苏勒一生勤于治水、善于治水,屡建功绩。在他的治理

---

①《清史稿》,中华书局,1976,第 10622 页。

②《清史稿》,中华书局,1976,第 10622 页。

下,黄河、运河的堤坝得以加固,水患平息,漕运畅通。另外,齐苏勒还曾疏浚吴淞江。

齐苏勒没有留下治河著作,但治河思想可以从其奏疏中发现,如雍正元年(1723年)上疏:"治河之道,若濒危而后图之,则一丈之险顿成百丈,千金之费糜至万金。惟先时豫防,庶力省而功易就。"①雍正五年(1727年)上疏:"黄河斗岸常患冲激,应改斜坡,俾水随坡溜,坡上悬密柳抵之。既久溜入中泓,柳枝沾泥,并成沙滩,则易险为平。"②

另外,齐苏勒是武陟四次堵口、修建御坝的组织者和指挥者,也是武陟嘉应观的修建主持者。雍正七年(1729年),齐苏勒卒于任上,皇帝特命大臣继善在开封为他建庙祭祀,谥号"勤恪"。雍正八年(1730年),与靳辅一起入祀京师贤良祠。

嘉应观建成后,齐苏勒被奉祀于西龙王殿。

十四、三代河官——嵇曾筠

嵇曾筠(1670—1739年),字松友,号礼斋,江苏长洲人,一说无锡人。雍乾朝文华殿大学士、兼吏部尚书、诰授太子太傅、加少保、谥文敏。系雍乾朝治河名臣,"引流杀险法"是其治河的一大法宝,且屡试屡验。雍正年间曾任副总河、河南山东河道总督,授江南河道总督等职。著有《河防奏议》《师善堂诗集》,《河防奏议》对河工技术总结十分全面,对研究古代治河工程技术有重要参考价值,是清代治河工程技术的重要文献。

嵇曾筠出身治水世家,幼读《禹贡》时,即有"禹治水皆由下而上,

---

① 《清史稿》,中华书局,1976,第10622页。
② 《清史稿》,中华书局,1976,第10622页。

盖下游宜通,水自顺流而下"之见,从小便显现出治水才能。康熙四十一年(1702年)中举,四十五年(1706年)登进士,点翰林院庶吉士。到雍正元年(1723年)正月,已入直南书房兼尚书房行走。当年二月,任都察院左佥都御史,兼河南巡抚。六月,晋升为兵部左侍郎。当时,河南郑州东中牟县黄河决口,雍正授他为河南副总河督,助河道总督齐苏勒料理河务,察赈灾民,堵筑中牟县刘家庄、十里店的决口,当年堵复,开始了其治水生涯。

雍正七年(1729年),齐苏勒病故,朝廷开始实行双河督制,雍正任命孔继珣为江南河道总督(又称南河总督)、嵇曾筠为河南山东河道总督(又称东河总督)。雍正八年(1730年)嵇曾筠改任南河总督,驻清江浦(今淮阴),督责修建淮河入洪泽湖的山盱,洪泽湖入运河、黄河的高堰,以及运河通长江的芒稻河闸等关键性堤闸工程,取得显著成绩。

乾隆元年(1736年),嵇曾筠总理浙江海塘工程,兼浙江巡抚,旋改浙江总督。乾隆四年(1739年)初,病逝家中,终年69岁,追赠少保,赐祭葬,谥号"文敏",入祀浙江贤良祠。又命视靳辅、齐苏勒例,一体祠祀,亦入祀嘉应观西大殿。

嵇曾筠撰《河防奏议》(十卷),并收入《续修四库全书·四九四·史部·诏令奏议类》。卷一至卷六是嵇曾筠累任黄河河南、山东、江苏各段河道总督,抢险、除险,构筑水利工程十一年所历,含工程项目设计、预算申请、工程进展报告、劳力增减、机构设置、劳动定额、奖惩规例、完工养护等报奏。卷七为恭贺各地祥瑞奏专篇。卷八卷九是恭谢钦赐、任职升迁等奏谢。嵇曾筠又有《师善堂诗集》,辑有570余首诗。有的是治水一线生活的生动写照,如《中牟工次晓起述事》。有的则突出表现他热爱自然,尊重客观规律的治水理念,如《钱江观水势酌示疏导机宜》。

嵇曾筠的儿子嵇璜、孙子嵇承恩都先后做了河道总督,一家三代河道总督,在治黄史上绝无仅有。

十五、民族英雄——林则徐

林则徐(1785—1850 年),字少穆,福建福州人。近代著名的政治家、思想家,伟大的民族英雄,以查禁鸦片、坚决抵抗英帝国主义的侵略而闻名中外。在 40 年的政治生涯里,除了抵御外侮,治水也贯穿了林则徐的一生。从北方的海河,到南方的珠江,从东南的太湖流域,到西北的伊犁河,都留下了他治水的足迹,尤其在治理黄河上,功绩更为卓著,并撰有《北直隶水利书》《畿辅水利议》等水利著作,还有《林文忠公政书》等作品传世。

嘉庆十六年(1811 年)中进士。嘉庆二十五年(1820 年),林则徐外任浙江杭嘉湖道。到任后他主持兴修浙江、上海海塘,太湖流域各主要河流的水利工程和治理运河,取得很大成就。

道光十一年(1831 年)农历十月初七,林则徐擢升为东河河道总督,管辖河南、山东两省境内黄河、运河的防修事务。林则徐走马上任后,立即以经世务实的作风专心学习研究河务工程,每到一处,注重实地考察,林则徐决心一反历任河督的方式,亲自上大堤对所辖黄河两岸十五个厅各工段存放的秸料垛逐一拆垛检查,严明赏罚,以除河工积弊。他一丝不苟,严防"豆腐渣工程"隐患,对那些偷工减料,玩忽职守的官吏,一经查实即严惩不贷。

道光二十一年(1841 年)农历四月,林则徐因坚持抗击英国侵略者被革去职务,流放新疆伊犁戍边。当年六月河南祥符三十一堡(今开封张家湾)黄河决口,大水一泻千里,河南、安徽两省二十三个州县直接受灾。朝廷派大学士王鼎前往开封主持堵口工程,王鼎十分器重林则徐,上书请求留下林则徐襄办堵口。王鼎为人虽正直,但苦于缺乏治河经验,事事找林则徐商量拿主意,"动辄询咨,是以竟无刻暇"。林则徐追随王鼎"朝夕驻坝""日夜坐与士卒同畚锸"。过度的劳累使他"奔驰成疾,既发鼻衄,又患脾泄"①,他抱病支持,每天早出晚归,在工地各处奔波,督导堵口。前后历时八个多月,黄河堵口大业终于得以完成,林则徐立了大功。王鼎上奏折说:"林则徐襄办河工,深资得力。"要求对他免戍伊犁。但道光帝的圣旨下达:"林则徐着仍遵前旨即行起解,发往伊犁效力赎罪。"

林则徐接旨后即刻启程新疆伊犁,抱病协办伊利的阿齐乌苏垦地,捐资兴修龙口水渠工程。道光二十四年(1844年),为了垦复阿齐乌苏地亩工程,在伊犁将军布彦泰的支持下,他决定把喀什河引水渠道拓宽加深,开挖新渠引入阿齐乌苏东界水源。他对阿齐乌苏渠(即湟渠)采取分段捐资修建的办法,并且自己主动捐资承建了最艰巨的龙口工程。至今,伊犁人还是习惯地称"湟渠"为"林公渠"。在吐鲁番大力推广兴修坎儿井,制定《经久章程》,使大片沙漠变绿洲,当地群众把坎儿井称作"林公井"。

道光三十年(1850年),林则徐病故。死后赠太子太傅,谥号"文忠"。江苏、陕西都为他建庙祭祀,并作为一位功勋卓著的治水名臣,入祀嘉应观西龙王殿。

---

① 渠长根:《林则徐治理黄河小记》,《常熟高专学报》2001年第3期。

十六、鞠躬尽瘁——陈鹏年

陈鹏年（1663—1723 年），字北溟，又字沧州，湖南湘潭人，清代官吏、学者。康熙二十三年（1684 年）举人，三十年（1691 年）进士。历任浙江西安知县、江南山阳知县、江宁知府、苏州知府、河道总督。

康熙六十年（1721 年），陈鹏年随尚书张鹏翮勘山东、河南运河，遇黄河在武陟县马营口决口，自长垣直注张秋，命河道总督赵世显堵口。议久不决，陈鹏年疏言："黄河老堤冲决八九里，大溜直趋溢口，宜于对岸上流广武山下别开引河，更于决口稍东亦开引河，引溜仍归正河，方可堵筑。"雍正登基后罢免赵世显，任用陈鹏年在邙山下开挖引河，"使水东南行，入荥泽正河"。他日夜驻守工地，辛苦奔波。雍正元年（1723 年），第五次堵口疏流终于成功，陈鹏年却积劳成疾，吐血而亡，死于任上。

雍正皇帝十分感动，赐予陈鹏年谥号"恪勤"，称"此真鞠躬尽瘁，死而后已之臣"，并颁旨在嘉应观西为其修建陈公祠，以利后人缅怀与祭奠。后陈公祠消失，其坐像供奉于嘉应观西跨院，现移至恭仪亭，为嘉应观祭祀真人河神第一人。有《道荣堂文集》《喝月词》《历仕政略》《河工条约》等传世。

十七、河神将军——卢顺

嘉庆二十四年（1819 年），武陟黄河决口，时任河兵参将的卢顺，率领军队堵口。次年的三月十五日，在合龙处的西侧，又冒出一个大缝隙。卢顺见状，立即上前指挥抢修，突然，缝隙迅速扩大，堤坝大面积坍塌，卢顺当场落水，被激流卷走，殒命黄河。

卢顺以身殉职的英雄行为上下传颂,有口皆碑。嘉庆年间,嘉庆皇帝追封以身殉河的卢顺参将为"武功将军副将衔",并建祠庙于嘉应观西侧,与陈公祠并列,供后人缅怀纪念。在清光绪七年(1881年)成书的《敕封大王将军纪略》中,他被封为"管理河道截水漫沙卢将军"。

卢公祠消失后,卢顺将军塑像被供奉于西跨院,现移至恭仪亭。

十八、"皇叔"河神——牛钮

他塔喇·牛钮(? —1737年),满洲正白旗人,官至兵部侍郎、礼部侍郎,娴熟河务,曾数次参与黄河决口的封堵,也曾以左都御史的身份前往武陟县主持抢险救灾。

康熙五十九年(1720年),擢左副都御史,总管北运河事务。康熙六十年(1721年)九月,黄河在武陟决口。河南巡抚杨宗义与河道总督赵世显相互推诿,备料不及。在牛钮建议下,康熙帝罢免了赵世显,以陈鹏年代理河道总督,并命杨宗义专管备料。牛钮按照康熙的意思在钉船帮修建挑水坝,加之陈鹏年组织在黄河南岸开挖引河,武陟决口得以堵复。之后牛钮奉旨从孟津至清口详细查勘河工,拟数处工程交陈鹏年办理。

康熙六十一年(1722年)二月,武陟马营口复决。牛钮驰还武陟,并提议于沁河堤至詹家店十八里无堤处接筑遥堤。康熙帝命陈鹏年视情况而定,陈鹏年决定先行堵口。牛钮与杨宗义一起修筑堵口重要工程——秦家厂大坝。牛钮因担心通州运河失事,大坝未完工便遵旨回京。之后,在陈鹏年主持下,秦家厂大坝合龙,马营决口堵复。陈鹏年临终前建议修建牛钮提议的十八里遥堤。

据清道光《武陟县志》载:"黄河东南遥堤,自沁河堤尾起,詹家店后大月堤止,长三千三百五十一丈。"自黄河武陟东南遥堤修筑完毕起,武陟便有了更加完备的黄河堤防系统,黄河遥堤至今沿用。在很多年间,倡导修筑黄河遥堤的牛钮,在嘉应观中大殿身着皇袍以帝王形象端坐在正中的位置,被传说设定为雍正的皇叔,而嘉应观是雍正为皇叔修建的皇宫外小宫殿。

这个传说的起因是因为清代有三个牛钮,康熙幼子牛钮 83 天早夭,官员赫舍里·牛钮在武陟黄河堵口 60 多年前去世,所以只可能是他塔喇·牛钮。以他在武陟堵口中的功绩,进入嘉应观顺理成章,但因为其晚年的一桩糊涂案件,失去了被纳入正史的资格。作为嘉应观第一任道长,皇叔牛钮的传说,是民众对这位在武陟黄河堵口修堤立下功劳的河神,给予的一种另类肯定!

第五节　民间河神祭祀活动

黄河两岸的人民对黄河有着深厚的感情和依恋,为了表达人民对黄河的崇拜、感恩和敬畏之情,于是就产生了神化黄河和祭祀黄河的文化传统。后来随着祭祀活动和人类文明的发展,黄河祭祀开始频繁见于各类史书、传记记载以及神话、诗歌等文学作品中,黄河河神成为河川诸神中地位最高的水神,黄河俗信也成为我国民俗文化重要的内容之一。

从西周开始,四渎便拥有非常高的地位,而且作为河川神灵代表由君王亲自祭祀。秦王朝祭祀山川,封禅泰山,所祭河川当有黄河祭祀。汉宣帝自神爵元年(公元前61年)正式列"四渎"神入国家祭典，而黄河被列为"四渎"之首。四渎与五岳的祭祀都成为国家祭祀的常礼。历代国家公祭黄河的地点主要有：临晋(今陕西朝邑)、河中府(今山西蒲州)以及武陟嘉应观。宋代以来，在今河南滑县、温县、濮阳、偃师、兰考、睢县、延津，陕西韩城、佳县、吴堡，山西芮城、偏关，甘肃兰州、临夏、靖远，宁夏中卫，山东东阿，江苏沛县、淮安等地都有专门场所祭祀黄河。除官方祭祀外，清朝时期民间对黄河的祭祀活动也很盛行，这在当时很多文学作品如小说、诗词中都有所体现，如《醒世姻缘传》中就提到："东门里就是金龙四大王的行宫，今日正有人祭赛还愿的时候，唱戏乐神……杀白鸡白羊祭赛。"[①]书中还描述了行宫里供奉神位的场景：金龙四大王居中坐，左边坐柳将军，右边坐杨将军。"这三位神灵……民间祭祀，大者用羊，小者用白毛雄鸡。浇奠都用烧酒，每祭都要用戏"，形象记述了民间祭祀河神的场景和过程。

民国以来，精英阶层的知识分子受西方启蒙思想的影响，倾向于将中国的落后归结于中国传统文化，在社会上掀起了一场反迷信运动的狂飙。在全社会声讨封建迷信的浪潮下，传统河神信仰受到了极大冲击。袁世凯执政之后，保留了国家祀典制度，但同时进行了一系列改革，剔除了祀自然神。内务部规定，"祈福、禳祸及后世所谓护国佑民诸神，徒启国民奢求，侥获之心，而无俾于恐惧修省之实，当与淫祀杂祀一切删除"[②]，延续数千年的官方黄河祭祀传统就此终结。但民间自发、小规模的祭祀黄河活动一直没有间断。黄河经常决堤之处，民

---

① 西周生：《醒世姻缘传》，翟冰点校，齐鲁书社，1993，第662页。
② 《内务总长朱启钤呈大总统拟具礼目缮呈鉴核批示文并批(附清单)》，《政府公报》第691号，1914年4月10日。

间祭祀黄河的习俗还较盛行。民间对于黄河水神的祭祀,具体方式、时间、场合,甚为繁杂,地方差异也很大。如农历六月十五,陕西省合阳县,黄河岸边的岔峪村方圆几十里的村民都会齐聚黄河岸边,祭河神放河灯,祈求河神护佑风调雨顺,想求子、求财、求福的村民把从河里捞下的河灯带回家,第二年心愿达成的村民会前来还愿。近年来,随着中国传统文化的恢复振兴,黄河流域不少地方举行了祭祀黄河的盛典。其中,规模宏大的有 2012 年河南孟津的"黄河安澜祈福大典"和 2017 年宁夏中卫的"黄河宫祭祀黄河大典",其活动宗旨都是"感恩黄河、礼赞黄河、祈福中华、人河共和"。

一、正月祭河神

山东省东阿县刘集镇位山村是黄河渡口,周围的村民大多以摆渡为生,早些年时,由于黄河水泥沙较多,堤堰低水势大,水上运输不断发生事故,沉船、翻船,人们的生命财产受到严重损害,为祈求河神保佑平安,给人们带来生命财产安全和生活幸福。每年的正月十五元宵节都要在船上摆香案,在黄河里放彩灯祭奠河神,以表达对河神的敬仰。

山东省滨州市惠民县李庄镇归仁村,原来村中建有大王庙。正月十六这天,村民先在大王庙前集合、祭拜,村内的秧歌舞队在持伞"伞头"的带领下,和着锣鼓节拍,"扭、摆、走、跳、转"尽情欢舞后,然后向黄河大堤出发。大堤上商贩云集,叫卖声此起彼伏,附近村落和外地的游客也会如期而至,各个摊位间人头攒动、热闹非凡。秧歌队和群众队伍到达黄河滩后,人们面对黄河摆上水果、点心等供品,燃放鞭炮,焚香烧表,作揖磕头而拜,集体祷告,祈求河大王(龙王爷)保佑黄河安澜、风调雨顺、万事如意、阖家平安。年景好的时候,晚上还要唱大戏庆贺。"文革"期间，大王庙被拆除，至今未重建。

荥阳汜水镇玉门古渡附近口子村有座大王庙，供奉谢、黄、朱、栗四位河神。每年正月初一到十五，前来供奉的百姓络绎不绝。农历正月十五，还有向大王庙供奉花灯的习俗。人们用秸秆扎起一个个容器，将灯置诸其中，几百盏灯同时点燃，号称"灯山"，璀璨辉煌。人们还会来到黄河边，在水上飘起"路灯"，有钱人会特地从集市上买来陶灯盏，平常人家有的借用小木板载灯，有的干脆用萝卜挖空当载体。许多小灯，漂在黄河岸边，星星点点照亮夜色，不由得让人憧憬生活的光明美好。

孟津地方旧时风俗，每年除夕，船主牵羊担酒，到大王庙烧香献羊。上香叩首后，将头缠红绫的羊牵到供桌前，用热酒浇洒羊身，若浇酒时羊身抖动，表示河大王已"领羊"。第一次浇洒羊身不动，船主必再次祈求，叩首，再浇热酒于羊身上，直到羊身抖动为止。然后牵羊回家宰杀。大年初一五更，抬羊至大王庙上供。

陕西省合阳县东雷村村民也有正月在黄河岸边玩社火锣鼓祭拜河神的习俗。

二、庙会祭河神

中卫祭河神风俗始于汉，兴于元，规模大，活动多，每年祭祀的时间并不确定，依据开水迎水来选择黄道吉日，确定之后由官衙发布公告，在中卫西郊沙渠桥搭戏台，举办龙王庙会，迎水之祭，祭祀河神。中卫十二景之一官桥新水，"迎水桥"地名皆由此而来。农历四月立夏日为迎水日，搭建祭台，备好香炉、供器、三牲祭礼品果、香表、奠仪等，人们抬着酒、猪头、蒸馍等各样祭品前往渠口迎水，然后顺水而下至龙神庙举行祭祀河神仪式。先由探水人专报水头到来的时间，尔后由官员、绅士、水利委员主读祭文、鸣鼓乐、燃鞭炮、行跪礼。事毕，善男信女焚香膜拜，尤其是水头到来时，有取水医病的，有投食放食求生的，有磕头还愿的，有盼少灾无难的，等等。整个祭祀活动中，和尚诵经三天，道场道士醮酬三天，唱戏、耍社火，热闹非凡。入夜，则要在沿渠两岸举行放河灯祭河神的活动，在阴阳、道士念大经办道场的陪衬下，群众蜂拥河岸两边放各种各样灯盏，意思是放灯许愿，消灾祛病，平安吉祥。灯随水而去，映得渠里一片辉煌，颇为壮观。至秋后，还要举行谢水之祭。

民国时期，包头南海子是西北地区最大的物资集散地和主要的货物转运码头。每年农历七月十五，南海子禹王庙庙会正式进入会期。庙会除了祭祀河神大禹，还祭奠黄河里丧命的亡灵。当时不光包头县的百姓，就连周边各县的百姓也会赶来庙会看戏，并借此进行物资交易。一时间，南海子禹王庙前人头攒动，香火缭绕，热闹非凡。每年庙会举行期间，都会从外地请来名角连续演出多日。因"走西口"的关系，庙会上最受百姓欢迎的便是山西晋剧。随着夜色的来临，又到了一年一度放河灯的时刻。人们早早地在黄河岸边等候，人山人海。按照传统，在放河灯之前，先向河神祭献整猪整羊，并需要焚香磕头虔诚祭拜，然后放河灯。河灯需要放360盏，随着河灯的不断入水，在黄河上形成了一条长长的灯河。人们放360盏河灯的目的，是祈盼整年黄河水路平安，整个过程充满了敬畏。

新乡金龙大王庙正月二十八日庙会，自农历正月二十七日开始，三天会期。起会日，全城出动，人山人海。队伍从东校场和大寺两路行进，开山鼓领头，锣鼓喧天，旗海、火铳依次而行，走在队伍中间的是各种民间表演，有抬阁、背桩、高跷、旱船、秧歌、竹马、狮子、武术等，紧随其后的是龙灯,接下来是当地人称为"老驾"的大王爷佛龛,队尾有红、黑两面大旗护行,旗帜上绣天兵天将和风雨雷电的图案,暗含震慑四方之意。队伍行经之处,被围得水泄不通,掌声欢呼声此起彼伏,这样的场面,整整延续三天三夜。

洛阳偃师山化镇石家庄村,清嘉庆十六年(1811 年),村里的船工为纪念"黄大王",祈祷平安,集资建了九龙庙,大殿石柱上镌刻有对联:"天地际成平,伊洛源流神禹绩;闾阎安耕凿,井田润泽帝尧心。""万岁听嵩呼,庙貌重新分岳色;千秋衍雒学,圣人复出俟河清。"石家庄村每年九月十七和腊月十五举办两次迎神庙会,村内船主和船工届时募捐集资唱戏,设供品,祈求赐福。

开封铁牛村河神庙,每年庙会从农历四月初八开始,连续举行三天,请戏班在庙前的戏楼上演出。相传最兴盛时有三班戏同时上演,方圆百里的人都来拜神看戏。另外,宿迁皂河敕建安澜龙王庙每年正月初八至初十庙会,陕西府谷城关河神庙七月初二庙会,河南长垣县东旧城村、安徽砀山三月三庙会都要祭祀黄河河神。

三、河神生日祭祀

陕西、山西、豫西黄河两岸大多奉大禹为河神,传说六月初六是河神大禹的生日,在这一天,人们杀猪祭祀河神,甚至搭台唱戏,烧香点裱,求河神不要发大水,保佑人畜平安、粮田肥沃。为祈求河神的护佑,村民在当天晚上便会成群结队放河灯,凡是有水的地方,就有灯的影子。陕西府谷、保德,山西乡宁、祁县、永和、娘子关,洛阳孟津小浪底等地每年农历六月初六河神生日时,村民都会祭河神求平安。

农历九月十七,俗传为"金龙四大王"生日,博爱清化镇大王庙农历九月十七庙会,每年晋商都组织大型供奉祭祀活动,祈求四大王保佑运送货物过黄河时人财平安。

山东德州人信奉金龙四大王,每年九月十七金龙四大王生日时,德州的大商帮都会张罗着在北厂大王庙举行隆重的仪式,请大王看戏,祈求平安。每次接大王的时候,要由德州城里德高望重的道士或者名人、政要承担,他们端着盘子,在人们的簇拥之下来到运河边上。在北厂老一辈的说法中,每次都会有一条小蛇爬到盘子里,然后人们就把它请回,摆放到供桌上祭拜。

荥阳氾水口子村,相传农历二月初二是河神生辰,人们都要到大王庙里祭拜。

四、遇灾祭河神

祈福禳灾,古之传统。远古时期的先民,出于对自然界的崇拜,在遭遇大灾大难时,便会向神灵求助,以帮助他们走出困难。这种出于避难的迫切需求,在朝廷放任自流的基础上,黄河流域的灾民自发形成祭祀河神的信仰。

清末民初,在内蒙古后套地区建设义和渠等灌渠的黄河水利开发者王同春,在建渠引水过程中,就专门举行过祭祀黄河的仪式,以两羊及馒头食品等物致祭河神,虔诚求水,旁侍一人以清水频浇羊身,羊兀立不动,跪祷许久,羊身为之一抖,则起告曰:"神已许我矣,数日间必有水至。"王同春死后,葬在后套地区的五原县,当地人念其兴修水利有功,又将他当作河神供奉起来,每遇黄河决口成灾或干旱缺水之际,就到河口"放河灯"祭河神祈求保佑。祭祀那天,人们都是全家出动,渠背上挤满了人。大户供着整猪整羊,小户供着全鸡全兔。仪式开始了,鞭炮轰鸣,锣鼓喧天。人们有跪拜的,有鞠躬的,有唱歌的,有默念的。接着,将河灯点燃,轻轻放到河里,那星罗棋布的明灯一闪一闪地、一波一波地随水漂流而去。

每年夏秋季节,伊河常发洪水,淹没庄稼,危及人畜生命财产的安全。河南嵩县库区乡桥北村在每年的中元节,就放河灯,以祭河神,祈求人畜平安、风调雨顺。放河灯由简单的祭祀活动发展到有唢呐、铜器、竹马、旱船等民间表演活动参与,成为当地的一项主要祭祀活动。

五、朔望祭河神

民间有每月初一、十五祭祀河神的习俗,除到庙里拜祭外,船主或船工多在船上或家中祭拜。大多船主和常年受雇于人的船工家中都设神位供奉河大王。俗传大王爷的眼总是闭着的,大王爷睁眼便会有灾。因此有民谣唱道:"卖了刮金板(田地),治个水上漂(船),大王睁了眼,只落一张篙。"在船上供神,神位设在船主起卧的中舱内,大船设泥塑像,一般船置画像或书写神位。农历每月的初一、十五,船工们都会拜祭河神。清代沈惇彝的《黄河船词》描述说:"河神高向板间书,香火曾无一日虚。忽听船头喧爆竹,始知今是月之初。"诗后有注:"舱板上粘写神位,朔望必敬。"[①]也就是说,每月初一和十五都要祭祀河神。

六、出船祭河神

民国时期,河南沿黄地区沿袭旧俗,航船装货完毕(俗称"重船"),启航之前,船主向大王爷叩头,烧香,放河鞭(燃放鞭炮),求保

---

① 沈惇彝:《黄河船词》,载赵吉根选编《历代风俗诗选》,岳麓书社,1990,第325页。

佑。航行顺利完成,船主和船工一起凑钱,买一只大羊,牵到船上,向大王爷献礼,也用浇洒热酒于羊身上的方式,请大王爷"领羊"后,宰杀,滴洒羊血绕船一周,敬谢大王爷。孟津民间,船将远行,船主捧一只公鸡上船,供奉于河大王牌位前,上香之后,将鸡头砍掉,由一名船工提鸡绕船一周洒鸡血,洒毕,将鸡抛向河滩,由船主家属拾去。河南还有一种习俗,船行遇险要处,乞求"河大王"保佑,放鞭炮,叩首,往河中投香,投黄裱纸,俗称"漂香纸"。

山东梁山一带,船上艄公住的舱,也称"神舱",红纸书写神位,供奉金龙四大王。每次装好了货,启航前一日,都要割肉、买鸡(不可用鱼)办供。开船之前,摆供,烧香,烧纸,放鞭炮。跪拜大王,俗称"发马子"。东平一事,货船由东平湖进入黄河的地方叫清河门,到清河门将入黄河之前敬神许愿。以碗盛水,杀公鸡将血滴入碗内,由艄公持碗立船头洒血于河中,烧大香(盘锚链一炷香),发黄裱(纸),放鞭炮,艄公祷祝:"金龙四大王,路将军,保护俺一路平安! 回来敬神。"安全航行返回内河,重新摆供,杀鸡,磕头,这是还愿。若出了事故,返回就不祭祀了,俗谓之"出事不敬神"。

另外,河南登封独脚舞、河南嵩县放河灯、山东东平端鼓腔、山东菏泽"黄河水神"信仰、山西侯马台骀锣鼓、河北井陉"转黄河"等也因祭河神而传承下来,成为非物质文化遗产。

第六节　嘉应观河神祭祀活动

一、官方祭祀

(一)御祭

御祭,本义是指御除灾殃的一种祭祀。"御"字在甲骨文中大多当御祭讲,也用作抵御、防御。卜辞中简体的"御"有时也用作"御祭"。御祭的内容十分广泛,或乞雨、或御水、或御疾等等,均为御祭于先祖以求祐护。引申义为皇帝亲自参与、或者派钦差前往的祭祀活动,多由皇帝亲撰祭文。

《礼记·曲礼下》载:"天子祭天地,祭四方,祭山川,祭五祀,岁徧。诸侯方祀,祭山川,祭五祀,岁徧。大夫祭五祀,岁徧。士祭其先。"《礼记·王制》进一步表述为:"天子祭天地,诸侯祭社稷,大夫祭五祀。天子祭天下名山大川,五岳视三公,四渎视诸侯。诸侯祭名山大川之在其地者。鲁人祭泰山,晋人祭河是也。"也就是说只有天子和黄河经过其境内的诸侯国的诸侯才有权力祭拜黄河。

根据《史记·封禅书》的记载,秦始皇定祭祀河渎之神于临晋(今陕西大荔县),并于公元前221年命祠官祭祀过河神。这应该是封建社会时期首次大规模的御祭河神活动。汉武帝元光三年(前132年),河决瓠子口。元封二年(前109年),汉武帝亲临堵口现场,向河神献祭玉璧、白马,祭祀黄河河神祈求黄河安澜。唐天宝六年(747年),唐玄宗亲赴南郊祭祀,下诏称"五岳既已封王,四渎当升公位,递从加等以答灵心。其河渎宜封灵源公,济水渎封清源公,江渎封长源公,仍令所司择日差使告祭并五岳及名山大川并令所在长官致祭",唐玄宗封黄河水神为灵源公,自此黄河水神有了固定的封号。根据《册府元龟》的记载,唐玄宗于天宝六年(747年)、天宝八年(749年)、天宝十年(751年)均遣使祭拜。明嘉靖三十一年(1552年),河决徐州房村集,屡堵屡决,"帝用严嵩言,遣官祭河神"。

清代,对黄河祭拜至为重视,进入尊礼祭河的大成时代。嘉应观建成后,成为雍正朝时期专门祭祀黄河之神的庙宇。雍正在位的13年中,虽未亲临黄河祭祀,但前后4次亲撰祭文,派钦差前来嘉应观祭祀河神。时间分别是雍正五年(1727年)闰三月初一日、雍正五年十二月十四日、雍正六年(1728年)十二月初九日和雍正十一年(1733年)。

(二)春秋祭祀

雍正帝在创建嘉应观伊始,即设立灵活的祭祀制度,在汛期或有险情时,由河工厅员逢时致祭或由雍正帝派督抚大员"遣祭"。除嘉应观外,皂河敕建安澜龙王庙、兰阳惠安观等处,也由地方或河道官员逢时祭祀,直到乾隆五十三年(1788年),才改为春秋致祭。

嘉应观遂作为清代皇家祭祀河神之地,享受中祀之礼。中祀多由皇帝亲自参与。如果皇帝不能亲赴,也会委派钦差大臣行祭。

嘉应观祭祀的礼仪庄严盛大,细致烦琐。神位、祭器、祭品、玉帛牲牢之数,祀期、斋戒、祭服、祝版、习仪、陪祀、乐章等均有定制。遣官致祭名额也有明确规定,《清史稿》记载:"河渎一人","将行,先遣官致斋一日,二跪六拜,行三献礼"。

嘉应观御碑亭上有一副对联,传说为康熙御笔,"河涨河落维系皇冠顶戴;民心泰否关乎大清江山"。对于河神的崇拜和祭祀上升为国家行为,无疑反映了官民一体祈盼风调雨顺、国泰民安的强烈愿望。

二、民间祭祀

(一)二月二龙抬头

嘉应观"二月二"庙会,始于雍正年间,是当地百姓为纪念嘉应观内供奉的诸位治河功臣、龙王而形成的庙会。二月二,龙抬头,这一天是嘉应观最热闹的日子,每年都吸引四乡八镇近百里的数十万群众到此祭祀、游园、赶会。

嘉应观景区在每年的农历二月二都会举办"二月二龙抬头,嘉应呈祥祐安康"为主题的大型传统庙会活动。农历二月初二当天嘉应观免收门票,活动期间周边地区的群众前来参观朝拜,各地商贩云集于此,周边的民间剧团、扭秧歌、撑旱船、舞狮子、大圣鼓等民间文艺团体纷纷前来助兴表演,具有地方特色的文化活动丰富多彩,民族风味小吃样样俱全。通过群众喜闻乐见的民俗表演来祭祀中华民族历史上的治河功臣,祈求风调雨顺。

(二)清明节河神后人祭拜

由于嘉应观中供奉的多是治河功臣,300多年来,每到清明时节,总有来自全国各地的河神后人、族人,甚至同乡前来拜祭怀念。如嵇曾筠、栗毓美、林则徐后人就曾在清明节前来观中或者在网上祭奠,表达自己对先祖的怀念敬仰之情。

(三)河神生日祭

旧时嘉应观隆重的庙会一年有两次,一次在农历九月十七,传说是"金龙四大王"谢绪的生日;一次在农历腊月十四,传说是"黄大王"黄守才的生日。两次都与无处不在的龙王有关。届时,朝廷还要派钦差致祭,远近前来烧香祈福的群众络绎不绝。

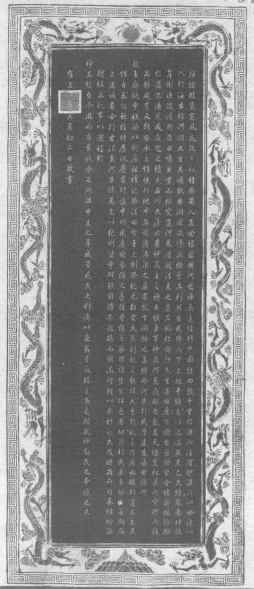

御碑铭文全形拓片

第七章 嘉应观艺术

　　嘉应观建观300年来，不仅以万里黄河第一观和中国内河规模最大、规格最高的龙王庙著称，而且在历史上也具有重要的政治意义，产生了极其深远的社会影响。同时，嘉应观还集皇帝行宫、诸河神庙、河道衙署为一体，具有极高的文化价值、历史价值和艺术价值。尤其是嘉应观的艺术价值，更是魅力独具，罕见且弥足珍贵。

　　嘉应观作为河南地区清代官式建筑代表之一，采用典型的宫殿建筑工艺，布局规整，主体建筑遵循"中轴对称"原则，秩序井然。在建筑内部的构建和色彩装饰上构图巧妙、造型独特，装饰富丽，色彩凸显皇家特色，同时拥有清朝满族文化风情，展示出中国古代传统建筑文化艺术。嘉应观内保存着丰富而珍贵的金石碑刻、楹联匾额，体现出深厚的人文色彩，丰富了嘉应观的建筑艺术。

第一节　皇家建筑

一、古建精华　民族瑰宝

河南省地上地下文物古迹异常丰富，被誉为全国两个文物大省之一。在品类齐全数量众多的古代建筑中，有三处保留清代官式建筑特征的木构建筑群，特别引人注目。它们是武陟县嘉应观（建于雍正初年）、登封市中岳庙（多为乾隆年间大修后的建筑）、安阳市袁坟建筑（虽建于民国初年，但忠实地保留着清末官式建筑特征）。

我国古代建筑经历过几千年的发展历史，在一定的自然环境和社会历史条件下，通过不断的继承和发展，形成独特的传统风格，成为世界建筑宝库中的一份珍贵遗产。明、清时期的建筑，在唐、宋、元时期发展成熟的基础上，进一步得到了巩固和提高，形成了中国古代建筑发展史上最后一个高潮。特别是北京、承德等地的清代建筑，严格按照朝廷颁布的营造官书《工程做法则例》（以下简称《则例》）的技术规范进行建造。规模宏伟，技艺高超，被称为清代官式手法建筑。而河南省广大地区营造业地方匠师不遵《则例》规定，因袭传统手法，加上自身发展，形成与官式建筑手法差异很大的清代建筑手法。所以全省绝大多数清代建筑都是河南地方手法建筑。如少林寺、风穴寺、白马寺内的清代木构建筑；社旗山陕会馆、开封山陕甘会馆、洛阳潞泽会馆、周口关帝庙等雕刻精美的群体建筑。

嘉应观非民间营造建筑,而是雍正初年,为黄河安澜,奉敕建造的宫廷式庙宇。且是河南省现存最早的清代官式建筑,具有非常突出的特点。面包状昂嘴,平齐的柱头,鼓镜形柱础,严格的斗口模数,整齐的柱网,距离均等的攒当(斗拱间距),无卷杂的飞椽,大额枋出头刻霸王拳,无顄(āo,同凹)度的斗形,斗之耳腰底高度之比为 4∶2∶4,明袱造的规整梁枋,有比例的卷瓣拱头,昂下平出短小,大额枋小额枋由额垫板平板枋的组合,殿式彩绘,足材实柏的正心枋,足材蚂蚱头状的耍头,檩垫枋的配置,大额枋与平板枋断面呈"凸"字形,柱高与斗拱高之比例,每攒斗拱与拱长比例,柱高与柱径之比例,等等,都严格遵从《则例》的规定,显示出结构纯度很高的官式建筑特点。已故著名古建筑专家祁英涛先生曾亲临嘉应观考察,对该建筑群的官式结构手法,给予很高的评价。特别指出各座殿内的清代原始彩绘一定要保护好,因为这些独特绘法在北京地区的官式建筑中已难寻觅,尤为珍贵。

二、黄河流域最大的河神庙——嘉应观①

嘉应观古建筑群采用典型的宫殿式建筑工艺。布局规整、构图巧妙、装饰富丽、工艺精湛。山门、御碑亭、前殿、中大殿、过庭、禹王阁由南向北依次建于中轴线上。钟鼓二楼造型别致、工艺独特,其"庙宫钟声"远近闻名,为观中著名一景。主体建筑两侧为东西配殿,内塑历代治水功臣像。最后为禹王阁,内塑禹王像,两侧有风神殿和雨神殿。由于古代匠师们的精心策划,整个庙观的建筑布局和整个殿堂建筑的应用功能都服从于祭祀和治理黄河这个主题。因之,在这座幽静的古

---

① 　以下内容援引自杨宝顺:《黄河流域最大的河神庙——武陟嘉应观》,《中原文物》1999 年第 1 期。

庙环境中,又透出几分神秘而庄严的气氛。

武陟县嘉应观是万里黄河上一颗古代建筑艺术的明珠。概括起来它有以下几大特点:

第一,嘉应观是河南省和整个黄河流域现存规模最大、保护最完整、建筑艺术与历史文物价值最高的河神庙。它同自古以来被列为"四渎"即著名的祭祀长江的成都江渎庙、祭祀淮河的河南桐柏淮渎庙和祭祀济水的河南济源济渎庙相比,不论从历史意义还是建筑艺术价值上都毫不逊色,甚至有过之而无不及。嘉应观可以说是现今黄河流域祭祀和研究黄河的第一座庙观,是黄河流域最大的河神庙,为海内外亿万炎黄子孙敬慕和向往的朝观圣地。

第二,嘉应观在建筑的整体布局和建造手法上规模严谨,是典型的清代官式建筑群,与颁行的清式营造《则例》相吻合。其中御碑亭的造型,特别是亭顶采用清帝皇冠的式样,并施以黄色琉璃瓦覆盖,这在建筑设计上是别具匠心的。它充分显示了皇帝至高无上的权威,是雍正皇帝的象征。另外从庙内各主体建筑到一些配殿厢房的屋顶,又多用光泽夺目的孔雀蓝琉璃瓦覆盖,不仅使这座巍峨壮观的古建群显得更加艳丽多彩,而且是喜庆如意的象征,同时也是建筑装饰又一鲜明的地方特色。

第三,庙观内中大殿等绚丽多彩的建筑彩绘,是研究满族文化最珍贵的史料。中大殿内顶部梁架和藻井上彩绘的 65 幅精美的龙凤图案,不仅构图新颖,而且形态各异,栩栩如生,别具一格,构成了一组相互联系、气宇轩昂、庄严神秘的大型彩色动物图案。

东北是我国满族的发源地。丰富多彩的满族文化,不仅反映在衣、食、住、行、宗教祭祀等方面,而且还充分反映在建筑的装饰艺术

敕建嘉应观

上。而地处中原黄河之滨的嘉应观,至今却保留多达数百平方米的满族早期彩绘,确为中州大地绝无仅有的民族艺术珍品,是研究我国满族文化艺术的瑰宝,在全省堪称一绝。

第四,嘉应观是宫、庙、衙署三位一体的官式建筑群,却凝聚着我国古代劳动人民卓越的创造才能与高度的智慧结晶。它集当时官式建筑艺术之大成,在建筑构件和附属文物上,除彩绘外,还巧妙地运用木雕、石雕、砖雕、琉璃、铁铸和铜铸等工艺,融合了圆雕、高浮雕、镂雕、阴刻等不同技法,件件作品巧妙完美、形象传神。其数量之多、规模之大、内容之丰富、工艺之精湛,居现存全国黄河河神庙之冠。它突出表现了清代盛期经济文化繁荣发展的景象。

第五,工艺精湛造型独特的雍正御碑。该碑为雍正皇帝亲笔撰文并书丹的一座大型铜碑。不仅对研究了解当时安澜治水有重要史料价值,同时鉴于它在制作上采用铜面铁胎的珍贵材料和铁铜合一的奇特工艺(因铁与铜不在同一溶点上),这在我国近三百年的冶金和铸造史上,应是个了不起的奇迹。碑座为一只凶猛无比的水中蛟龙,这在历代碑刻中也是罕见的。

据古文献记载:蛟是龙子,其性凶悍,常兴风作浪伤害生灵,相传自古以来是水患的祸根。嘉应观采用御碑下以蛟代座的做法,有镇蛟免患的意思。铜蛟不仅材料珍贵,而且形象栩栩如生,真有气吞山河、翻江倒海之势。其工艺精湛、巧夺天工。

这座铜碑体现了古代匠师的卓越高超技艺才能。不但是庙观中一件重要的镇观文物,还是全省乃至全国罕见的稀世珍宝。

第六,嘉应观不单是专门祭祀黄河河神的庙宇,还是纪念表彰历代治河功臣的场所。如禹王阁供奉的禹王像,中大殿供奉的四大王像,东西配殿供奉的十河神像,都是历史上参加治理黄河建立了卓越功勋的功臣。这是一部完整的、形象化的古代治黄功臣谱,具有重要的史料价值。

第二节　彩画艺术

彩画是古建筑的重要组成部分,也是我国民族建筑的重要特征之一。彩画不仅是木构建筑的重要艺术表现形式,受到建筑总体艺术的影响,彩画艺术也并非一成不变,有其自身艺术演变。彩画具有装饰、保护、体现等级等功能和特性,能够充分展现中国传统建筑的文化特色和民族技艺。嘉应观的彩绘装饰,从色彩使用、施工工艺都基本遵循"官式"的标准原则,这也是它作为官式建筑所不可逾越的屏障。

一、色彩运用

色彩在彩画中占有重要地位,无论官式还是地方手法所作彩画,都色彩缤纷。有典籍记载中国古代春秋时期即有丹红柱子,战国有的木构架上就饰以彩画,"楹,天之丹,诸侯黝,大夫苍士黄"①。日本著名建筑史学家伊东忠太提出,"中国之建筑,乃色彩之建筑也。若从中国建筑中除去其色彩,则所存者等于死灰矣"②。

---

① 黄成:《明清徽州古建筑彩画艺术研究》,硕士学位论文,苏州大学设计艺术系,2009。

② 伊东忠太:《中国建筑史》,商务印书馆,1984。

在中原地区,清代彩画用色亦以红、青、绿为主。清代早期,官式彩画多用石青、石绿等,石青、石绿均为铜的化合物,遮盖力强,所绘色彩稳定,不易褪色。清代中期,官式彩画增加使用锅巴绿、洋青。清代晚期,在青、绿二色方面,则完全使用洋青、洋绿了。嘉应观作为清朝建筑,具有清朝时期建筑彩画在配置上的鲜明特点,突出重要的中轴线建筑,前后、左右层次分明,观内彩画内容极为丰富。

在色彩运用上,嘉应观内的天花彩画,框架结构采用同官式相同的方鼓子和圆鼓子形式,岔角、云纹基本采用官式形式。圆鼓子内的凤纹尾巴采用裁剪式,与官式的裸露的做法不同。用色上,清官式以青、绿为主,青绿使用位置以脊檩用青定位,青为最高级别。嘉应观内的彩绘设色与清早期官式一致,即青、绿、香、朱四色,色泽配置小有不同。清代官式岔角云纹以青、绿相间连续使用,嘉应观岔角云纹颜色对角相同,即对角线上的云纹均使用同一种颜色。嘉应观圆鼓子采用朱色,与官式一致。

嘉应观内历史遗存彩画有中院山门、严殿、东西龙王殿、大王(中大)殿几个部分。首先,山门内檐彩画为旋子方心,准官式。旋子以切线圆形为主要母体之彩画,北平画匠叫学子,亦曰蜈蚣圈。[①] 旋子彩画是清代殿堂彩画的一种重要形式,成形于元代,发展于明代,清中后期逐渐格式化。山门内檐为雅五墨彩画,不用盒子,箍头与旋花近等,长度比近1:1:1。箍头中间束腰,两侧画仰覆莲,两瓣。旋花一整两破,旋瓣红色。檩枋的找头外侧填充锦纹。五架梁为上裹式包袱方心,方心占梁架的60%,心内画行龙,中部绘圆"寿"字纹,包袱外框为

---

① 梁思成:《清式营造则例》,中国建筑工业出版社,1981,第42页。

"回"纹,红地,与旋花间填充锦纹。栱垫板交替用卷草牡丹和触边西番莲(西番莲,抽象化程式化的自然界西番莲组合,以柔韧枝条加翻卷自如花朵组成)。坐斗饰束莲。柱头用锦文。

其次是严殿,殿的内檐彩画同山门,只是包袱心内绘吉祥草,柱头为如意旋瓣,青、绿两色相间。

接着是中大殿,用旋子彩画,沥粉、贴金。承椽枋、上槛不用箍头,旋花找头不齐。柱头彩画,下层用宋锦纹,沥粉、贴金,上层为如意花,单瓣。马板上层用海曼缠枝牡丹,下层用海曼卷草西番莲。七架梁(天花梁)用包袱方心彩画,上裹式,方心占梁架的60%。心内绘万鹤流云,红底。包袱外框之内画锦文。箍头几与旋花长度相等,基本达到1∶1∶1,中部束腰绘回文,两侧绘仰覆莲。栱垫板彩画交替用卷草牡丹和触边西番莲。烟琢墨斗栱,束莲坐斗。天花绘龙凤图案65幅,其排列方式与清官式以一种图案按间为单位形式分设不同,而是交替绘龙、凤。明间和次间绘15块,正中为坐龙。稍间10块,其排列方式与次间不同(如明间排列为龙图案天花时,次间则用凤图案)。色彩使用仍沿用中原彩画的旧制,以青、绿、红为主,以及白色底子上绘制红色龙纹。每幅龙凤图案又不尽相同,神态各异。柱头彩画分三段,顶端为整牡丹和回纹箍头,上部绘如意,青、绿相间,下部绘龟背锦文,沥粉、贴金。中大殿平綦彩画中装饰了满族风格的龙凤彩绘,使建筑的室内空间显得更加华丽。治黄是国之大事,尤其是以勤政和严整吏治著称的雍正帝格外重视,中大殿中的皇族风格和皇家题材使留守和祭拜的官员产生一种皇威犹在的心理反应,有一种潜在的象征性的威慑作用。

之后,东西龙王殿,梁绘包袱方心,上裹式。同缝梁两面楞边形式不同,朝明间用单三角形,朝次间用相连双三角形,形如"M"。西龙王殿明间北缝五架梁看面包袱心为凤纹,包袱外边框内为锦文,边框内又设小盒子,盒子内分别为升降龙纹。

此外,嘉应观各建筑屋顶装饰色彩独特。御碑亭屋顶覆黄色琉璃瓦,其他主体建筑或厢房配殿屋顶覆孔雀蓝琉璃瓦。黄色在此代表皇家,象征皇权,天子之色。而屋顶的孔雀蓝色,则象征河海之色,应是"河清海晏"之意。

二、彩绘装饰特点

在古代中国,以儒家为首的伦理文化被视为一种永恒的行为准则。比如皇宫中的柱子颜色,可以用红色,诸侯宫中的柱子用黑色,再下一级的官邸柱子用青色,再次之一级用黄色柱子。中国古代封建社会的官式建筑的装饰和颜色不能乱用,比如黄色琉璃瓦只能用在皇宫或寺院,又比如斗拱,一开始它被用来当作支撑结构,再后来被用于分化等级的装饰物,一般百姓人家,不能设置斗拱。

因此,皇家建筑的色彩体系主要倾向于暖色,以黄红为主,其根源一是与历史上的皇权思想的统治有关。其二据有关资料记载,在上古时期的五帝年代,有5位部落首领,黄帝的势力最大,后来黄帝收复周邻其他部落,为了显示其统治的权威性,并将不同的方位用5种颜色表示,因黄色位居中央,而黄帝有土德,用黄色。随着时间延续,黄色被作为皇帝专用色。在嘉应观中,黄色和蓝色、红色相间,一方面展现其皇家身份、政治地位;另一方面,中轴线上建筑色彩鲜明,对比鲜明,更显建筑之恢宏之气。

中国传统建筑彩画配置上讲究重点突出,突出重要的中轴线建筑,前后、左右层次分明。遵循结构逻辑,但又不完全受其制约,突破檩、垫、枋等建筑构件的界限,彩画立体感、透视感强烈。绘画手法轻快,画面丰美,以彩画内容体现建筑性质和功能。在内容和技法上,兼容并蓄,大胆创新,色彩既凝重端庄,又疏朗流畅。联系、适应周围环境,根据建筑体量、形式的不同,使建筑与环境相互融合,达到建筑艺术与装饰艺术的高度统一。

而嘉应观内建筑装饰所采用的彩画“有章可循,有据可依,等级分明,不越规制,突出主体”。如中轴线建筑彩画大量用“金”,以用金量的多少来体现建筑等级的高低。中轴线以外建筑,基本上不用金。在用金量和部位上,有规律可循,而且合理变通,灵活“减料”。如中轴线上的建筑,在明间用金较多,因为明间是最被关注的地方,其余则少用或不用。大殿脊檩看面绘制高等级彩画,背面相应降低。

此外,在彩绘施工工序上,清官式在绘制彩画前要对木骨先做麻灰地仗层。清官式彩绘做法有制谱子和拍谱子,嘉应观长流水画法采取明代官式常见的退晕做法。

第三节　金石碑刻

嘉应观保存有许多珍贵的金石碑刻,重要的碑刻有御碑、御坝碑、水清碑、庙产碑等。

一、御碑

御碑位于嘉应观内,铜质,系雍正二年(1724 年)九月初二铸立。

碑高 4.3 米,宽 0.95 米,厚 0.24 米,由雍正皇帝撰文并书丹,盖有"雍正御笔之玺"。碑首有六条青龙环绕"御制"篆额。碑身两侧前后各浮雕八条青龙,四升四降,环目张口,喷云吐雾,栩栩如生。碑东西两侧各浮雕一条青龙,全碑共二十四条龙,象征二十四个节气,又代表大清 24 个行政区划中主要水系的大小龙王。当时,大清 24 个行政区划分别是直隶、山东、山西、河南、陕西、江苏、安徽、浙江、福建、江西、湖南、湖北、广西、广东、四川、贵州、云南、甘肃等 18 个行省,盛京将军、吉林将军、黑龙江将军、伊犁将军、乌里雅苏台将军等 5 个将军辖区和藏区办事大臣辖区。御碑是反映清代治理黄河极为珍贵的文献资料,碑文阐述了雍正初年治理黄河的经过和修建嘉应观祭河神、防水患、保社稷、固江山的目的。

御制武陟嘉应观碑文

朕抚临寰宇,夙夜孜孜,以经国安人为念。惟兹黄河,发源高远,经行中国,纡回数千里,与淮、沁、泾、渭、伊、洛、沂、泗合流以入于海。古称:"河润九里"。其顺轨安澜,滋液渗漉,物蒙其利。然自武陟而下,土地平旷,易以氾滥,其来已久。频岁,南北堤岸冲决,波浸所及,田畴失业,而横灾运河,为漕舫往来之患,其关于国计民生甚巨。屡下谕旨,亟发帑金,修筑堤防,期于洒沈澹灾,成底定之绩。夫名川大渎,必有神焉主之。诗云:"怀柔百神,及河乔岳。"朕思龙为天德,变化莫测。云行雨施,品物咸亨,又能安水之性,使行地中。无惊涛沸浪之虞,有就下润物之益。特命河臣于武陟建造淮、黄诸河龙王庙,祇申秩祭,以祈庥祐。《礼记·祭法》曰:"圣王之制祭祀也,能御大灾则祀之,能捍大患则祀之。"乃者,水循故道,不失其性。自春徂秋,经时历汛,靡有衍溢,中州兆庶,离垫溺之忧,获丰穰之乐。所谓御灾捍患,有功烈于民者,至明且着。斯庙之建,诚有合于古法矣。河臣请为文以纪,刻诸丰碑。朕用推本龙德而明征礼经,以示于永久。岁时戒所司,奉牲、牷、酒、醴,恪恭祀事,以邀福于神。其继自今,风雨有节,涨潦不兴,贻中土之阜成,资兆民之利济。以庶几于永赖之勋,是朕敬神勤民之本怀也夫。

雍正二年九月初二日敬书

二、御坝碑

御坝碑位于嘉应观黄河文化旅游景区沁河入黄河口处,碑高 2 米,宽 1.1 米。碑首龙盘首,碑座为赑屃座。历史上,黄河常在此泛滥决口。御坝修筑于清雍正初年。清康熙末年以前,沁河口至詹家店的十八华里间没有堤防。清康熙六十年(1721 年)八月,河决武陟詹家店、马营口、魏家口,大溜夺运河,至张秋,由五空桥入盐河归海。九月,塞詹家店、魏家口;十月,塞马营口。康熙六十一年(1722 年)正月,马营口复决,灌张秋,水注大清河。雍正即位后,决心根治这段黄河防汛的"豆腐腰",堵口筑坝过程中,先重修钉船帮大坝挑河东南,再修秦家厂大坝将大河再行南挑,同时将沁河口至詹家店间的自然缺口接筑成遥堤。雍正元年(1723 年)秋汛时,恰逢黄河、沁河一起涨水,滔滔河水冲向大坝,但大坝坚不可摧。汛后出现了奇迹:一方面被挑往南岸的河水主流冲击河沙,刷深了河道;一方面大坝背水,泥沙淤积,成了高滩。雍正二年(1724 年)四月,雍正皇帝亲自书写"御坝",由首任河北道黄河同知孔传焕刻碑立于坝上。

三、水清碑

水清碑,全称"圣世河清普天同庆谕"碑,位于中大殿后东北侧,高

4.5米,宽1.6米,厚0.19米,雍正皇帝亲撰,河南巡抚田文镜于雍正五年(1727年)闰三月刻立。碑首雕二龙戏珠,碑座为赑屃座。碑身周边上部雕双凤飞舞戏牡丹,下部雕一对狮子滚绣球,两边雕四龙赏牡丹,工艺极佳。

雍正四年(1726年)十二月十三至雍正五年正月初八,黄河中下游的水澄清了两千一百多里,雍正皇帝特颁布《圣世河清普天同庆谕》,命左副都御史加一级觉罗常泰亲临嘉应观祭祀河神,并把全国一品以下、七品以上的文武百官全部晋升一级。雍正皇帝实际为借黄河水清这一祥瑞,向百姓昭告自己以治水得天下的威名。

圣世河清普天同庆谕

览诸王大臣等奏称河水澄清二千里,期逾两旬,为从来未有之瑞,恳请开殿庆贺。朕尝言天下至大,庶务至繁,断非人主一身所能经理,必赖内外臣工,协力赞襄,然后可以成一道同风之盛,若上有凉德之主,而下皆皋夔稷契之臣,则工虞水火,佐理有人,政务亦不患其不举。若上有尧舜之主,而下皆共工驩兜之辈,则耳目股肱无所资籍,政务亦必至于废弛。故人君之道,以得人为要。而人臣之道,以奉职为先。此一定之理也。朕统临万方,虽刻刻有励精图治之念,然必赖内外臣工共矢公忠,各殚才力,然后有实政实效,及于吏治民生,方可以感天和而锡繁祉。不然则朕虽有勤政之念,岂能事事躬亲辨理之也,今见数年之中荷蒙。

上天

皇考默佑,叠锡嘉祥,兹又有河清之上瑞,朕细推天人感应之理,自非无因,应是内外臣工能体朕宵肝食之怀,洗阳奉阴之习,分猷效职,有数瑞之善,上合。

昊天

皇考之心，是以锡兹福庆，以励将来。尔等试再思之人事。甫修，仅有数端之善，即邀。

上天

皇考之嘉贶，若此倘能益竭忠诚，事事皆善，则其获福又当何如？或由此而侈然自足怠惰，前修则其获谴又当何如？可不慎乎？可不惧乎？况天道恶盈，朕心方且因此益加戒儆。所请庆贺典礼，朕必不行。朕念君念之间实属一体。

上天

皇考既垂训于朕，朕即以此训及诸臣。

上天

皇考既赐福于朕，朕即以此福及诸臣。凡属京官自大学士、尚书以下，主事以上内大臣；都统前锋、统领护军、统领步军、统领以下，参领以上；凡属外官自督抚以下，知县以上；武官自将军提镇以下，参将以上，俱著加一级。其王公等管理部院都统事务者应如何加恩之处，着宗人府议奏。自兹以往，内外臣工当益加黾勉，精白乃心，和衷共济，矢勤矢慎，秉公去私凛。天鉴之非遥，念感应之不爽，以至诚至敬仰承。

上天

皇考之眷佑，则受福礼多，永永弗替，勉之勉之。

祭告黄河神文

一、雍正五年闰三月初一日

维雍正五年岁次丁未闰三月丁巳朔日　皇帝遣都察院左副都御史加一级觉罗常泰致祭於显佑通济昭灵劼顺黄河之神曰：惟神源通星汉，派衍昆仑，四渎称宗，九州滋润，惠泽广远，灵应凤彰，顷者决口合龙，民居攸奠,克奏安澜之绩,旋呈清泚之祥,里计二千,时经旬月,锡福固由于。　天眷,效灵实显夫神明。用遣专官,虔修祀典,惟冀光昭。庥佑永庆阜安,延景福于万年,溥纯禧于兆姓,尚其歆格,鉴此精诚。

二、雍正五年十二月十四日

惟神功昭四渎,德冠群灵,泽国蒙庥,新祠在望,乃者洪湖积水,沮洳全消,惟兹淮甸奥区,平原相接,长阡广陌增二万顷之良畴。东作西成,贻亿兆人之恒产。天庥滋至,灵贶孔彰,特命河臣遣官致祭,冀弘开于乐,利用永奏于升平。惟尔明神尚其歆鉴。

三、雍正六年十二月初九日

维神灵发昆仑,源通星宿,启国书之上瑞,四渎称宗,迈蒲穀之崇,封百川咸纳,功弘润物,并天地以成能,利赖通漕,裕天储以足用。朕自御极以来,肇举明禋,屡蒙神贶,波恬浪静,澄清上彻乎荣光辟土便民、沮洳呈夫沃壤,至于安澜循轨,堤防按候以兴工,不日成功,章奏合词而告竣,永绵亘于三千余里,普美利于亿万斯年,惟兹政务之成修,实荷神灵之默佑。是用虔将祀事报答鸿庥,特遣河臣肃申谢悃所冀金堤永固,著嘉绩于平成,茂典长膺庆洪流之底定,尚其歆格,鉴此蕊芬。

四、雍正十一年

惟神泽沛,坤舆源开,天柱安澜,屡奏恒福,国以佑民,利涉盛资用,报功而崇祀,肃奖彝典敬答神府。朕念切民生,心殷河务,惟中州之武陟,实九派之下流,当每岁夏秋之间,值众水朝宗之候,沁黄交汇暴涨难驯,堤岸固防湍波易激,乃正切焦劳於宵肝,已遂邀默。鉴于神明,漫溢无闻。工程孔固,洪波九曲循轨以趋,巨浪千层顺流而下,俾民居安宅,室家享乐利之休,而岁克有秋年穀,誌顺成之庆昭,兹灵贶惠我烝黎,实慰朕怀,深为庆幸。命专官致祭,申报享之精诚。冀英爽

223

之式凭赞平成而罔替，永垂懋著神功。尚飨！

四、庙产碑

庙产碑，又叫灵石碑，位于中大殿东北侧，由嘉应观第六代住持王宗义刻立。碑文详细记载了嘉应观拥有土地面积达"八顷九十一亩一分八厘五毫一丝七忽"，计量单位如此精确，堪称"天下第一精确的土地证"。碑文所载实为嘉应观第五代住持交给第六代住持王宗义的明细账，并在临终前嘱咐今后嘉应观每一任住持，都要为嘉应观增加土地，将在任期间增加的亩数交接给下一任，要精确到毫、丝、忽，指甲盖大小的土地也不能丢弃，要把它刻在碑上。此碑石采用相传为古代皇家专用的石料，产于安徽省灵璧县余光镇，手击碑体，倾耳细听，声若铜磬，故又称灵石碑。

永垂不朽（碑阳）

盖闻有功于民者祀之，能捍大患祀之，即功在一邑，捍患一时，世犹感神祐而崇祀典，况河神之默佑岂仅一邑一时之仰赖神功哉？则崇祀自应倍极诚虔，冀仰答神庥于万一。敕建嘉应观于雍正三年，在当时感服英灵，不惜鬪角钩心，穷极壮丽，楼观飞惊，殿宇宏敞。其瓦则琉璃也，其木则松杉也，刻其桷，丹其楹，镂以百物，涂以黄金，绿芰悬插，红蕖倒生懿欤？盛哉，洵工丽之极，则歘或者曰：茅屋采椽，不文不斫，不剪不枅，何谓也？自此呈人，自昭俭德，而非所以奉神祇也，是以八窗洞达，九阶绵延，从未有议其过者，此之谓也。此庙落成后，创始者虑其无终，于是广集田庙，以为绵延香火之资，孰知积久弊生，至光绪二十四五年租粮几付子虚。住持王宗义率徒李太兴，赴诉于河督任旋，经批饬，本管道岑府江付集承租各户，讯明追缴，委候补知县张，会河内县于,查清地亩,重定租章,统由左右管就近代管,以免租户欺蒙。每年五月十日,住持具领赴两管领取租价,不得蒂欠,各租户俱遵新章,代种地亩愿纳租价,出具甘结在府存案,饬令住持永远遵判办理,从此永荐馨香,庶可稍酬神贶。兹将一切详细章程镌列碑阴,以垂永久。

二品衔道员用在任候补知府、怀庆府黄沁同知卓异加一级,于寿之撰并书

光绪二十八年岁在壬寅四月吉日

住持王宗义立石

流芳百代(碑阴)

谨将壬寅年重定新租章程,并地亩坐落、亩数,开列于后,计开地亩坐落河内县境内柳庄,其粮坐落清下山图五甲,户名嘉应观。原存地亩共八顷九十一亩一分八厘五毫一丝七忽,内除庄院、河路,地二十一亩八分一厘九毫一丝七忽,实在得种地八顷六十九亩三分六厘六毫。道光二年,经前抚部院姚,因庙内清苦,养赡不足,饬令怀庆府转令河内县详细复量,实在地九顷三亩六分三厘五毫一丝七忽,较比原存地多出十二亩四分五厘。光绪二十六年,又经前河督部院任,饬令前本管道岑、前本府江复量,与道光二年亩数相符。内除庄院、河路,地二十一亩八分一厘九毫一丝七忽,又除荒芜地二十七亩零七厘,新定地亩分上、中、下三等,纳粟粮内分:上地一顷七十亩零九分五厘一毫四丝,所收麦籽每仓石作足大钱二千六百文,谷豆每仓石均作足大钱一千八百文,中地三顷二十四亩八分四厘一毫二丝五忽,所收麦籽每仓石作足大钱二千四百五十文,谷豆每仓石均作足大钱一千六百五十文,下地三顷五十八亩九分五厘三毫三丝五忽,所收麦籽每仓石作足大钱二千二百五十文,谷豆每仓石均作足大钱一千四百五十文。以上共上、中、

下三等地,计实在亩数八顷五十四亩七分四厘六毫,新定租粮,除纳赋并一切杂用,不论丰歉,观中实得,五月拔给仓斗小麦一百一十石,共均合作价计足大钱二百六十三千五百六十一文;十月拔给仓斗谷豆一百一十石,共均合作价计足大钱一百七十五千五百六十一文。

五、重修嘉应观碑

重修嘉应观碑位于恭仪亭左前方,碑体高 1.88 米,宽 0.78 米,碑头宽 0.8 米,高 1.18 米,刻立于光绪十年(1884 年)。河南山东河道总督加三级庆裕撰文,河南山东河道总督加三级觉罗成孚书丹。碑文叙述了敕建嘉应观的原因,雍正四年(1726 年)黄河河清的情况,以及分巡彰卫怀道许振祎、开归陈许道陈彝等捐俸重修嘉应观的经过。

重修嘉应观碑文

今皇上嗣位之九年,臣庆裕自督漕移督东河,既受事行部至武陟有嘉应观。雍正年间敕建以祀河神者也。先是雍正四年冬,河自陕州至归德之虞城,澄清千有余里,莹澈匝月,群臣以灵祝非常,再疏请:上御殿受贺。我世宗宪皇帝,圣怀为抑,缺而不行,归善圣祖,祭告景陵,推恩臣工,溥予加级,而特旨敕建兹观,以酬神庥。经今百六十年,地处旷野,风雨撼顿,门堂桷,颇有阤剥。因与分巡彰卫怀道许君振祎谋鼎新,而,及诸厅员余潢、水恩绶、陈履成、查筠、高善志、张士杰、秦培等,亦俱乐襄事,捐俸鸠工,刻日兴举,期月告成。始事于光绪九年十月二十日,功于十年七月十八日。墙宇堂垍,焕然以新。适臣庆裕又奉移督盛京之命,继督者为侍郎子中成君,以庆裕肇修,是后属为之纪。不获辞,相与敬瞻圣制碑文,成钦成感,乃拜手稽首而为记。曰:于铄懿哉,自古天心之祐顺,未有如我圣朝,而人主敬天勤民,戒慎谦抑，亦未有如我世宗皇帝之至诚昭格者也。窃尝论之：河非必不可治之事，昔者神禹四载随刊，八年于外，劳心焦思，仁孝诚敬之极，格乎皇天，宛委得书，九畴异锡，于是得所以施治之方与致功先后之序，夫水无有不下而其力至悍，不先有所委输，而消归之，则不可得而治，况河渠并千七百一川，全力下注苟不先泄，去其下流以纾其力，而杀其怒，区区人力所为之堤防，是鲧之掩水也，庸有济乎。观《禹贡》所载，节次厘然，下游既治，洪流顺轨，历夏商周秦，二千年无水患，追汉中叶，河患又作，于是所以治之者异于古，皆务堵塞，以苟纾一日一方之患，贾让上策势不能行于今，然善治水者不与水争地，古人至言其理终不易也。我世宗皇帝，圣明天纵，伏读御制碑文，称武陟以下土地平旷，易以汜滥，虽冲决所及田庐受害之处，不惜沛帑修防，以拯民困，而归功龙神，终期顺水之性，使行地中效就下润物之益，则所以筹宣防而奠灵渎者，犹然神禹之心也。圣人能通天下之志，是以能成天下之务，所谓通天下之志者，能顺万物之情也，故万物亦各效其情，殚毕其能以为报。夫龙之为灵昭昭也，圣人资其力酬其庸，馨香报祈，洽于人天，而神亦遂效职，祐顺胙，昭融于幽明之交，之而輙应，感之而輙通，益信圣人至诚之道，合天德而尽物性，燕翼及于圣予神孙，世世受福，久而未艾。为臣民者，诚能仰绎圣训，一心奉公，则亦何事之不成，而何福之不萃乎？既志其事之崖略，与共事官勋姓名，并为乐神之歌，以附于碑。词曰：龙之神兮，龙潜变化，不可得而端倪；黄之灵兮，运万汇于孝慈忠仁之一心，而道与天齐翳。神物之效顺兮，淡阳侯而慑冯夷；既蝹蜦兮潜游，亦蜿蟺以�跜。乘白云兮骖青霓，列缺为旆兮丰隆为辇；灵皇皇兮以上济，驱蛟鼍与鲸鲵。仰崇祠之赫翕兮，奠神灵之攸栖；障千顷之银涛兮，巩万仞之金隄。树以华表兮，门以狻猊，甍以珠网兮栋以金泥。蠡中天之虹楣兮,焕奎藻于璇题;展时祀兮酾福褆,羞牲牷兮奠盎缇。神来歆兮,灵风以凄,扬皇仁于亿兮,福此烝黎。诰授光禄大夫、兵部尚书兼都察院右都御史、盛京将军兼管奉天府府尹事务、总督奉天地方军务兼理粮饷、前河南山东河道总督加三级庆裕敬撰。诰授光禄大夫、兵部侍郎兼都察院右副都御史、河南山东河道总督加三级觉罗成孚顿首拜书。

龙飞大清光绪十年岁次甲申吉月

第四节　诗词歌赋

嘉应观

曾闻仙乐下钧天,嘉应灵祠堤柳边。

千里河流清见底,万年铜碣笔如椽。

东西竹院潇潇雨,南北山峰蔼蔼烟。

重到覃怀初访胜,秋风吹客证前缘。

——清·黄承煦

丁未腊月二十四日祭告嘉应观礼成恭纪四首

运际昌期洽大和,普天无地不讴歌。

梯航响化来重泽,川泽流恩遍九河。

北拱宸居青蔼蔼,东幡地脉翠峨峨。

平原一片无留取,不费人间斧凿多。

碧瓦如鳞四野明，司徒荒度半年成。

村连渔市朝烟起，山入鸾霄暮葛生。

屡庆地灵呈上瑞，恭承天诏锡嘉名。

从今雨露林亭沃，春草秋花荷圣情。

斋心三日吉先诹，烟树瞳眬百尺楼。

烛影荧煌摇碧汉，钟声次第落黄流。

庭梅逗雪香初引，院柳迎春意渐柔。

铜碣摩挲瞻丽藻，行行铁画与银钩。

恩隆河渎诏亲裁，风马云车陟降来。

盛典自崇柴望礼，神功多出济川才。

龙诞远锡炉香袅，雄尾遥分扇影开。

拜罢小臣馀敬在，肃将也似退朝回。

——清·常建极

嘉应观

春路蔼烟霏，残红上袷衣。

水禽流响润，山树著花稀。

远吹摇孤铎，斜阳曳半旆。

解鞍投古庙，暂尔息尘鞿。

——清·王苏

瞻仰禹王像

自古安澜尊圣禹，其门几过几绝何。

唯哀泛滥伤黎庶，乃洞龙门偃横波。

贵是精诚开后代，尤多儿女缚蛟鼋。

新国治水功威煊，沃野引黄鱼米多。

载舞载歌讴盛世，三峡更待锁银河。

——张德修

忆卢将军庙赋

每忆将军治水功，总闻魂恸啸长空。

堪嗟怕死贪生辈，脸厚城墙却不红，

——张德修

吊陈公祠遗址

重游故地景非前，细柳高杨碧映天。

渠水轻歌流绿野，微波碎语响筝弦。

陈祠再觅荒墟处，丛绿花繁百鸟喧。

此日公宜酬夙愿，黄龙固锁已安澜。

——张德修

再游嘉应观

几次重来故地游，欲敲钟鼓又登楼。

何时惊醒饕餮辈，奉法清廉莫作囚。

——张德修

水龙吟·嘉应观抒怀

几番沧海桑田,苍松翠柏凌空长。饱尝苦辣,屡经冬夏,志高性爽。龙壁生辉,凤凤椿舒袖,灵碑腾响。有八音钟韵,扬清激浊,说今古,谈兴旺。

欣祝得天独厚,踞河腰,龙源息壤。碎砖细石,微枝杯土,风流倜傥。饿殍无踪,绿毡铺野,望隆名亢。看世宗碑迹,扬辉书苑,灿然星光。

——谢清吉

重游嘉应观作

重游嘉应观,消夏绿荫里,迎门御碑亭,雍正志河史。

灵兽负铜碑,精工妙笔制,暮鼓与晨钟,楼阁东西峙。

钟铸八卦图,羲易皆不似,天地万物情,辩证忧其至。

新塑彩龙壁,汩没舞雍容;龙凤六十五,形神各不侔。

河神一十四,蜡塑益轩昂,后世长祭拜,璀璨耀灵光。

肃然参禹阁,神驰四千年,功在疏河渎,生息九州安。

大河流门前,北郊枕太行,尧天腾舜日,工农慨而慷。

——王宗望

御坝晚钟

东方嘉应晚钟声,御坝依稀望水清。

犹似黄河嚷堵急,尔今害利迥分明。

——宋拂青

喜游武陟嘉应观

黄河九曲东流去,嘉应长存堤柳边。

御制铜碑镌传绩,恩修玉阁祀先贤。

南含邙岭千重翠,北接太行万里烟。

喜到古怀寻胜迹,归来辗转意流连。

——魏道钧

水调歌头·嘉应观

雍正治黄景,武陟啸鸣城。御书嘉应观,皇梦克波峰。铜面御碑镇井,泰斗禹君治汛,凸表帝王情。绝妙独家艳,引动品游风。

图文茂,金光闪,固传承。降洪历世宏愿,现代显峥嵘。根治黄河控溜,指令巨龙送水,浪底锁滔行。实现前痴想,胜似万嘉名。

——崔国安

沁园春·嘉应观怀古

华夏摇篮,万里黄河,嘉应观前。看巍峨殿阁,河神端坐,铜碑屹立,壮史宏篇。水溃汪洋,堤防告急,抢险兵民能撼天。思雍正,任河蛟锁水,御坝堤坚。

黄河孰可安澜,今无数前贤愁蹙颜。想清皇圣谕,殚精竭虑,贤圣治水,责重如山。水利专家,叔皇御史,独掌道观涛压肩,时过也,待人民再写,舜帝尧天。

——何玉振

龙凤图

龙凤珍图六十五,神形各异夺天工。

前清风格称奇绝,沥血呕心绘画功。

——任振浦

观御碑有感

重访嘉应观,详览御碑亭。铜碑巍然立,造型举世惊。

铸造何精巧,技艺叹神工。清帝御文在,略窥治河情。

此碑诚国宝,珍护责在胸。转思帝王辈,树此为沽名。

试看解放后,人民显奇能。江河皆驯服,碧波润农耕。

年年庆大有,处处凯歌声。治水靠人力,岂能赖神功!

——李启民

清明上河歌

久居扬子侧,今作河上游。治河诸前贤,昂身立滩头。

黄河一何伟,声名播九州。中华赖以生,煌煌数千秋。

黄河一何壮,物华多丰厚。植根黄土地,子孙也风流。

黄河一何雄,奔腾入海流。九折十八弯,咆哮不回头。

愿为黄河歌,甘与黄河谋。挽起黄河人,更上一层楼。

——綦连安

七律·重游嘉应观

庙官紫气又东来,雍正堂皇临拜台。

名胜分庭存旧府,殿堂列位塑贤才。

遥观河水从今利，静听泥埚忆往哀。

喜见登峰承大雅，更欣国宝瑞花开。

——马志民

第五节　楹联题字

中院

御碑亭联

河涨河落维系皇冠顶戴，民心泰否关乎大清江山。

中大殿联

奇人奇事奇碑奇亭奇殿奇树留胜迹万里黄河一奇观，

治河治水治国治家治世治心为民生千古华夏众英雄。

历二朝忠诚典范彪炳史册，治三河道德功勋泽被黎民。

沛九天之甘雨，庆时和年丰，万国占太平嘉瑞。

纳百谷之安流，睹河清海晏，千秋昭秩祀馨香。

东大殿联

开淤通渠水患平，功并神禹威名扬。

西大殿联

苟利国家生死已，岂因祸福避趋之。

采皇木修运河功垂千古，谥康惠锡宁漕恩施万年。

我事黄河如弟子，河当引我为知己。

禹王阁联

襄助禹王平水土，佑保黎庶定家都。

东院

山门联

筑金堤御坝当慎蚁穴之小，居河朔一隅应怀江山之重。

东执事房联

为帝师忠王事谦和严谨，谋社稷建功业顺目为民。

修房厅联

无水不生灵灵气生就山河秀，有土乃为本本固成为社稷安。

西执事房联

母列女子纯孝十三载骨肉远膝下，

朝送扇暮赐瓜终其寿天子为义子。

三清殿联

神佑人人封神虚实人心知，尽人事事天命曲直祸福同。

西院

山门联

远野高低寻禹迹，大河上下隐能踪。

黄沁厅联

为官原本求善政，治水从来要治心。

河承上天水运昆仑泥沙填东海，从塘沽到吴淞口呈锦绣扇面，托亿万生灵胜多少诺亚方舟。

属协庶民力疏罩怀云梦导西泽，自太行至蓬莱阁造沃土良田，庇百姓家园抵几卷阿弥陀佛。

人民胜利渠建设指挥部旧址

第八章 嘉应观的价值意蕴

　　嘉应观是万里黄河第一龙王庙，也是黄河流域独具特色的龙王庙，它蕴含着丰富的黄河文化底蕴，具有深厚的黄河文化价值、历史价值和博物馆价值。嘉应观浓缩了中华五千年治河经验，反映了黄河治理发展的轨迹，折射着黄河历史发展的脉络，是人们更好地认识黄河、了解黄河、治理黄河的样本，是中国治黄历史上的一个标志性建筑，它彰显着历史长河中中华民族与黄河进行不屈不挠的抗争和努力拼搏奋斗的辉煌历史。在当前黄河流域高质量发展时代背景下，它的价值意义应当得以传承和展现。

第一节　寓意深刻的嘉应文化

嘉应是祥瑞的意思。祥瑞是指吉祥的征兆，即吉祥符瑞，亦称之为"福瑞""瑞应""祯祥""嘉瑞""福应"等。古人认为，表达天意的、对人有益的自然现象就叫嘉瑞福应。例如空中出现景星庆云，四季风调雨顺，河图洛书现世，地下涌流甘泉，田野嘉禾双穗，世间平安祥和，珍禽异兽现身，等等。古往今来，人们追求吉祥、向往幸福的心态人皆有之，与生俱来都希望事物朝着利于自己的方向发展，祈求消灾避祸，愉快生活。在现实生活中，人们将追求社会安定、做事顺利、生命长久、人际和谐、身体健康等祥瑞观念，寄托在美好多彩的民间吉祥事物上。

祥瑞文化最早是人们对于自然界一些未知现象的崇拜。天上出现了大星、彩云，认为是上天神灵以象示人，吉兆呈现，因而叫作景星庆云。当人们见到奇异的动物植物时，将其当作美好的应验，进而发挥想象力，寄托对幸福美满的追求。对美好生活的追求是做人立足的根本，是社会充满活力的源泉，也是人们砥砺品性、修身向善的能量。

吉祥的征兆嘉应是天地人之间神秘信息的显示，是美好意愿的寄托，是人们对于自然界某些巧合的认知。随着社会的发展，统治者为了强调自己统治的正统性，为了控制社会，笼络人心，往往将嘉应祥瑞与王朝传承的正统联系在一起。一些文人也追风谄媚，粉饰皇权。祥瑞嘉应作为一种政治文化现象，较为深刻地影响了中国古代的政治与社会。

一、"嘉应"词语释义

"嘉"字,是个形声字,本义是善,美。嘉字的结体为上壴(zhù)下加。壴,陈列乐器;加,表示读音从加。乐器陈列,美妙的音乐即将奏响。中华民族是礼仪之邦,礼乐文化源远流长。周公制礼作乐,奠定了中华以德治国的基石。儒家主张用思想纯正、风格典雅、中正平和的雅乐陶冶心性,养心怡情;懂得用礼约束自己的行为,消除戾气,拒绝粗俗,遵守社会秩序,尊重他人,与人为善,谈吐典雅,涵养德性。可见嘉这个字的解体构型与美好、慈善紧密相连。《周礼》:以嘉礼亲万民。意思是以善美对待人们和人们交流。嘉礼成为处理人际关系的标准,构建社会和谐的出发点。《易随》:嘉靖殷邦。这是周公赞颂殷王高宗善于安定殷商的天下。嘉言是指善美的言辞;嘉祉是美善、幸福、吉祥。《汉书·宣帝纪》:蒙获嘉瑞,赐兹祉福。含有"嘉"字的词语很多,如:嘉祥(吉兆)、嘉娱(幸福快乐)、嘉气(瑞气)、嘉福(幸福美好)、嘉祯(吉祥的征兆)、嘉庆(值得庆贺的吉祥事)、嘉虞(欢乐)、嘉慰(欣慰)、嘉容(喜悦的神色)、嘉许(称赞,赞许)等。

"应"字,当,该,验证,从心,雁声,原写作應。《诗经·周颂·赉》:文王既勤止,我應受之。《国语·越语下》:天应至矣,人事未尽也,王姑待之。《后汉书·张奂传》:又大风雨雹,霹雳拔树,诏使百僚各言灾应。

嘉应一词来源于《汉书》。《汉书·哀帝纪》:"朕过听贺良等言,冀为海内获福,卒亡嘉应。"《汉书·平帝纪赞》:"休征嘉应,颂声并作。"《宋书·符瑞志上》:"安帝未即大位,在邸,数有神光赤蛇嘉应……后遂入承大统。"宋代秦观《代贺坤成节表》："忠谋入而奸党破,弊事革而嘉应来。"成语"休征嘉应",休:美好;征:征兆;嘉:美善;应:回报。词意:应验,感应,应天顺人,吉利的征兆,美好的回报。

二、历史上的祥瑞、嘉应观念

远古时代,人们认识和对抗自然的能力低下,各种自然灾害导致生活困苦,生存危机。在这样的情况下产生了很多对大自然的幻想,渴望上天仁慈,崇拜日月星辰,敬畏大地山川。自然崇拜成为原始社会普遍的现象。面对大自然的威力、神秘,人们由敬畏进而祈祷或祝愿。今天我们看到的远古岩画、石器骨器造型、陶器青铜纹饰等及其他材质符号记载着远古的信息,其中包含了大量的祥瑞嘉应意识形态。到了文字时代,甲骨卜辞中有关的图画符号和文字记载更加丰富,山川、云水、植物、动物都可能成为人与上天交流的媒介,蕴含着千奇百怪的祥瑞嘉应。如在仰韶文化、大汶口文化和河姆渡文化陶器上表现出鱼、蛙、鸟等动物纹饰,红山、良渚、凌家滩等文化出土器物丰富、神圣、优美的造型纹饰,充满古人对祥瑞的向往和对嘉应的追求,甚至是对嘉应事件的记载。

很多时候,人们用"天命"来解释那些当时难以理解的社会现象,逐渐形成一套对待祥瑞和灾异等社会现象的世界观。封建社会出现的祥瑞嘉应、灾异祸乱被蒙上政治色彩,成为统治者利用的工具。统治者的重视推动嘉应祥瑞观念上升到理论层面,再以理论指导占卜等行为,普及到社会各个层面。《易经·系辞传》:"天尊地卑,乾坤定矣。卑高以陈,贵贱位矣。动静有常,刚柔断矣。方以类聚,物以群分,吉凶生矣。在天成象,在地成形,变化见矣。"意思是说在天地形成时,吉凶和万物变化已经决定,这是人们无法改变的。人们想要知道天和神道要表达的意思,就需要通过占卜对日常事务的吉凶作出推测。在无法把握客观规律的情况下,人们把一些规律性现象以约定俗成的方式规定为吉兆或者凶兆。发展到后来,占卜已经从简单地预测生活事宜初步演变成能够预测国家运势和兴衰的政治哲学,对人们生活的各个方面产生深刻影响。

按照这样的认识逻辑,吉凶祸福、灾异嘉应自由上天注定。人只要感知天命,用卜筮等办法预测天意就可以了。于是,天人感应问题成为中国传统哲学核心问题之一。

嘉应祥瑞是昭示帝王受命于天的一种重要文化现象,灾异祸殃则是对帝王失政的谴告和警示。“天人合一”观对皇权政治、民间习俗产生了深刻影响。祥瑞灾异思想对于封建社会治理、平衡社会关系、管理民众有着使用性与合理性,虚妄和神秘嘉应灾异对于人类来说的确算是提醒,是无数个通往真实的佐证。

关于祥瑞的等级有明确的规定。凡是能够看到的祥瑞,能够辨别出来的东西,分为大上中下四个等级,每一个等级都不一样。其中景云,庆云属于大瑞;其中名物六十四种,如白狼、赤兔属于上瑞;苍鸟和赤雁属于中瑞;嘉禾、芝草、木连理等属于下瑞。

祥瑞的奏报被纳入官员的考核标准之中,祥瑞奏报的数量和官员的政绩挂钩。

在愚昧落后的封建时代,祥瑞的作用还是非常大的。它既具有说教功能,将自己的统治合理化,让老百姓们安于自己的统治,而不去造反。对于那些大臣也同样是一种考验,检验出他们的政治态度,从而加强中央集权。由于可借助祥瑞来实现对人间政治善恶的评价以及社会兴衰存亡的变化，因此，祥瑞被孔子纳入儒学中。

祥瑞是一种预兆和象征，寄托着人们对美好幸福的向往和企盼，它和灾异是一对孪生姊妹，始终伴随着人类行进在历史发展的浪潮中。

三、历史地名"嘉应州"

广东省梅州市曾经名叫嘉应州。关于嘉应州的得名由来，传说是由于当地盛产"嘉应子"（嘉应子是水果李子制成的风味食品），又说东门外濠池上有一座宋朝时建的嘉应桥。嘉应桥之名出于南宋绍兴初年。金兵南下，汴京陷落，山河破碎，赵构南渡，建立偏安政权。忽然有人说广东梅州孔庙生芝。古以芝草为瑞草，服之可以成仙，故又名灵芝。芝字寓意美丽、长寿、华贵、非凡。这种吉祥嘉兆对于颠沛流离中的南宋王朝自然珍贵非常。赵构命史官载录此事。到了淳熙年间，梅州人为纪念此事，便将城东所建小桥命名为"嘉应桥"。

清代初年，闽赣地区因"人稠地窄，米谷不敷"，客家先民纷纷向粤东迁来，"迁界令"造成沿海人口向内地挤压，梅州接纳着从四面八方汇流过来的人群，人口已达百万。加强统治力量，成立州级地方建制，迫在眉睫。雍正七年（1729年）后，广东官员奏报粤东连年稻麦丰收，频频出现奇异嘉禾。雍正龙颜大悦，御批"休征嘉应"，目的在于君臣互勉，宣扬嘉应气氛。无中生有的"嘉禾"成为嘉应州得名的诱导原因。雍正十年（1732年），代理广东总督鄂弥达推出自己的行政区划调整方案——《酌请改设州牧移驻游击等事疏》，连同其后上报的四疏，五个奏本就构成新州论证与规划建设方案。关于新州的名称，他建议用"嘉应"。鄂弥达建议州名嘉应，用心良苦，希望嘉应之名能给大清国带来祥瑞和谐的大好局面,期望皇上也会龙颜大悦。雍正亲自审阅了报告的全部内容,圈阅朱批,并责成内阁开会讨论后,批准所请,钦定州名为"嘉应"。

清雍正十一年(1733年),程乡县升格为直隶嘉应州,统领兴宁、长乐、平远、镇平四县加上本属的程乡县称"嘉应五属",直属广东省辖。嘉庆十二年(1807年)升嘉应州为嘉应府。嘉庆十七年(1812年)复为嘉应州,仍领兴宁、长乐、平远、镇平四县。宣统三年(1911年),嘉应州复名梅州。

四、客家人传承嘉应文化

广东梅州是著名的客家集聚地之一。客家是中华民族大家庭中重要的一员,具有显著特性的汉族民系,是汉民族中的一个地缘性群体。客家文化印记无不闪耀着中原文明崇文尚武、耕读传家的精神光芒。客家文化继承和发扬了中华文化的精华,追求祥瑞嘉应的传统广泛存在于客家民俗中。

客家鲤鱼灯是传承古代汉族的传统舞蹈,起源于原始社会的鱼图腾。鲤鱼是我国流传最广的吉祥物,以鲤为瑞应的习俗,在春秋时已经普及。"鲤鱼跃龙门"的美好传说还使人们在鲤鱼身上寄托望子成龙的期盼。

客家舞麒麟传承至今。麒麟的形象已有二千多年的历史,最初是一种图腾,一种信仰。《礼记·礼运》:"麟,凤,龟,龙,谓之四灵。"麒麟位居"四灵"之首,象征着祥瑞太平,风调雨顺,国泰民安。在祥瑞嘉应传承中,麒麟的出现总在太平盛世,故民间称为瑞兽。

客家布马舞又名竹马舞,接近北方的"旱船""跑驴""莲花舞"等舞蹈,被誉为汉族传统文化艺术的一朵绚丽山花。在客家人闹元宵的盛大活动中,布马舞的寄托是祈求国泰民安,风调雨顺。

客家人多在元宵节之夜舞火龙。舞龙者如有幸被烟花、爆竹燎起水瞟,不但是勇敢的标志,还是新年吉祥的预兆。

客家添丁灯。新春伊始,客家人在元宵前后会进行富有特色的"添灯"习俗,源于华夏的花灯在客家人庆贺新生儿降生中,被赋予了更丰富的内涵,寄托生生不息薪火相传之意。

五、雍正皇帝与"嘉应"

龙是中国古代神话的四灵之一。《太上洞渊神咒经》中有"龙王品",列有以方位为区分的"五帝龙王",以海洋为区分的"四海龙王",以天地万物为区分的54位龙王名字和62位神龙王名字。

龙被历代帝王视为君者象征,多次下诏封龙为王。这是皇权的体现,也是对社稷风雨祈福的证明。唐玄宗时,诎祠龙池,设坛官致祭,以祭雨师之仪祭龙王。宋太祖沿用唐代祭五龙之制。宋徽宗大观二年(1108年)诎天下五龙皆封王爵。封青龙神为广仁王,赤龙神为嘉泽王,黄龙神为孚应王,白龙神为义济王,黑龙神为灵泽王。这里五龙封号中,赤龙神名嘉泽,黄龙神明孚应,嘉应誉名占了两个。清同治二年(1863年)又封运河龙神为"延庥显应分水龙王之神",令河道总督以时致祭。

到了清代,雍正皇帝对"嘉应"一词情有独钟。康熙亲征噶尔丹,雍正曾从征掌正红旗大营,正红旗的旗帜恰好是赤龙旗。康熙末年,雍正在河南武陟亲自参与黄河大堤的修建,切身体会到了黄河水患之害,登基后履行诺言,在此动工修建了历代花钱最多、规格最高、建筑最雄伟的淮黄诸河龙王庙——嘉应观。雍正皇帝钦赐御制匾额"嘉应观"。"嘉应",取"嘉瑞长应"之意,表达对河清海晏、国泰民安的企盼,也是要借助赤龙神嘉应王的威神力来保佑国泰民安、风调雨顺、政治稳定。"嘉应观"镇守中原淮黄诸河,若再设"嘉应州"安定南方,均合雍正"圣意"。

武陟嘉应观,嘉应文化源远流长,寓意深刻。

第二节　中国治黄博物馆

嘉应观是一座只供奉治河功臣,不供奉神灵的河神庙,是记载历代治河丰功伟绩的明证,是中国历史上唯一记述治黄史的庙观,是中国治黄历史上的一个标志性建筑,是中国唯一留存的集宫、庙、衙署为一体的清代建筑群,是黄河文化的结晶,更是治理黄河的博物馆。

嘉应观作为中国治黄历史上的一个标志性建筑,包含着丰富的黄河发展历史和文化。嘉应观浓缩了中华五千年治河经验,反映了黄河治理发展的轨迹,折射着黄河历史发展的脉络。

嘉应观是淮黄诸河龙王庙,但是这里所供奉的龙王河神,不是神话人物,而是彪炳史册的18位历代的治河功臣。远至大禹治水,近至晚清民族英雄林则徐受命堵黄河决口,这其中蕴涵了中华五千年治河经验,是中华民族治理黄河的博物馆。

嘉应观是表彰治河功臣的圣地,自雍正皇帝开始,共有7位皇帝多次对历代治水功臣进行过封赐。

明清时期,中原黄河流域各河神庙,所祭祀主神,除了公祭中的"河伯"外,还有些是历史上确有其人,被政府敕封成为"持证上岗"的河神。明清以后,黄河水神的形象不再是龙王一统天下,人们普遍崇信治水有功者转变的大王。

治河功臣代替神进入祭祀庙宇,无形中让神多了一层温暖,让人多了一些亲近。雍正御碑里,引用了《礼记·祭法》的一句话,"圣王之制,祭祀也。能御大灾则祀之,能捍大患则祀之"。他们的存在,既体现了人与自然抗争的历史,也体现了人们不断认识黄河、了解黄河、治理黄河的发展史。这就是他们被后人祭祀和敬仰的原因。

第三节　研究黄河水神的标本

嘉应观铜制御碑上有雍正亲书的"特命河臣于武陟建造淮黄诸河龙王庙"。观中的主要神灵是民间被广泛崇信的治黄大王、将军。《敕封大王将军纪略》一书初成于清光绪七年(1881年),由当时的河督使者李鹤年作序。光绪十五年(1889年)再版,由朱寿镛作序。朱寿镛所作的序言中有这样一段话:"河神古称冯夷,谓祖轩辕,家华阴。及汉武所祀,唐宗所封,复乎远已。自宋以来,大王、将军代兴,赫声濯灵,震耀耳目,其姓氏事迹,荛夫老兵类能道之。"从这里我们可以看出,大王、将军本是"荛夫老兵"口传的水神,到清末才经河官们整理成书的。《敕封大王将军纪略》一书对治黄大王、将军有十分详细的记载。

嘉应观保存了一部完整的、形象化的中国古代治河功臣谱，留下了许多彪炳史册的治水佳话，形成了具有黄河特色的英雄文化。自古以来，黄河治理所需技术复杂，治理风险极高，即使是在现在的高科技条件下，也不敢有丝毫懈怠。这对历朝历代的治河人来说都是巨大的挑战，只有才智兼备的精英人才，才会、才能、才敢勇于担任黄河治理的责任。中国古代的精英贤士很多都参与过黄河的治理实践或理论探讨。如北宋时期关于黄河的东流与北流之争，从皇帝到朝廷重臣司马光、王安石、欧阳修、苏辙等都曾卷入过治河的争论，对于黄河治理方略的形成都贡献过自己的思想和智慧。大禹的求实、负责、奉献精神，民族英雄林则徐不畏难险、不畏强暴的精神……这些精神汇聚起来，就是生生不息、代代相传的不惧艰难险阻、坚忍不拔、勇往直前的民族精神的重要组成。因此说，嘉应观矗立起了一座历代治河功臣的功勋碑，将中华民族精神的精粹传承至今。

第四节　黄河堵口文化的典范

黄河堵口，历史悠久。

由于黄河多泥沙及其对下游河道的严重影响，筑堤与堵口是古人治河的重要方式。堵口技术的发展，是随着堵口实践的增多而逐步成熟起来的。在西汉时期，古人就成功地创造了立堵和平堵技术。元人贾鲁又借鉴这两项技术成功地创造出了混合堵技术。

堵口风险高，难度大，又不得不做。在长期的堵口过程中，逐步形成了约定成型的堵口习俗和文化。

一是堵口前要祭天祭神。西汉瓠子堵口，汉武帝亲临施工现场祭礼，沉白马、玉璧以求"河伯"的佑助。明、清时期，盛行请"大王""将军"。

二是建祠立碑，纪念堵口胜利。特别是社会安定，国力强盛，成功地堵口往往成为当权者树碑立传的好机会。"黄河图说碑"就是明朝刘天和堵赵皮寨决口后专门刻制的。

正是在这种堵口文化影响下，雍正皇帝在武陟堵口及筑堤取得成效后，才下诏书修建嘉应观，以祭祀河神和纪念这次治河活动。

黄河堵口是清朝治理黄河的重要策略。出于"保漕"的需要，及沿用潘季驯"筑堤束水，以水攻沙"的治黄方略，清代治河不仅非常重视堤防建设，而且高度重视决口的堵塞，几乎是"逢口必堵"。以至于在乾隆以后相当长的时期内，河官们到了"为堵口抢险而疲于奔命"的地步。

清代的河工堵口，有三个特点。

其一规模大。康熙十五年（1676年），由于黄、淮并涨，致使黄河两岸发生了大量决口，仅高家堰决口就有34处。为解决漕运不通这一心腹之患，尽管清廷当时正在讨伐以吴三桂为首的三藩割据势力，军用浩繁，康熙仍毅然下决心治理黄河。于十六年（1677年）调安徽巡抚靳辅为河道总督，开始了一场较大规模的治河活动。5年后，在靳辅、陈潢的大力整治下，终于将黄河两岸的21处决口和高家堰的34处决口全部堵塞，使大河回归故道，并一度取得了数十年没有重大决口的"小康"局面。雍正皇帝作为此次堵口治黄的重要参与者，即位后下诏书修建嘉应观，以祭祀河神和纪念治河活动。

其二工程复杂。就古代治河工程来说，堵口本是一项技术复杂、风险极高的事。即使在现代技术条件下，也是如此。而要在决口多处，且流行多时的情况下再行堵复，更是困难重重。这种情况在清代可谓屡见不鲜。靳辅、陈潢的堵口治河活动如此，乾隆年间阿桂主持的堵口工程也如此。乾隆四十六年（1781 年）七月，黄河两岸相继决口 20 余处。北岸水势由青龙岗夺溜北注，经南阳、昭阳、微山等湖，入大清河。朝廷委派大学士阿桂主持堵塞，曾两次堵合，但均告失败。此后，通过实施增筑南堤、加开引河等一系列工程，至乾隆四十八年（1783 年）才将所有决口堵复。

其三费用浩繁。这是由堵口工程规模大、技术复杂所决定的，但也不排除人为因素。据记载，嘉庆二十四年（1819 年）在武陟马营口的一次堵口中，耗银达 1200 万两，用秸料更是多达 2 万余垛，合计 2 亿多斤。

黄河决口有分流和全河夺溜之分，又有靠河近和靠河远之别。因此，在实施堵口工程时，古人还十分重视对堵口时机的选择，并摸索出了一整套严格的方法步骤。在清代，除对黄河的水文、水情有了进一步的认识外，在堤防、险工的整治、加固、管理及汛期的防汛抢险等多方面也有了明显的提高。清代不仅已能够采取具体的技术措施进行有效的处理和预防，而且能针对漏洞险情发生的不同情况进行及时抢护，以避免溃决。

嘉应观所在的武陟黄河堵口就充分运用了各种堵口的技术成果。但因清代黄河已处于"明清故道"的行河晚期，在封建社会落后的生产技术条件下，河床淤积加重，决口增多是必然，然而黄河改道却相对减少，这与其高度重视堵口有着直接的关系。清代所提出的漏洞探摸技术及外堵、内堵的方法,时至今日仍值得借鉴。

第五节　中国黄河文化之乡的主地标和红色教育基地

专家常常将黄河文化大致分为三段,即上游的三秦文化、中游的中州文化、下游的齐鲁文化。武陟处于中州文化的核心,又是黄河中下游左岸的分界点。从某种意义上来讲,32 万平方公里的华北平原起点在武陟,武陟是连接秦晋、巴蜀,辐射燕赵、江淮的重要文化节点。在武陟境内,考古学家发现了仰韶文化、龙山文化、殷商旧都遗址、古怀城遗址等多个古文明遗珠。

自黄河流域有人类聚居以来,治理黄河、利用黄河的重大战役,都未离开过武陟。从黄帝、颛顼、帝喾、唐尧、虞舜时代起,到夏、商、周时期,以至于唐宋元明清,一直到新中国成立等时期,人类在与大自然的争斗中,都在敬畏黄河,崇拜黄河,祈福黄河。我们的祖先们在与大自然的反复博弈中,文化的胚体应势而生。武陟独特的地理位置和气候条件,孕育产生了以治理黄河和祭祀黄河为主要内容的黄河文化,成为黄河文化产生发展的重要地区之一。

悠久的历史,孕育出了丰富多彩的文化,演绎出了大量与黄河文化息息相关的民俗文化、神话、传说。尧帝农耕、大禹治水、汤王筑堤、邢人作丘,既有官方史书严谨记载,又有民间栩栩如生的传说。全县有20%以上的村名、地名与黄河直接相关,折射出黄河文化浓重的历史身影。

嘉应观及周边乡镇地处黄河岸边,有许多社会习俗与黄河息息相关。每年"二月二,龙抬头"的日子,四大王的生日,以及每月的初一、十五、三、六、九,都有庙会。比较典型的是阴历正月初八的"行水",其形式类似于其他地方的"社火"。据清道光《武陟县志·风俗志》载:"香火之会,敬事神明,有祈有报……县属城市乡屯会各有期。正月初八大神会,俗称行水。"届时动辄上万人表演高跷、狮子、旱船、担经挑、腰鼓、小车、大架、背僮(zhuàng)等文艺节目。人们在行进中演出,如同流动的河水,故称"行水"。

河南有两座道观跟黄河息息相关,一座是开封的延庆观,一座是武陟的嘉应观。延庆观是地处黄河下游的开封屡遭水患的见证;嘉应观是黄河在武陟堵口成功的纪念建筑,也是人与水患抗争的历史体现。嘉应观作为黄河祭祀和治河功臣的祭祀场所,集中展现着中华民族自诞生以来与黄河水患抗争的辉煌历史,作为治黄文化的集中展现,可谓是黄河流域治黄文化的一颗璀璨明珠。

作为万里黄河第一观,嘉应观供奉的河神均为彪炳史册的历代治河功臣,蕴藏着历代祖先与天斗、与地斗、与水斗其乐无穷的豪迈气概,禹王治水成功于武陟,所以雍正皇帝在嘉应观中轴线上建造了最高的巍峨壮观的禹王阁,让他在这里统领河神,保国安民,让天下免受洪灾。其中以"铁胎铜面""皇帝御书"为特色的天下第一碑——嘉应观铜碑在治河文物中绝无仅有,堪称国宝,其黄河治水品牌突出,极具市场号召力和影响力,与都江堰治水工程并驾齐驱,可以称得上是"南有都江堰,北有嘉应观"。嘉应观,让人穿越时空,纵览中华民族坚韧不拔、坚强图存的奋斗史。

嘉应观是武陟黄河文化的集中体现,也是黄河文化的典型体现。

嘉应观参与构建黄河历史文化主地标体系,对于加强黄河文化遗产遗迹保护,进行整体性、抢救性、预防性保护有着不可替代的作用,同时可以不断赋予黄河文化新的时代内涵和现代表达形式。其有利于加强黄河文化传承展示,拓展文化传播渠道,特别是开展黄河"文化+"拓展提升,推进黄河文化与大运河文化融合发展,注重黄河文明的传承创新和中华民族共同体意识的构筑,从而创新沿黄全域的发展,实现生态保护和高质量发展。黄河是民族团结、国泰民安的一个坐标,嘉应观可以看作是这个坐标的文化标志之一,可构建为黄河历史文化主地标系统之一,是中国黄河文化之乡武陟名副其实的主地标。

在嘉应观西北角,有一个苏式小院。它是新中国引黄灌溉济卫第一个大型工程人民胜利渠的建设指挥部。

人民胜利渠,黄河下游兴建的第一个大型引黄自流灌溉工程。它的建成,结束了"黄河百害,唯富一套"的历史,拉开了大规模开发利用黄河水沙资源的序幕,宣告了新中国治理黄河初战告捷,打破了外国专家"黄河无法治理"的论断,标志着党和人民治黄事业上的胜利,成为新中国治黄史上的一座不朽丰碑。

中国第一任水利部长傅作义,苏联首席水利专家布可夫,水利专家张光斗,黄委会主任王化云,等等,均在此院办公过。现为黄河文化展示馆。

第六节 治河理念的当代应用

嘉应观水文化浓缩了中华五千年治河经验,折射着黄河历史演变的脉络。纵观几千年中国人民治黄的历史,从没有规律到认识规律,从单纯的除害兴利到维持黄河健康生命再到治河为民、人水和谐,经过了一个曲折的过程。治黄思想的变革,是黄河治理开发与管理长期研究与实践的结晶,也是社会进步、民族崛起的一种体现。在这里集中展现着中华儿女治黄的文化结晶,历史上彪炳史册的治河官员以及他们的治河思想和理念在当今治河中仍有沿用和创新发展,也是其当代价值的有力体现。

中国治河理论的主要成果汇集于黄河。在中国治水问题上,黄河历来是第一课题,也是第一难题。在数千年治黄史中,治黄思想纷争不断。而治黄思想的论争在汉代、宋代、明代形成了三个高潮。西汉时期有著名的"贾让三策",即上策人工改道,中策分水灌溉,下策加固堤防。"贾让三策"将当时的治河理论推向了最高峰。东汉影响较大并成功实践的是王景的"缩短河长""宽河行洪"的主张。北宋时期最大的争论是黄河的东流与北流之争,一方主张回河东流,一方主张让黄河改道北流,最终提出了"宽立堤防,约拦水势"的治河主张。但因全面修筑遥堤工程浩大,国力不足,未能实施。明代的潘季驯将治河思想推向了一个新的高峰,他提出的"束水攻沙"方案,对后世治河影响较大。清代的靳辅、陈潢等均奉行以水攻沙方略。靳辅、陈潢在治黄理论与实践上均作出许多贡献。

嘉应观厚重的黄河历史与文化，传承古代治水思想的精髓，为当代治河提供了科学的参照和借鉴。正是以古代治河思想为基础，李仪祉逐步建立了中国近代科学的治河思想体系，王化云成为新中国治河方略的集大成者，等等。以水为师，人与河流和谐相处恰如一把金钥匙，开启了黄河可持续发展的新篇章。

黄河治理，历来是安民兴邦的大事。嘉应观水文化既是黄河文明的传承，又是中华民族兴衰的缩影。新中国成立后的70余年，河清岁丰，国运亨通，黄河治理开发取得了举世瞩目的巨大成就，黄河治理与开发事业蒸蒸日上，向着"人水和谐"的美好愿景一步步迈进，这是历史上任何一个朝代都无法比拟的。正是顺应了那句话："黄河宁则天下平，黄河健康则国顺民昌！"

新中国成立以来，党和政府高度重视黄河治理，黄河不仅实现岁岁安澜，而且连续21年不断流，呈现出全新的生命状态，为世界江河治理与保护、人与自然和谐共生提供了成功范例。在党中央的领导下，新时代黄河流域经济社会发展和百姓生活发生了重大的变化，但黄河中下游地区依然存在着洪水风险、流域生态环境脆弱、水资源保护形势严峻、发展质量有待提高四个方面的突出困难和问题。

河南省委十届十次全会提出，要坚持生态优先、绿色发展，落实"重在保护、要在治理"，正确处理生态保护与高质量发展的关系，正确处理河南与黄河全流域的关系，正确处理沿黄地区与全省域的关系，正确处理重大国家战略与其他战略的关系，发挥河南在黄河流域的独特优势，在高水平保护中促进高质量发展。深入学习贯彻习近平总书记在黄河流域生态保护和高质量发展座谈会上的重要讲话，落实河南省委十届十次全会精神,加快推动黄河流域生态保护和高质量发展迫在眉睫。要尊重规律,创新文明,通过文化引领,先行突破,加快推动黄河文化传承创新,构建黄河历史文化主地标,带动整个黄河流域生态保护和高质量发展大势。

第七节　嘉应观文化价值的现实转换

嘉应观是黄河流域现存最大的河神庙,以其独有的地理优势和特有的历史文化成为黄河历史文化主地标体系,在黄河文化和治理黄河的爱国主义教育示范基地中充分发挥其示范作用,并成为黄河流域高质量发展的重要精神支撑。

从古代到近现代,黄河中下游长期居于中华民族的政治、经济和文化活动中心,经久不息,黄河文明是世界上唯一未曾中断的文明,彰显了其在华夏文明中的主体地位,在世界历史上有着巨大影响力。

古往今来,我们在尊重自然改造自然的过程中,沉淀了厚重的黄河历史文化,形成了无数的黄河历史文化地标。嘉应观作为黄河历史文化的主地标之一,是构建黄河历史文化主地标体系的重要一环。

2020 年 3 月 1 日《2020 年河南省黄河流域生态保护和高质量发展工作要点》印发,指出要实施构建黄河历史文化主地标体系等八大标志性项目,率先建成岸绿景美的生态长廊。沿黄许多地方中,武陟是最具代表性之一的地方,这里的历史、地域、民风、民俗、文化基因里都浸润着黄河的影子。一部武陟发展史,半部黄河变迁图。

嘉应观是国家 AAAA 级水利风景区,焦作十大文化旅游园区之一,是中国黄河旅游十大精品线路之中的精品旅游景区,是河南"沿黄旅游带"的重要组成部分,是一个充分展示黄河文化和大河风光,集历史文化、科普教育、爱国主义教育为一体的大型文化旅游综合性风景旅游区。

嘉应观的地标性建筑群在展示黄河文化、传承黄河文明、创新黄河发展方面拥有得天独厚的优势,努力成为构建黄河历史文化主地标体系之一,可以更好服务于整个黄河流域生态保护和高质量发展。

2019 年 12 月,河南省为了推进黄河文化遗产的系统保护,深入挖掘黄河文化蕴含的时代价值,讲好"黄河故事",延续历史文脉,坚定文化自信,河南省文化和旅游厅挖掘整理了三条黄河文化特色主题游,分别是中华文明溯源之旅、大河风光体验之旅、治黄水利水工研学之旅。其中"治黄水利水工研学之旅"最重要的一站就是嘉应观。通过研学,广大青少年了解了治黄水利水工的伟大历程,为实现中华民族伟大复兴的中国梦凝聚精神力量。

习近平总书记在河南考察时指出,"要高度重视生态保护工作,牢固树立绿水青山就是金山银山的理念,统筹推进山水林田湖草系统治理,把沿黄生态保护好,提升自然生态系统质量和稳定性"。习近平总书记 2019 年 9 月 18 日在黄河流域生态保护和高质量发展座谈会上的讲话中指出,"要坚持绿水青山就是金山银山的理念,坚持生态优先、绿色发展,以水而定、量水而行,因地制宜、分类施策,上下游、干支流、左右岸统筹谋划,共同抓好大保护,协同推进大治理,着力加强生态保护治理、保障黄河长治久安、促进全流域高质量发展、改善人民群众生活、保护传承弘扬黄河文化,让黄河成为造福人民的幸福河"。习近平总书记的这一战略思维与 1952 年毛泽东同志在视察黄河时"要把黄河的事情办好"的嘱托,形成了伟大的历史呼应。深入发掘黄河历史文化的地位和现实意义,保护、传承和弘扬黄河文化符合历史发展潮流,恰逢其时。

2021年,嘉应观进行了全方位的文化项目提升,补充完善了很多内容,让观内的河神、水利工程等黄河文化元素活起来动起来,给观众耳目一新的感觉。经过重新布展改造后的嘉应观黄河博物馆,不仅有文字版的故事简介,还有各种治河措施复原图,并通过声光电、浮雕以及实景、LED展示等,将嘉应观的黄河历史呈现在大家面前,突显了嘉应观作为黄河文化博物馆的重要意义和价值。把黄河文化和生态融合起来,把保护和利用结合起来,不仅提升了黄河两岸的人居环境,也让黄河文化"活"了起来。

不仅如此,结合周边乡村资源,建成嘉应观黄河文化旅游区。这里资源丰富多样,文化遗迹、荷塘流水、湿地田园等各类度假资源组合程度好,极具休闲发展空间,能够形成黄河文化旅游中最具休闲度假品质、最享深度体验功能的全年、全天候综合性旅游度假区。

黄河,中华民族的母亲河;黄河文化,中华文化的根与魂。随着历史社会的不断发展,黄河文化也在不断壮大,就像一个自强不息的生命,在不断吸收能量的同时孕育出中华民族伟大的民本精神、创造精神、抗争精神、融合精神、奉献精神、凝聚精神、守望精神、善治精神等等。习近平总书记曾说过:"江河之所以能冲开绝壁夺隘而出,是因其积聚了千里奔涌、万壑归流的洪荒伟力。"

三百年沧桑,治黄千秋业。嘉应观作为中国治黄历史上的一个标志性建筑,包含了丰富的黄河发展历史和文化。嘉应观浓缩了中华五千年治河经验,反映了黄河治理发展的轨迹,折射着黄河历史发展的脉络。

参考文献

[1]薛居正等.旧五代史[M].北京:中华书局,1976.

[2]宋会要[M].郑州:中州古籍出版社,2015.

[3]李林甫等.唐六典[M].北京:中华书局,1992.

[4]班固.汉书[M].颜师古,注.北京:线装书局,2010.

[5]史记.司马迁[M].北京:中华书局,1959.

[6]刘昫.旧唐书[M].长春:吉林人民出版社,1995.

[7]郦道元.水经注校正[M].北京:中华书局,2007.

[8]黎世序.续行水金鉴[M].台北:文海出版社,1987.

[9]嵇曾筠.河防奏议[M].上海:上海古籍出版社,2003.

[10]梁思成.清式营造则例[M].北京:中国建筑工业出版社,1981.

[11]王世襄.清代匠作则例[M].郑州:大象出版社,2000.

[12]郭黛姮,贺艳.圆明园的"记忆遗产":样式房图档[M].杭州:浙江古籍出版社,2010.

[13]王夫之.读通鉴论[M].北京:中华书局,2011.

[14]潘季驯.河防一览[M].北京:国家图书馆出版社,2009.

[15]赵尔巽.清史稿[M].北京:中华书局,1976.

[16]谷应泰.明史纪事本末[M].上海:上海古籍出版社,1994.

[17]夏燮.明通鉴[M].上海:上海古籍出版社,1990.

[18]黄芝岗.中国的水神[M].北京:生活·读书·新知三联书

店,2012.

[19]张含英.张含英治河论著拾遗[M].郑州:黄河水利出版社,2012.

[20]张玉春.竹书纪年译注[M].哈尔滨:黑龙江人民出版社,2003.

[21]伊东忠太.中国建筑史[M].北京:商务印书馆,1984.

[22]常松木.登封大禹神话传说[M].郑州:河南文艺出版社,2014.

[23]高文德.中国少数民族史大辞典[M].长春:吉林教育出版社,1995.

[24]中敕.大唐开元礼[M].北京:民族出版社,2000.

[25]周绍.全唐文新编[M].长春:吉林文史出版社,2000.

[26]叶德辉.三教源流搜神大全[M].北京:文物出版社,2022.

[27]王兴亚.清代河南碑刻资料[M].北京:商务印书馆,2016.

[28]梁思成.中国建筑与中国建筑师[J].文物,1953(10):53-69.

[29]杨焕成.河南古建筑地方特征举例(下):兼谈关注地方手法建筑研究[J].古建园林技术,2005(3):10-12,19,67,70.

[30]姚明,王如高,曲泽静.黄河祭祀文化传承与弘扬探微[J].河海大学学报(哲学社会科学版),2010(1):37-40,90-91.

[31]赖振寅.读宗泐《望河源并序》[J].文史知识,2006(2):3.

[32]胡梦飞.明清时期黄运地区的"大王"和"将军"[J].寻根,2017(5):15-21.

[33]王德刚,王蔚.黄河祭祀的历史演变与新时代"母亲河"形象塑造[J].民俗研究,2021(3):22-31,157.

[34]李江峰.偷桃故事源流[J].中国文化研究,2009(1):170-176.

[35]文新春.山川奠禹先:汾神台骀庙纵览[J].文物世界,2017(4):3.

［36］渠长根. 林则徐治理黄河小记［J］. 常熟高专学报,2001,15
（3）:4.

［37］杨宝顺. 黄河流域最大的河神庙:武陟嘉应观［J］. 中原文物,
1999(1):3.

［38］徐春燕. 河神庙里的黄河记忆［N］. 河南日报.2020-11-20(8).

［39］赵焕明. 传说故事佐史迹［N］. 余杭晨报.2022-4-30(4).

［40］黄成. 明清徽州古建筑彩画艺术研究［D］. 苏州大学,2009.

附　录

嘉应观大事记

1723 年(雍正元年),清雍正帝为祭祀河神、封赏万代治河功臣,鼓励治河,不惜耗巨资,派御匠,调山东、河南、山西、陕西、安徽五省民工,命齐苏勒在武陟仿故宫修建淮黄诸河龙王庙。

1723 年正月初五,时任河道总督的治河功臣陈鹏年病逝于武陟堵口工地。

1724 年(雍正二年),增设副河道总督,首任副河道总督嵇曾筠即驻嘉应观,专管河南河务,次年并管山东河务。

1724 年九月初二,由雍正皇帝撰文并书丹的御制铜碑一通,在嘉应观山门与严殿之间铸立。

1725 年(雍正三年)二月,一座集宫、庙、衙署三体合一的淮黄诸河龙王庙在武陟二铺营东建成,由齐苏勒奏报朝廷,雍正皇帝钦赐御制匾额,定名为"嘉应观",取嘉瑞长应之意。

1726 年(雍正四年),嘉应观落成后,黄河度汛平稳,汛期过后堤防工程十分稳固,黄河由浊变清共二十六天,当时沿河两岸官民皆以为奇,在接到河臣的奏报后,雍正皇帝亲自颁文《圣世河清普天同庆谕》并对河神加以祭祀。

1727 年(雍正五年)闰三月,河南巡抚田文镜在嘉应观立下黄河水清碑。

1727年，复设彰卫怀三府分守参政兵备道一员，兼管河道，移驻武陟以副总河公馆为衙署，此为嘉应观驻道台及河道衙门之始。

1727年至1733年（雍正十一年）间，雍正亲撰祭文，派钦差大臣在嘉应观御祭河神四次。

1729年（雍正七年）春，河道总督，嘉应观修建功臣齐苏勒于任上去世。雍正帝感念他的治水功德，"令有司春秋致祭"。

1734年（雍正十二年），雍正帝下旨在嘉应观西侧专门为病逝于武陟堵口工地的河道总督陈鹏年修建了一座陈公祠，俗称陈大将军庙。

1750年（乾隆十五年），皇帝巡幸嵩洛，曾在开封遥祭黄河河神，并御书"瑞应荣光"匾额。

1820年（嘉庆二十五年），武陟马家营黄河决口，时任河兵参将的卢顺，率领军队堵口。三月十五日，在合龙处的西侧，又冒出一个大缝隙。卢顺见状，立即上前指挥抢修，突然，缝隙迅速扩大，堤坝大面积坍塌，卢顺当场落水，被激流卷走，殉命黄河。嘉庆皇帝追封他为"武功将军副将衔"，并在嘉应观西侧建祠庙，与陈公祠并列。

1884年（光绪十年），在中大殿西北侧刻立重修嘉应观碑。由河南山东河道总督加三级庆裕撰文，河南山东河道总督加三级觉罗成孚书丹。碑文叙述了敕建嘉应观的原因，雍正四年黄河河清的情况，以及分巡彰卫怀道许振祎、开归陈许道陈彝等捐俸重修嘉应观的经过。

1902年（光绪二十八年）四月吉日，嘉应观第六代主持王宗义立庙产碑，又叫灵石碑，位于中大殿东北侧。碑文详细记载了嘉应观拥有土地面积达"八顷九十一亩一分八厘五毫一丝七忽"，计量单位如此精确,堪称"天下第一精确的土地证"。此碑石采用相传为古代皇家专用的石料,产于安徽省灵璧县余光镇,手击碑体,倾耳细听,声若铜磬,故又称灵石碑。

1946年(民国三十五年)秋,时任河南省第四行政区的专员张敬忠在嘉应观成立沁声中学,设4个班,学生183人、教师15人。

1948年10月武陟县解放,冀鲁豫黄河水利委员会在嘉应观成立"沁河大樊堵口工程处",后改名为黄委会第五修防处。不久,其所属武陟黄河段亦成立于嘉应观东道院。

1949年11月,第五修防处派杨文卿、王法星、张晋武三人去嘉应观接收庙产,沁声中学迁至木栾店。武陟黄河段迁观南小庄村。

1950年1月,嘉应观内新建黄河水利委员会引黄灌溉济卫工程处。同年,新乡修防处出资请武陟建筑工会匠师对嘉应观进行整修。不久,嘉应观西跨院修建治理黄河指挥部,中华人民共和国首任水利部长傅作义、首任黄委会主任王化云、苏联专家布可夫、清华大学教授张光斗、北京地质学院教授冯景兰等人曾在此办公。1952年底,引黄灌溉济卫工程结束后撤销。

1952年10月31日,毛泽东同志在中共中央办公厅主任杨尚昆、公安部部长罗瑞卿等陪同下,视察嘉应观景区内的人民胜利渠渠首。

1963年4月,嘉应观被河南省人民委员会确定为省级文物保护单位。

1979年4月,新乡修防处由嘉应观迁往新乡市,所属电话队、苗圃工人与运输队留驻嘉应观。

1980年3月,新乡修防处又成立铲运机队,在观东及观后庙地上修建营地。

1981年2月,两队合并为新乡修防处施工大队。

1984年元月,嘉应观中轴线上的殿宇楼阁等建筑及文物移交河南省文化厅,经河南省政府批准建立"中原石刻艺术馆",并报请国家文物局拨款60万元,遵照古建筑专家祁英涛先生在现场提出的维修意见,先后翻修了蓝琉璃瓦的山门、前殿、中大殿、东西龙王殿和钟、鼓二楼、黄琉璃瓦的御碑亭、灰瓦的禹王阁、东西拴马亭等11座殿宇和山门两侧的外围墙(其中油漆、彩画了殿宇10座),维修了东西更衣殿、过厅,重建了东西南北四道围墙和三段甬道,重修了西厢房7间。

1988年,嘉应观对外开放。

1990年9月,中原石刻艺术馆将嘉应观移交给了武陟县,成立"武陟县嘉应观文物管理所"。

1999年6月20日,江泽民同志在国家防汛抗旱指挥部总指挥、国务院副总理温家宝,河南省委书记马忠臣、省长李克强等人陪同下,视察了人民胜利渠渠首和嘉应观景区。

2001年,嘉应观文物管理所在原址上按照原貌重修了戏楼。

2001年6月,嘉应观被中华人民共和国国务院批准列入第五批全国重点文物保护单位。

2011年3月,武陟县嘉应观文物管理所更名为武陟县文物管理局。

2011年5月,嘉应观治黄博物馆建成开放。

2012年5月,武陟县嘉应观景区管理局成立。

2017年12月,嘉应观被河南省水利厅公布为河南省首批水情教育基地。

2019年8月14日,河南省委书记王国生莅临嘉应观调研,水利部黄河水利委员会党组书记、主任岳中明陪同参加调研。

2020年1月29日（正月初五）晚上21:30分，中央电视台《国家宝藏》栏目推出新春特别节目"'黄河之水天上来'国宝音乐会"，"黄河流域博物馆联盟"48家文博机构负责人首次集体亮相。国宝音乐会上展示九件国宝，嘉应观御制蛟龙碑的国宝守护人为我国京剧表演艺术家于魁智，讲述新中国荡气回肠的治黄历史，嘉应观御制蛟龙碑见证着桀骜不驯的黄河泛滥的历史，见证着黄河岁岁安澜的今生乐章。

2021年7月26日，嘉应观治黄博物馆项目开始施工。

2021年9月23日，中国农民丰收节河南省主会场设在嘉应观。

2022年3月15日，河南省委书记楼阳生等莅临嘉应观黄河治水博物馆暨研学实践教育基地调研，由武陟县委书记秦迎军等陪同。

2022年6月17日至24日，嘉应观文物保护规划编制工作和嘉应观东西院文物大修编制方案工作启动。

2022年3月，嘉应观入选第二批"河南省华侨国际文化交流基地"。

2023年3月，嘉应观景区管理局更名为嘉应观黄河文化博物馆。

嘉应观景区讲解词

尊敬的各位领导、各位来宾：

欢迎参观嘉应观黄河文化博物馆。

嘉应观，始建于清朝雍正元年（1723年），是雍正皇帝为治理黄河水患、御祭龙王、封赏治河功臣而建造的行宫、庙观、衙署，已有近三百年历史，被誉为"黄河故宫"。

一座嘉应观,半部治黄史。嘉应观作为黄河文化之乡武陟最璀璨的明珠,真实记录了我国治理黄河的历史脉络。为深入挖掘嘉应观黄河文化资源,讲好"黄河故事",我们对嘉应观进行全面改造提升,建设嘉应观黄河文化博物馆。

【山门】

面前的建筑为山门,门首"敕建嘉应观"的匾额为雍正手书圣旨,由他的老师齐苏勒所写,在封建社会山门只为帝王打开,文武百官走两侧掖门。现在请大家一起从这里走进嘉应观,走进黄河历史。

(山门左侧)

这是嘉应观的敕建者,雍正皇帝,是历史上最为勤政的皇帝之一,在位期间为大清王朝的繁荣打下坚实基础,康熙末年曾亲临武陟筑坝堵口,现在先请大家观看《大河重镇 嘉瑞长应》,它详细讲述了为什么建设嘉应观以及嘉应观为什么建在武陟。

通过视频,大家了解了武陟特殊的地理位置和嘉应观的建造缘由。

嘉应观占地140亩,仿北京故宫建造,集宫、庙、衙署三体合一,是历代造价最多、规格最高、建筑最雄伟的淮黄诸河龙王庙,雍正皇帝封其"四渎称宗",现存古建筑249间。建筑群富丽豪华、巧夺天工,是黄河流域现存规模最大、保存最为完整,历史艺术价值最高的黄河河神庙。

(山门右侧)

这一侧主要展示了嘉应观的职能。

整座嘉应观:中院是官方祭祀治河功臣的场所,有一整套规范的祭祀礼制。雍正皇帝曾四次在此举办隆重的祭祀活动。

嘉应观建成后成为清代的治黄中心。东跨院的河道衙署,系清代治理黄河的最高行政机构,是雍正年间治理黄河的指挥中心,相当于现在的"黄委会";西跨院的道台衙署,系清代治理黄河的地方行政机构河北道道台衙署,相当于现在的"河务局",管辖彰德、卫辉、怀庆三府二十四县的黄河、沁河治理及灭蝗等事务。

新中国成立后,这里又成为我国引黄灌溉济卫第一渠——人民胜利渠建设指挥部。当时,首任水利部部长傅作义、黄委会主任王化云、苏联驻中国首席水利专家布可夫、清华大学教授张光斗、地质学家冯景兰等在这里办公,嘉应观既是清朝时期的治河指挥中心,又一度成为新中国的治黄指挥中心。

现在的嘉应观 2001 年被公布为全国重点文物保护单位,2010 年荣获国家 AAAA 级景区称号,2014 年被水利部公布为国家水利风景区,并在 2014 年成为世界文化遗产中国大运河的重要组成部分。

这里展示的嘉应观建造的相关史料,有建造时雍正皇帝的朱批、建造凭证等。

【钟鼓楼】

左右两侧为钟鼓楼,古有晨钟暮鼓报平安之说。嘉应观因治河而建,当钟鼓同时击响,代表黄河水情即将来临,远招军民抢险抗洪,有报警的作用。

【御碑亭】

正前方是御碑亭,御碑亭为伞行圆顶,六角重檐,金黄色琉璃瓦覆顶,非常像皇帝的帽子,富丽堂皇。正如楹联所写:"河涨河落维系皇冠顶戴,民心泰否关乎大清江山。"

这是嘉应观的镇观之宝——大铜碑,为天下第一碑。铜碑高 4.3

米,宽0.95米,厚0.24米,是现今我国境内体积最大的铜碑,碑头标明"御制"显示此碑规格之高。铜碑周边共精雕24条龙,象征一年24个节气,美好祝愿黄河岁岁安澜。御碑中间铭文是由雍正皇帝撰文,碑文末尾还有雍正皇帝的印鉴,碑文中雍正皇帝阐述了治理黄河的过程,并说出修建嘉应观的目的是为祭河神,防水患,保社稷,固江山。"国之大事,在祀与戎。"国家的大事,重在祭祀和军事。在碑文中,还有一个特殊的地方,大家注意看:在书写"特命河臣于武陟建造淮黄诸河龙王庙"和"恪恭祀事,以邀福于神"两句话时,雍正皇帝特意将其中"龙"和"神"两字置于御碑的最高处,不仅高于其他行文,也高于印鉴"雍正御笔之宝"和落款,雍正之所以这样做正是要表达对于诸河龙王的敬畏和对黄河治理的重视;碑文中还写到"《礼记》祭法曰:圣王之制祭祀也,能御大灾则祀之,能捍大患则祀之";"斯庙之建,诚有合于古法矣。是朕敬神勤民之本怀也夫"!所以在武陟建造嘉应观,是雍正皇帝确保黄河安澜顺天意、安民心的必行之举,更是作为一国之君敬畏黄河、保护黄河和征服自然的根本情怀!

碑座也十分有意思,相传这是龙王第九子,最小一子"黄河蛟龙",是专门镇守黄河之物。过去百姓到嘉应观祈求黄河安澜,同时通过这座碑还可预测黄河水位。仔细看蛟龙眼睛下有一水洞,原来这碑下有口井,与黄河水相通,河涨它也涨,河落它也落,往里投铜钱,就可听到叮咚的水声,根据水声大小就可判断黄河的水情,被人们称为黄河水位测量仪。铜碑的另一看点,就是它的冶金制造技术。请大家到铜碑侧边,我们会看到这里有条裂痕,铜碑实为铁胎铜面。冶金专家曾提出:铜、铁的熔点、密度、膨胀系数等都大不相同,一次浇铸和两次浇铸都不好解决,在三百年前的技术条件下可以打造这么精致,实属罕见,因此,铜碑更被誉为天下第一碑。

【河道衙署大门】

接下来我们进入东跨院河道衙署参观。河道衙署是清代治理黄河的最高行政机构,管理河南、山东的黄河、运河河务,当时的黄河东河道总督就驻扎在这里。

大门两边我们复原了当时的门卫场景,站立了两排河兵。

【东西马厩】

这两边都是东西马厩,是当时养马的房舍。黄河是中华民族的母亲河,孕育了辉煌灿烂的中华文明。在东西马厩我们从"文明摇篮""血脉源头""王朝中心""经济重心""文化渊薮""科技之光"六个方面论证黄河为什么被称为中华民族的母亲河。

(文明摇篮)

远古时期,黄河中下游地区气候适宜、物产丰富,从这幅图上可以看出,新石器时代的文化遗址绝大部分分布在黄河两岸,距今50万年的南召人和距今约10万年的许昌人是我们河南地区早期人类的代表。

在古文中,中华的"华"与"花"相通,有人推测普遍使用花瓣纹饰图案的氏族与"华夏"族有关,我们展示了仰韶文化中具有代表性的花瓣纹彩陶。

郑州巩义的双槐树遗址距今约5300年,是迄今为止在黄河流域仰韶文化中晚期发现的规格最高的具有都邑性质的中心聚落,称为"早期中华文明的胚胎""河洛古国",填补了中华文明起源的关键时期、关键地区的关键材料。

我们创作的先民渔猎层板画,生动形象展示了当时的渔猎场景。

（血脉源头）

一源百流、万姓同根。伏羲、炎帝和黄帝是中华民族的人文始祖，中华民族的血缘主脉就在黄河流域孕育、发展，分散全国。这是伏羲女娲人首蛇身交尾图，左侧女娲手持规、右侧伏羲手持矩，规矩代表天圆地方，象征万物法则。二人交尾盘旋，一方面有男女交合、婚配之意；另一方面也代表阴阳旋转、合二为一。这是炎帝和黄帝的画像。

这是我们创作的姓氏寻根图，大家可以查找自己的姓氏起源。

（王朝中心）

从夏到宋的 3000 多年间，我国历代王朝都在黄河流域建都，产生了洛阳、郑州、安阳、西安、开封五大古都。这是在五大古都建立的各个朝代。

洛阳以五都荟洛著称，夏、商、东周、汉魏、隋唐五大都城遗址汇聚于此。

郑州商城遗址是商代早期的都城遗址，出土的大型方鼎重器，为“置帝都于中原”提供依据。

安阳殷墟因出土甲骨文、大型青铜器闻名世界，这是殷墟的发掘遗址平面图。

唐代是我国古代强盛时期，唐长安城是当时世界上最大的都城，大诗人白居易有诗“百千家似围棋局，十二街如种菜畦”形容都城的宏大规模。

开封以“城摞城”著称，其形成正是因为黄河的泛滥，导致城市的湮没与重生。

（经济重心）

沿黄地区是我国古代农业、手工业和商业的起源地，形成了最早的精耕细作农业,产生了沟通东西的"丝绸之路",长安、汴梁成为享誉世界的区域经济文化中心。

早在一万年前,我国就已产生农业,这是在河南出土的碳化小米。

先民根据黄河流域的环境特点,发明"垄作法",并不断改进耕作方式推动农业的发展。

我们小时候都看过耕、耙、耱的劳作场景,历经千年,现在依然是农村一些地区的劳作方式。

"丝绸之路"是一条经济之路、文化之路,形成于秦汉,发展于三国至隋朝,繁荣于唐、宋、元、明时期,经过中亚沟通南亚、西亚欧洲以及北非,对繁荣东西方起到重要作用。这是洛阳定鼎门外道路上的骆驼印,是"丝绸之路"繁荣鲜活的证据。

宋朝是我国古代经济、文化、教育最繁荣的时代,达到了封建社会的顶峰。《清明上河图》生动记录了 12 世纪北宋都城的城市面貌和当时社会各阶层人民的生活状况,是北宋时期都城汴京繁荣的见证。

关于《清明上河图》上的人物、场景有很多解读,我们选取标注了和经济贸易有关的场景,从中可以看出当时商贸的繁华。

(文化渊薮)

自夏商到北宋,黄河流域一直是我国的文化中心,成就彪炳史册,灿烂辉煌。我们撷取文化层的概念,以夯土层为载体,通过文字的演变、书写载体的演进反映中华文化源远流长,不断发展壮大。

春秋战国时期,百家争鸣带来的思想启蒙奠定了中华思想文化发展的基础,诸子百家充分认识到水的作用,并从水的特质汲取智慧。

(科技之光)

经济、文化的发展离不开科技的支撑。沿黄地区产生的农业技术、传统医学、天文历法和数理算数等均为当时世界最高水平。

我国古代以农业立国,农耕文明长期居于世界领先水平。早在夏商周时期,就有了品种选育的概念,嘉种即良种。六畜的驯化极大丰富了百姓生活,这是猪驯化过程中躯体的演变。

"春雨惊春清谷天,夏满芒夏暑相连……"我们很多人都会背二十四节气歌,这是古代劳动人民智慧的结晶,准确反映了自然节律的变化,被誉为中国的"第五大发明"。

中医学是我国医学科学的特色,也是中华民族优秀文化的重要组成部分。它以阴阳五行作为理论基础,通过"望闻问切"四诊法,探求病因、病性、病位,分析病机,得出病名,以辨证论治原则,制定治法,使用针灸、推拿、按摩、食疗等治疗手段,使人体达到阴阳调和而康复。我们从本草学、经脉学说、四诊法和方剂学展示黄河流域发达的医学科技。

在天文学方面,我们选取了天干地支、最早的观星台、最早的天文学著作等内容论证黄河流域天文学的发展历程。

在数学领域,我们熟知的盈不足术、九章算术、π 的值等都是我国古代数学领先世界的充分证明。

在水利方面,《管子·度地篇》是我国最早的水利技术理论著作,在不断的实践中,发明创造了诸多治水仪器,有力推动了我国水利的建设。

【议事厅】

接下来是议事厅和东西执事房,在这三个房间,我们设计了"千秋治河"展览,请大家参观。

从大禹治水开始,历朝历代都高度重视对黄河的治理,在不断的治理实践中,人们对黄河的认识不断深化,治河技术也不断进步。

（千年河患）

人们常说黄河是一条桀骜不驯的河流,善淤、善决、善徙是其特点。在历史统计中,从先秦到新中国成立前的 2500 多年中,黄河下游决口年份达 540 多年,平均四年半一次,总决口近 1600 次。大家看这是从史籍资料中查找的历代水灾水患记载。

黄河有"三年两决口,百年一改道"之说,其中大的改道有六次,这是我们根据史料创作的黄河六次改道沙盘。六次改道主要集中黄河中下游地区,第一次改道在周定王五年（公元前 602 年）,由今河南浚县西南决徙;第二次改道在王莽建国三年（公元 11 年）,由今河北大名县东决口;第三次改道发生在北宋庆历八年（公元 1048 年）,由今濮阳东昌湖集决口,分为两脉入海;第四次改道发生在南宋建炎二年（公元 1128 年）,为阻止金兵南下,南宋军队扒开黄河堤坝,黄河泛滥,最终夺淮入海;元至元二十三年（公元 1286 年）,黄河第五次重大改道,分三股入海;清咸丰五年（公元 1855 年）六月,黄河在兰阳铜瓦厢决口,河水先流向西北,后改东北走向,在山东境内借济水入渤海,这就是黄河历史上第六次重大的改道。

在历史上,有 14 次是人为因素造成的黄河决口改道,很多是因为战乱时期,以水代兵、决河拒敌。

（治黄春秋）

没有黄河,就没有我们这个民族。黄河儿女繁衍发展的历史,也是一部与水患不屈不挠抗争的历史。历朝历代在对黄河的治理过程中,积累的治河经验、形成的防洪思想、创造的堤防系统、制定的治河工程等都是深厚中华文明的组成部分。

从大禹开始,我国就已经开始设置治河机构及职官,这是不同时期设立的治河机构。

—先秦时期—

在我国远古时期,涌现出很多治河传说,比较著名的有共工、鲧、大禹等。《共工治水》是我国古代最早的治水故事,讲述了远古人物共工治理黄河水灾的英雄事迹。鲧是大禹的父亲,他采用阻塞的方法治理洪水,结果未能取得效果。

进入战国时期,大型的水利工程开始兴建,鸿沟是古代最早沟通黄河和淮河的人工运河,一直是黄淮间中原地区主要水运交通线路。

郑国渠是战国时期关中地区著名的水利工程,其建造充满戏剧性。当时秦国实力强盛,邻国韩国深感恐惧,就派间谍郑国到秦国游说秦国建造大型水利工程,以削弱秦国国力。在建造过程中,郑国的间谍行为被发现,秦始皇于是下令驱赶所有在秦的外国士人。当时,李斯也在被驱赶之列,于是他上书《谏逐客书》,秦始皇幡然悔悟,收回成命。郑国也向秦始皇说,虽然现在耗费了国力,但是却长久地促进秦国的发展。最终,这项水利工程被命名为郑国渠。

—两汉时期—

汉代是我国古代兴盛时期。随着黄河河道行水日久,河患逐渐增加,各种治河思想空前活跃。

古今言治河者,皆莫出于贾让三策。西汉时期的贾让提出的治河三策是我国治黄历史上第一个兴利除弊的规划。我们创作视频短片详细介绍上、中、下三策。

经过王景对黄河、汴河的治理,黄河800多年未发生大的改道,有"王景治河千载无恙"之说。

这是两汉时期,涌现的各种治河思想,从中可以看出,很多治河策略成为后代治河的思想基础,影响深远。

在治河的同时,黄河的水利事业也取得长足进步。在灌溉领域,上中游的宁夏灌区得到大规模开发,这是西汉时期灌区示意图,从中可以看出开发区域。

汉代的漕运对关中地区的发展起到重要作用,这是在黄河两岸留下的纤痕和"长安"题记。

【东执事房】

—隋唐五代—

进入隋唐时期,国力强盛,黄河在这一时期,水患相对较少,进行的治河活动也相对匮乏。

这个实物是唐代《水部式》(敦煌残卷)。唐代是水资源管理制度发生重大变化的时期,制定了我国历史上第一部水利法规《水部式》。

在隋唐时期,大运河沟通南北,极大地促进了两岸的发展,对缓解黄河水患起到一定作用。我们创作"运河金波"来反映大运河给两岸带来的繁荣。

这是隋唐大运河沙盘,从中可以看出永济渠在武陟连接沁河,沟通通济渠,形成完整的大运河河道。由于地势高低,在大运河上,古代人们运用堰埭让船只上下运行。

—宋辽金元—

北宋以后,黄河进入多事之秋,河道迁徙不定,决溢频繁。这一时期,确立了多项治河制度,建立的治河责任制与现在的河长制极为相似,每年的1、2、3月份是修筑堤防的季节,并规定每户植树数量。可见,当时对黄河治理已经有了充分的认识。

元代的贾鲁治河影响深远,我们创作了视频短片简要介绍贾鲁治河的过程及功绩,请大家观看。

—明代治河—

明代黄河是我国历史上决溢最频繁的时代之一。从洪武元年(1368年)到明代灭亡共276年,黄河发生决溢年份112年,平均2.5年就有一次决溢。河患多发生在河南境内,集中于开封上下。

明代涌现的治河人物众多,知名的有宋礼、刘大夏、刘天和、万恭、徐有贞、白昂、朱衡等人。宋礼通过改建大运河、疏浚会通河保障运河漕运,成为明代南北交通的命脉。刘天和的植柳六法通过种植不同柳树保障堤防安全。

【西执事房】

—清代治河—

清代基本维持明代的河道,但是由于悬河形势愈发严重,到了清朝末年,黄河决溢更加频繁。为解决日益频繁的黄河水患,清廷设立了由上而下的治河体系,调整黄河运河最高治理机构,对黄河进行分段管理。这是清代驻扎在武陟的东河河道总督任职表,可以查询历届河道总督的简介。

由于历任皇帝对黄河治理都极为重视,涌现出诸多治河名臣。靳辅在任河道总督时,采用先易后难、先大后小的方法修堵决口,大力加固河堤,黄河河防能力大幅提高。齐苏勒是雍正皇帝的老师,以"清慎勤"著称,多次大力整治河工,于河道总督任上去世。

栗毓美曾在武陟任县令,他发明"抛砖筑坝"修堵决口,这是我们创作的栗毓美抛砖筑坝场景。

林则徐不仅是禁烟英雄,也是治水专家。他每到一个地方任职就大兴水利、修筑堤坝。在任河道总督期间，多次查验两岸物料，反对用林秸修"埽工"，并提出"埽前抛石护根"的主张。虎门销烟结束后，林则徐被贬到新疆。在前往新疆的途中，开封地区发生黄河决口，道光皇帝就下旨让他到开封修堵决口。林则徐以"肝胆披沥通幽明，亿兆命重身家轻"的信念，前往堵口。他和民工一起搬砖筑坝，最终堵住决口，现在在开封仍然保留有"林公堤"。

—民国河务—

民国时期军阀混战、外国侵略、河防工程失修，导致了严重的黄河大泛滥。在北洋军阀政府和国民政府统治下的 30 多年间，黄河有 17 年发生溃决，而且每一次河决都给人们带来深重的灾难。许多仁人志士对黄河治理进行了积极的探讨，但许多治河设想都没能实施。

李仪祉是我国现代水利建设的先驱，他创办我国第一所水利工程高等学府，也就是现在河海大学的前身南京河海工程专门学校，提出了上中下游综合治理的方略，开阔了当代黄河治理的思路。

张含英在新中国成立后在水利部任职，著有多部关于黄河的论述，对当时黄河的治理有着重要影响。

沈怡曾在民国时期任南京市市长，他多次组织对黄河上下游进行查勘，并鼓励大力开发黄河水利。抗战胜利后，他积极帮助争取到联合国对花园口堵口的援助，为黄河回归故道作出重要贡献。

【修防厅】

接下来请大家跟着我继续参观，这边是修防厅。习近平总书记在黄河生态保护和高质量发展座谈会上谈到"从大禹治水到潘季驯"束水攻沙"，从汉武帝"瓠子堵口"到康熙帝把"河务、漕运"刻在宫廷的柱子上，中华民族始终在同黄河水旱灾害作斗争。"刚才看了大禹治水的事迹,现在我们参观总书记提到的另外三种历史事件。

（瓠子堵口）

汉武帝时期,黄河在瓠子口决堤,洪水泛滥,多次都未堵住。后来丞相田蚡因自己的大量良田都在黄河北岸,决口堵住口就会危及自家良田,就奏报汉武帝说黄河决口是天意,不应堵口。汉武帝听信谗言,没有堵口。直到23年后,汉武帝出巡发现黄河泛滥成灾,造成大量百姓流离失所,于是下定决心堵住决口。这次堵口武帝亲率群臣参加,沉白马、玉璧祭祀河神,官员自将军以下背柴草参加施工。为了堵口,淇园(战国时卫国著名的园林)的竹子也被砍光以应急需。堵口采用的施工方法是:"树竹塞水决之口,稍稍布插接树之,水稍弱,补令密,谓之楗。"

我们复原了修堵堤坝的场景,当时采用树枝、竹竿插入水中,在缝隙之间填充石块杂草,减缓水势,然后再填充大量土石,这个方法类似现在的平堵法。

在修堵过程中,汉武帝非常感慨,先后作了两首歌赋,记述了决口的灾害以及堵口的艰难。

现在仍存瓠子堤遗址,夯土层清晰可见。汉武帝后来在堵口出建设宣防宫作为纪念,"宣防"也被表示治洪工程建设。

（康熙治河）

康熙是清代非常有作为的皇帝,他8岁登基14岁亲政,亲政后就把三藩、河务、漕运这三个关系王朝安定的大事悬挂在宫中柱子上,时刻提醒自己。他在六次南巡中每次都把视察河工作为首要任务。治国如治水,善治国者必先治水。正是在康熙的大力支持下,清初黄河较为安稳,为康乾盛世奠定了坚实基础。

（束水攻沙）

束水攻沙是明代著名水利专家潘季驯提出的治水方略,他被誉为"千古治黄第一人"。他充分认识到水的力量,阐明了水流挟沙力的概念,充分利用水自身的力量冲击淤沙,进行"蓄清刷黄"。

这是我们创作的互动场景,动态还原束水攻沙的原理和作用。大家可观看视频。

潘季驯四次治河长达十年,成就显著,提出的束水攻沙策略影响至今。他在致仕后返回家乡,心中依然关心黄河河务,表现出以天下为己任的责任意识。

【黄河文化碑刻长廊】

这边是黄河文化碑刻长廊,我们在武陟及周边地区收集到大量关于黄河文化的碑刻,这些都是珍贵的历史文物。

【东西更衣殿】

接下来我们看到两边对应的是东西更衣殿,原是封建文武百官到嘉应观祭祀进行沐浴更衣的地方。

现在,我们对东西更衣殿进行了改造提升。在东更衣殿,大家可领取祭祀手环,方便后续参观时进行瞻仰,也可以体验汉服虚拟换装。

【严殿】

严殿是文武百官沐浴更衣之后、祭祀之前等待休息的场所。门上悬挂的"嘉应观"匾,是雍正皇帝在嘉应观主体建筑落成之时题写。"嘉"为美好祥和、喜庆祥瑞之意,"应"为顺天应人之意,表示雍正皇帝对此地美好的祝愿以及希望。仔细观看中间繁体"应"字的写法与现在有些出入,正确写法"广"字头下方应为双人旁,可雍正皇帝写的"应","广"的下方只有一个立人旁。俗话说"名人笔下无错字"。雍正皇帝的这个"应"就有了特别的解释。"应"字上方为"广"字头,封建社会"广"被形容为天,"广"为天,天无二日,国无二君,如果"广"字下方是双人旁,就好像是一个国家两个皇帝,这就犯了帝王的禁忌,所以作为一国之君的雍正在写到"应"字之时,便去掉一个立人旁,成了一人掌管天下之意,更为巧合的是雍正皇帝将自己的玉玺印在"应"字的正上方,更代表皇权至高无上。匾额为木质镂空雕刻而成,如栩栩如生的七条龙缠绕,代表着七龙治水黄河安澜之意。

现在我们重新定义了严殿的功能,将其作为整个博物馆展览的统揽中心,在这里设立黄河流域沙盘,通过视频可以了解黄河历代水灾情况,新中国人民治黄历程以及新时代黄河流域生态保护及高质量发展。请大家观看视频《大河奔流》。

【中大殿】

现在来到的是中大殿和东西龙王殿,三个大殿分别供奉有淮黄诸河龙王和十四位彪炳史册的历代治河功臣。嘉应观最大的特点就是这里所供奉的龙王都是历史上治理黄河的功臣,而不是神话中的龙王。

接下来我们先看中大殿,为重檐歇山回廊式建筑,此殿被百姓称为"无尘殿",至今已有近三百年时间。殿内不沾灰尘,不结蛛网,少有飞鸟,非常神奇。大殿顶部的彩绘叫龙凤图,由 33 只凤 32 条龙拼凑而成,六十五幅彩绘龙凤图是现今我国境内仅存的纯满族风格彩绘,每幅图的龙凤姿态各异,色彩艳丽,至今依然完整如新,称为"天下一绝龙凤图"。

上方悬挂的"洽德敷人"匾额由雍正皇帝题写。"洽"做"雨水"讲,"德""仁"指道德,仁义,"敷"代表铺设,意思是治河功臣将自己的道德仁义像清风细雨一样铺散在人间,泽被后世,百姓将永远记住这些功臣。仔细看就会发现,四个大字中有两个错别字,敷字少一点,德字少一横。德字用于自己时少写一点代表谦虚、谦逊,敷字少一点,大概是想让龙王洒水时适可而止,不要再泛滥成灾吧!

中大殿正中是幻化为帝王形象的清代淮黄诸河龙王爷:淮黄诸河龙王显佑通济昭灵劾顺黄河之神。左右两侧供奉四位黄河河大王。

大家可用祭祀手环在这座瞻仰台上操作,进行瞻仰。

左侧两位神像人物分别为宋代谢绪、清代栗毓美。

谢绪是黄河诸神中唯一没有治理过河道,却被尊为神的龙王。南宋灭亡后,谢绪投水殉国。到了元朝末年,朱元璋与元军大战,谢绪化身神人协助大破元军。后来,朱元璋敕封谢绪为龙王。"湖水不沉忠义气,淮沘自愧破秦谋。"这首谢绪的《绝笔》诗,以诗铭志,表达自己以身殉国的气概。

栗毓美曾在武陟担任县令,后任东河河道总督。期间,黄河决堤,栗毓美发明抛砖筑坝法堵住决口,化险为夷。最终,栗毓美积劳成疾,卒于任上。《清史稿》中评价他:"实心实力,卓为当时河臣之冠。"

右侧两位神像人物分别为明代黄守财和清代朱之锡。

黄守才是河南偃师人,自幼深谙水性,善治水,他多次帮助当地官员协助治理黄河,被百姓誉为"活河神",是唯一一位河南本土的河神。

朱之锡为官一生,两袖清风,作为河道总督,死后家无余财,是著名的清官。这句"治河十载,绸缪旱溢,尽瘁昕宵;疏浚堤渠,驰驱南北"真实写照了朱之锡不图私利、一心为公,不辞辛劳、任劳任怨的奉献精神。

大家可用祭祀手环在每个治河功臣前的瞻仰台上操作,向治河功臣献花,进行瞻仰;也可详细查看治河功臣的详细信息。

【东龙王殿】

接下来请大家参观东龙王殿。

在走进东龙王殿之前,要先介绍这两棵椿树,它们有个好听的名字——"姊妹椿",被百姓称为"嘉应观一奇"。两棵树自然生长而成。1991年5月,嘉应观大雨,院内积水很深,工作人员赶来排水时,在大殿屋檐下的石缝中发现这两棵椿树苗。椿树是树中之王,象征兴旺发达,于是就将两棵椿树保护起来。每年春天这两棵椿树都会长出两种叶子,一种是椿树的叶子,另一种却像上海青,非常奇特。

请大家进殿内参观。东大殿供奉元代贾鲁、东汉王景、宋代白英、西汉贾让和明代潘季驯五位治河功臣。

历史上有"古之善言河者,莫如汉之贾让,元之贾鲁"之说,虽然贾鲁治河招致不少民怨,有人甚至将元朝灭亡归结于他,但是贾鲁的治河成就受到后人的高度评价,为铭记他的治河功绩,河南和山东建有贾鲁河。"贾鲁修黄河,恩多怨亦多。百年千载后,恩在怨消磨。"

东汉王景治河成就显著,有"王景治河千载无恙"之说,经过他的治理,黄河八百多年没有大的决口,备受世人推崇。

白英是一位农民水利家,曾多次协助官员治理运河,特别是协助宋礼建设南旺运河,保证了漕运的畅通。康熙皇帝在南巡途中经过汶上县分水口,褒奖白英"观遏分流处,深服白英相度全之妙"。

贾让的治河三策,被誉为"我国治理黄河史上第一个除害兴利的规划",后世赞誉:古今言治河者,皆莫出贾让三策。

潘季驯是明代著名水利学家,被誉为"千古治黄第一人",他提出的"束水攻沙"一直沿用至今。这句"神禹以后善河事者,未有能及潘氏者也"充分说明潘季驯的治水历史地位。

大家可用祭祀手环在每个治河功臣前的瞻仰台上操作,向治河功臣献花,进行瞻仰。

【西龙王殿】

接下来请看西龙王殿。

西龙王殿内供奉着清代齐苏勒、明代刘天和、明代宋礼、清代嵇曾筠和林则徐五位治河功臣。

齐苏勒不仅是嘉应观的建造者,也是武陟四次堵口、修建御坝的组织者和指挥者。雍正皇帝曾评价:"齐苏勒历练老成,清慎勤三字均属无愧!"

在所有治河功臣中,刘天和是唯一身着戎装的治河功臣,他以军功著称,发明的"植柳六法"是一项积极的水土保持措施,对现在仍有积极意义。

宋礼是明代著名水利专家,在白英的协助下建造南旺运河分水枢纽,保障了明代漕运的畅通。《明史》中评价他:"开河建闸,南北以通,厥功茂哉。"

嵇曾筠曾在武陟亲自指挥堵口,他发明的"引流杀险"法,成为治河生涯中的一大法宝。"我事黄河如弟子,河当引我为知己"这句嵇曾筠自己写就的诗句,充分说明了他对黄河的亲切态度。

林则徐是一位出色的治水专家,每到地方任职都会进行水利建设。他对河工物料的要求非常严格,道光皇帝曾评价"向来河工查验料垛,从未有如此认真者"。在被贬新疆途中,毅然听从召唤到开封进行黄河决口治理。在堵口工地上,林则徐写下"肝胆披沥通幽明,亿兆命重身家轻"的诗句,展现了一位以天下为先、以苍生为重的河臣形象。

大家可用祭祀手环在每个治河功臣前的瞻仰台上操作,向治河功臣献花,进行瞻仰。

【恭仪亭】

现在大家看到的这座建筑是"恭仪亭","恭"是"恭敬","仪"是仪表,因这座建筑后是供奉大禹的"禹王阁",所以为表对大禹的尊重,文武百官要在此净手整理衣冠,再对大禹进行朝拜。我们将建筑进行改造提升,增加供奉两位治河功臣陈鹏年、卢顺。

陈鹏年被康熙誉为"中国第一能臣",有"陈青天"之称。他多次组织堵口,修筑堤防,惩治腐败官员,郭沫若称赞他:"正气传吹鬼,青天德在人。一时天下望,万古吊中珍。"

卢顺是牺牲在堵口现场的治河功臣,被称为"管理河道截水漫沙卢将军",因此被嘉庆皇帝追封为大王,建祠祭祀。

大家可用祭祀手环在每个治河功臣前的瞻仰台上操作,向治河功臣献花,进行瞻仰。

【禹王阁】

现在来到的是嘉应观的后院,分别由禹王阁、风神殿和雨神殿组成,在风神、雨神殿供奉着24位自然神,方便百姓祈求风调雨顺,正前方是嘉应观唯一一座两层楼阁式建筑——禹王阁。

大禹治水的故事可谓家喻户晓。大禹的父亲鲧,治河九年,由于方法不当,最终没能解除水患,被处死在羽山。舜命禹继续治水。大禹为治水,历尽艰辛,足迹踏遍神州大地的山山水水,摸清了地形和水的走向等情况,经过十三年苦战,三过家门而不入,终于疏通了河道,制服了洪水。

正前方就是大禹神像,背后我们通过巨型浮雕反映大禹三过家门而不入的治水故事和划分九州鼎定天下的事迹。

浮雕左上端是共工怒撞不周山导致洪水暴发,百姓流离失所;这部分讲的是鲧采用堵塞的方法治理洪水,但是失败了;于是大禹开始治理洪水。相传,大禹治理黄河时有三件宝,一是河图,二是开山斧,三是避水剑,这是黄河水神河伯向大禹献图。大禹带领民众巡视水情、梳理洪水。浮雕右半部分是大禹开辟山川、斧开龙门、修筑河防,三过家门而不入。在浮雕最下边,大禹治理了洪水,百姓欢腾雀跃。在整个浮雕中部,我们以禹划九州创作九州图,展示大禹鼎定九州的历史故事。

大禹治水的精神主要体现在公而忘私、民族至上、民为邦本、科学创新、严明法度、尊重自然、艰苦奋斗、以身为度等。大禹治水的精神是中华民族精神的源头和象征,孕育了以伟大创造精神、伟大奋斗精神、伟大团结精神、伟大梦想精神为内涵的中华民族精神,至今大禹的精神依然影响着我们。

左右两侧分别为风神殿、雷神殿,供奉着风神、雨神、雷神、电母等神像。

【齐缝墙】

请大家跟着我继续参观。

现在我们看到的是禹王阁的后墙与山墙,这是一道建筑奇观。一般我们造房子的时候山墙与后墙都是相互咬合的,但现在看到的却是垂直向上,证明墙体成了单面对立,很容易倒塌,但禹王阁已经挺立300多年,而且没有经过任何修复,成为建筑奇观。据说关于齐缝墙还有一段故事。相传雍正皇帝下令修建禹王阁,选了三位工匠,恰巧是武陟谢旗营乡的三位亲兄弟。三兄弟开工后发现墙体面积大,时间紧,最后决定分工合作,老大垒东墙,老二垒西墙,老三垒后墙。由于墙体面积不同,导致三人垒墙速度不一,但最终形成了齐缝墙。百姓都说,正是因为三兄弟亲密团结,才能修建缝隙一致的墙体。经过专家鉴定,墙体采用条石加固根部,建筑原料十分考究,采用三合灰加糯米、绿豆粉、鸡蛋清,使砖层间牢牢粘在一起,因此这座建筑才挺立至今。

【傅作义办公室旧址】

接下来我们参观西跨院。在嘉应观南6公里处,有新中国第一个引黄灌溉工程,也是中华民族5000年历史上第一次把黄河由害变利的工程——人民胜利渠。工程建于1950至1952年间,建设期间,新中国第一任水利部部长傅作义、首任黄委会主任王化云、苏联专家布可夫、清华大学教授张光斗、地质学家冯景兰等多次来到武陟,确定渠首闸位置,实地视察指导工程建设。当时傅作义一行就在这个院子里办公、居住。

请大家进大院参观。院落有南北两排房舍,全部是苏式建筑风格。大家请看,室内布局按照当年办公场景进行复原,桌椅、电话等办公用品是当时的用品。里间是休息室,有床、衣柜、衣架等。这边是会议桌,当年傅作义和苏联专家就是在这里研究人民胜利渠建设的重大问题。

【多功能厅】

参观傅作义办公室后,我们来到多功能厅,在这里回顾了新中国成立前的黄河水旱灾害。这一时期黄河灾害频发,各项水利设施破败不堪,民不聊生。我们通过胶片影像的形式真实反映了当时百姓的悲惨景象。

历经千年治理,黄河依然灾害频仍,我们总结分析历代黄河得不到根本治理的原因,创作了视频短片《泱泱大河 国之忧患》,请大家观看。

【专家办公室】

这一排苏式建筑是王化云、布可夫等人的办公室,现在我们改造提升作为展览使用。现在我们参观"治黄新篇·新中国治黄历程"展览。

(情系黄河)

新中国成立后,毛泽东同志首次离京就来到黄河岸边视察,发出了"要把黄河的事办好"的伟大号召,拉开了新中国治黄事业的大幕。在"情系黄河"单元,五代党和国家领导人多次亲临黄河视察,表现出对黄河治理的高度重视。

(全域规划)

当解放战争的炮声尚未响起,人民治黄的事业已经开始起步,第一步治理就是让泛滥 9 年之久的黄河水回归故道。这是我们复原的黄河归故沙盘,并且创作视频短片《黄河归故》向大家讲述这件事里隐藏的惊心动魄的故事。这是周恩来总理与国民政府及联合国善后救济总署谈判的场景。

为保障黄河回归故道,在冀鲁豫解放区成立水利委员会,后来演变为黄河水利委员会,就是我们常说的黄委会。这就是首任黄委会主任王化云。展柜里面我们复制了王化云的任命书。

(水沙治理)

黄河频繁的灾害主要集中于中下游,根本原因在于泥沙淤积。黄河是世界上泥沙含量最高的河流,可以说治理黄河就是治理泥沙。新中国成立后,随着对黄河治理的不断认识,多次适时优化调整治河策略。

最初的策略是"宽河固堤 确保安全"。新中国成立以来,先后进行了四次大规模的修堤工程,让滔滔黄河水 70 多年没有发生洪水决溢。"除害兴利 蓄水拦沙"就是变害为利,发挥黄河的水资源效益,兴建水库电站。"上拦下排 两岸分滞"的策略是将黄河洪水与泥沙联系起来,进行综合治理。后来调整为"拦、排、放、调、挖"综合治理的思路。2004 年黄委会提出"维持黄河健康生命"的治理目标。我们创作了调水调沙视频短片,详细讲述了调水调沙的综合工作原理。

(兴利开发)

黄河是我国西北、华北地区最重要的水源,也是资源型缺水河流,以占全国 2% 的河川径流量,哺育了全国 12% 的人口,灌溉着全国 15% 的耕地,为沿黄 60 多座大中城市 340 个县(市、区、旗)及众多能源基地提供水源,同时还担负着向京津冀鲁等流域外地区调水任务。这是目前在黄河干流兴建的各类水利工程。

(生态改善)

黄河泥沙主要来源于黄土高原的水土流失,经过多年治理,形成了基本农田建设、植被建设、沟道建设为主的三大治理体系,实现了"人进沙退"的治沙奇迹。这是 1950 年到 2010 年不同站点的年均输沙变化示意图,从中看出 60 年间输沙量大幅减少。

(和谐乐章)

2019 年 9 月,习近平总书记在黄河流域生态保护和高质量发展座谈会上发表重要讲话,指出了黄河存在的问题,并为黄河流域生态保护和高质量发展指明了方向。

目前黄河依然面临着严峻挑战,洪水风险是流域最大的威胁,地上悬河犹如悬在头上的利剑,威胁黄河中下游两岸安全。由于水土流失、环境污染等因素,黄河生态系统脆弱。近些年,黄河水资源保障形势严峻,水资源开发利用率高,导致出现断流情况。沿黄九省区是发展不充分地区,全国14个集中连片特困地区有5个集中在黄河流域。

针对黄河面临的严峻问题,习近平总书记提出一系列解决方法。在黄河上、中、下游分别采取措施进行生态环境保护。紧抓水沙关系调节保障黄河的长治久安。这是退耕还林后的吴起县,从沟壑连绵的黄土高原变为宛如仙境的绿树荫荫。通过以水定城、以水定地、以水定人、以水定产,推进水资源节约集约利用。在沿黄地区从实际出发,积极探索富有地域特色的高质量发展道路,推动黄河流域高质量发展。

积极采取不同措施、利用各种手段推进黄河文化遗产的系统保护,挖掘黄河文化蕴含的时代价值,为实现中华民族伟大复兴的中国梦凝聚精神力量。2020年3月,嘉应观御制蛟龙碑亮相国家宝藏,观众反响强烈,充分说明现代的传播手段有助于黄河文化的传播。

这里我们通过画屏结合场景,复原了秀美的黄河三角洲,表现黄河治理与保护的和谐乐章。

【休息区】

这是休息区,大家可以在此休整一下。

【黄沁厅】

党的十八大以来,习近平总书记满怀对母亲河的赤子之情,多次实地考察黄河流域生态保护和发展情况,足迹遍布了黄河流域的6个省区,多次对黄河流域的生态保护和高质量发展发表重要讲话作出重要指示,传承中国共产党人一心为民的初心使命,为黄河治理和黄河流域经济社会发展掌舵领航,彰显了深厚的黄河情怀。

让我们沿着习近平总书记的足迹来看一看,他对黄河都提出了哪些指示。

【东河兵房】

下面我们继续参观东河兵房。

武陟是全国唯一的黄河文化之乡,与黄河有着密切的关联,这里诞生了诸多黄河文化遗迹,也产生了众多治理黄河的工程。

(古阳堤)

古阳堤是河南境内最古老的黄河大堤,修建于春秋时期,目前在武陟的古村落带上还保留着明显的大堤遗迹。

"悬河头、华北轴、百川口"的特殊地理让武陟在历史上饱经黄河水患。据统计,从先秦到新中国成立前的 2500 多年间,有 115 次黄河决口发生在武陟境内。我们创作视频短片《武陟黄河水患》介绍武陟的河患历史,请大家观看。

(千里大坝的起点)

武陟也是黄河左岸千里堤防的起点,这个起点就位于大封镇董宋村,大堤经过原阳、封丘直至入海口,绵延 700 多公里。

(修堵大樊决口)

大樊决口是解放后的首次堵口。1947 年沁河发生决口,当地革命政府多次组织人员进行修堵,都被国民党军破坏。武陟解放后,当地立即组织人力物力进行大规模的修堵决口,经过两次修筑最终将决口堵住。

（人民胜利渠）

1950 年人民胜利渠开始兴建,这是新中国在黄河中下游兴建的第一个大型引黄灌溉工程,拉开了大规模开发利用黄河水资源的序幕。在工程建设过程中,傅作义、王化云、苏联专家布可夫、张光斗、冯景兰等多次在此开会商讨。人民胜利渠的修建得到毛泽东同志的极大关注,1952 年 10 月 31 日他亲自来到渠首闸。这幅图片就是当时毛泽东同志准备点击按钮打开铁闸的情形。这里面还有个不为人知的故事。当时,由于按钮没有通电,无法使用,只能手动摇动启闭机的把手。毛泽东同志兴致高昂地和工作人员一起摇动把手,打开了闸门。

这幅照片是毛泽东同志 1952 年视察黄河时拍摄的,后面站立者就是黄委会主任王化云。

这是我们利用多媒体复原人民胜利渠开闸的场景,形象表现了人民胜利渠建成后极大促进了灌区农业的发展。

这个就是人民胜利渠的启闭机,是江泽民同志摇动过的。1999年 6 月江泽民同志视察嘉应观,并到人民胜利渠首闸考察,亲手试摇了这把启闭机手柄。

（黄河号子）

千百年来,黄河儿女在与黄河互动中,诞生了旋律高昂的黄河号子,这种独特的民间音乐唱响在黄河两岸,成为不朽的黄河文化遗产。2008 年,黄河号子被列入国家级非物质文化遗产。

【西河兵房】

（杨庄沁河改道工程）

杨庄沁河改道工程通过截弯取直解决了河道泄洪断面不足的问题,改善了沁河的防洪体系。工程在 1984 年荣获国家优质工程银质奖。这是改道前后的河道图,将原来的直角形河道改为弧形,极大缓和了河水的冲击。

(北围堤大抢险)

1983 年黄河花园口发生洪峰,致使北围堤面临坍塌危险。当地紧急采取措施抢修柳石垛,加固堤防,最终保证了大堤的安全。此次抢险,因时间长、险情急、用料多、规模大,居河南段新中国成立以来首位,也入选新中国成立以来抗洪抢险成功百例。这是抢险的相关数据和现场图片。

(共产主义渠)

1958 年,冀鲁豫三省人民发扬共产主义精神开挖运河,取名共产主义渠。这是当时兴建的场景。共产主义渠自武陟秦厂经获嘉、淇县、浚县等地汇入卫河。

(武陟黄河生态保护)

2019 年 9 月,习近平总书记将黄河流域生态保护和高质量发展上升为国家战略,武陟作为黄河治理与保护的前沿阵地,通过编制黄河流域生态保护和高质量发展规划、开展国土绿化提速行动、打造北岸水乡等举措,正开创黄河流域生态保护和高质量发展的新局面。

(结尾视频)

在展览结尾我们创作了视频《大河时代 武陟征程》,全面回顾武陟作为中国黄河文化之乡的特质,重点突出了新时代武陟在黄河流域生态保护和高质量发展中强力举措和显著成效。请大家观看。

(黄河泥埙)

埙是最古老的吹奏乐器之一,已经有 7000 多年的历史。黄河泥埙是采用武陟的黄河泥制作而成,音色优美、音域宽广,外形轻巧坚固、手感温润。黄河泥埙代表性吹奏法为五音孔指法，王建为黄河泥埙武陟非物质文化遗产的代表性传承人。

【道台衙署大门】

在大门两侧，我们分别陈列了古今治黄工具，侧面反映了施工技术和工具对黄河治理的重要作用。

这里是宣誓区，党员干部可以在此进行宣誓。自大禹开始的历代治黄功臣，不仅传承发展了丰富的治黄经验和先进的治水技术，还孕育形成了独具特色的水利精神。"忠诚、干净、担当，科学、求实、创新"的新时代水利精神，既是五千年精神传承的体现，也是新时代实践创新的需要，为我们治理黄河、保护黄河汇聚了强大的精神力量。

参观展览到此结束，谢谢大家。

后　记

　　武陟地处黄河中下游的分界线,是中华文明和黄河文化的重要发祥地和传承地,也是全国唯一的"中国黄河文化之乡"。嘉应观由于自身蕴含的黄河文化元素,而成为黄河文化之乡武陟的黄河历史文化主地标性建筑。

　　嘉应观,是清代雍正皇帝下旨敕建的一座纪念在武陟修坝堵口、祭祀河神、封赏历代治河功臣的一处集宫、庙、衙署三体合一的淮黄诸河龙王庙。是我国历史上唯一记述治理黄河历史的庙观,也是黄河流域现存规模最大、规格最高、保存最完整的黄河河神庙,有着"黄河故宫""万里黄河第一观"的美誉,又被称作清代"黄委会"。观内的御碑亭、龙凤图、中大殿、东西龙王殿、河道衙署、道台衙署……无一不是治黄功业的见证,德政善举的映照。镇观之宝御制蛟龙碑为雍正皇帝亲笔撰文并书丹的一座大型铁胎铜面碑,是研究清代治理黄河的重要史料,是黄河文化的杰出代表之一。

　　一座嘉应观,半部治黄史。

　　2021年,嘉应观进行了全方位的文化项目提升,补充完善了很多内容,让观内的河神、水利工程等黄河文化元素活起来、动起来,给游客耳目一新的感觉。经过重新布展改造后的嘉应观黄河文化博物馆,不仅有文字版的故事简介,还有各种治河措施复原图,并通过声光电、浮雕、实景和LED展示等,将嘉应观的黄河历史呈现在大家面前,凸显了嘉应观作为黄河文化博物馆的重要意义和价值。把黄河文化和生态融合起来,把保护和利用结合起来,不仅提升了黄河两岸的人居环境,也让黄河文化"活"了起来。

河南禾治信息技术有限公司组织相关专家学者进行了研讨和论证,为了全面挖掘嘉应观的历史文化,传承弘扬黄河文明,讲好黄河故事,便有了《敕建嘉应观》一书的构想与实施。历时一年多的时间,数位专家学者共同参与,通过收集整理历史资料、在中国图书馆查询疑难问题、到杭州中国水博馆和宿迁皂河敕建安澜龙王庙等实地考察等方式,历时半年编写完成。

全书共分八章,从嘉应观历史沿革建制到嘉应观与黄河和雍正皇帝的关系,从嘉应观功能到建筑、河神祭祀、艺术以及价值意蕴等,对嘉应观进行了全面的文化概括,成为首部关于嘉应观历史文化等的综合性著作。

在本书的编写过程中,得到了黄河文化专家赵炜先生和温小国先生、武陟地方史专家荆小斌先生、华北水利水电大学水文化学者贾兵强博士等专家学者的指导支持,在此一并表示感谢!

在本书的编写过程中,得到了武陟县各级领导和嘉应观景区全体工作人员的大力支持,尤其是党组书记、局长翟嵩峰和副局长马芬等领导,事无巨细倾情参与,协助提供资料图片,对编写内容提出建议,并参与内容修订考证,特别感谢!

在本书出版前,有幸得到华北水利水电大学原党委书记、博士生导师、黄河文化研究会会长朱海风教授和河南省作家协会副主席、著名作家韩达先生为本书写就的序言,对本书的内容进行全面概括提升,为读者提供了导读方向,感谢!

在本书的编写过程中，我们本着尊重历史和事实的原则，对嘉应观的历史、文化、传说等进行了全方位收集和整理，力争完全、完整地呈现出这座黄河文化标志性建筑的意义、内涵和时代价值。但由于时间仓促，资料缺失，水平制约，书中的疏漏和错误在所难免，敬请方家和读者指正！

编者

2022 年 11 月